Schriftenreihe für kritische Sozialforschung und Bildungsarbeit
Band 8

D1664896

Diese Veröffentlichung wurde
im Rahmen der Gemeinschaftsinitiative ADAPT der Europäischen Union
gefördert mit Mitteln des Landes Niedersachsen
ermöglicht.

Schriftenreihe für kritische Sozialforschung und Bildungsarbeit

Band 1: Mathias Hein: Technokratische Apparatereform oder partizipationsorientierte Modernisierung. Vertrauensleutearbeit in Gewerkschaften. Hannover 1994

Band 2: Rainer Zech (Hrsg.): Demokratie, Kommunikation, Solidarität. Probleme gewerkschaftlicher Politik 4. Hannover 1995

Band 3: Holger Wisch: Zwischen Organisationsentwicklung und Modernisierung der betrieblichen Gewerkschaftsarbeit. Die Kerngruppen-Konzeption der ÖTV. Hannover 1995

Band 4: Christiane Ehses, Rainer Zech: Vom Verfall der Tradition zur Neubildung politischer Subjektivität. Organisation im Wandel. Hannover 1997

Band 5: Rainer Zech, Christiane Ehses (Hrsg.): Organisation und Lernen. Hannover 1999

Band 6: Rosemarie Kerkow-Weil: Zum Umgang mit dem Fremden. Die Pflege ausländischer Patienten als Ausdruck von Inhumanität im Krankenhaus. Hannover 1999

Band 7: Rainer Zech, Christiane Ehses (Hrsg.): Organisation und Innovation. Hannover 2000

Band 8: Wolfgang Wesely (Hrsg.): Synergien durch regionale Netzwerke. Von der lernenden Organisation zur lernenden Region. Hannover 2001

ArtSet®, Ferdinand-Wallbrecht-Str. 17, D-30163 Hannover
Internet: www.artset.de   e-mail: kontakt@artset.de

Wolfgang Wesely
(Hrsg.)

Synergien durch regionale Netzwerke
Von der lernenden Organisation
zur lernenden Region

Dokumentation des Projekts Netzwerk für Arbeit im Rahmen der
Gemeinschaftsinitiative ADAPT der Europäischen Union
gefördert mit Mitteln des Landes Niedersachsen

Die Deutsche Bibliothek - CIP-Einheitsaufnahme

Synergien durch regionale Netzwerke : von der lernenden Organisation
zur lernenden Region ; Dokumentation des Projekts Netzwerk für
Arbeit im Rahmen der Gemeinschaftsinitiative ADAPT der
Europäischen Union / Wolfgang Wesely (Hrsg.). - Hannover :
Expressum-Verl., 2001
    (Schriftenreihe für kritische Sozialforschung und Bildungsarbeit ; Bd. 8)
    ISBN 3-929700-18-2

© Expressum-Verlag, Hannover 2001
    1. Auflage: 1000 Exemplare
    Manuskriptbearbeitung: Oliver Schmelzenbach
    Endredaktion: Jörg Angermüller
    Umschlag: Grafikgemeinschaft Blattwerk, Hannover
    Druck: akzent-druck, Hannover

Inhalt   Seite

Vorwort des Herausgebers der Schriftenreihe

Die *Schriftenreihe für kritische Sozialforschung und Bildungsarbeit* ist als Publikationsorgan des *ArtSet* Institutes konzipiert. Hier sollen Forschungsergebnisse, die im Institut selbst und in dessen Umkreis entstanden sind, der öffentlichen Diskussion zugänglich gemacht werden.

Das Institut wurde 1987 als gemeinnütziger Verein gegründet. Das wachsende Aufgabenspektrum machte es erforderlich, das Institut 1997 durch die Gründung der *ArtSet* GmbH zu ergänzen.

Forschungs-, Bildungs- und Beratungsarbeit von *ArtSet* haben den Zweck, dazu beizutragen, die Handlungsfähigkeit von Individuen und Organisationen zu erweitern, individuelle Persönlichkeiten und organisationale Identitäten zu entwickeln, um über das Lernen der Subjekte und das Lernen der Organisationen zum Lernen der Gesellschaft beizutragen, d.h. die gesellschaftliche Demokratisierung insgesamt zu fördern. Auf Seiten der Individuen handelt es sich also um *Subjektentwicklung* zur Entfaltung von Handlungs- und Selbstbestimmungskompetenzen; auf Seiten der gesellschaftlichen Organisationen geht es um *Organisationsentwicklung* zur Steigerung von Humanität und Effizienz.

Das vorliegende Buch wird von Wolfgang Wesely herausgegeben und trägt den Titel „Synergien durch regionale Netzwerke. Von der lernenden Organisation zur lernenden Region". Das Buch ist zunächst eine Dokumentation des von Wolfgang Wesely geleiteten Projektes „Netzwerk für Arbeit". Aber es ist viel mehr! In Zeiten dynamisierten Wandels werden nur die Unternehmen erfolgreich sein, die selbst lernfähig sind, d.h. die ihre Strukturen von funktionalen Hierarchien zu kundenorientierten Geschäftsprozessen wandeln. Aber auch auf die Beschäftigten kommen Veränderungen zu. So wächst z.B. die Bedeutung des humanen Faktors. Am deutlichsten wird dies in den wissensbasierten Bereichen der new economy, aber auch die traditionelle Ökonomie wird insgesamt wissensabhängiger. Diese und andere Themen spielen in diesem Buch eine herausgehobene Rolle. Wir freuen uns, das Buch als Band 8. der Schriftenreihe publizieren zu können, da es Themen aufgreift, für die auch das *ArtSet* Institut in seiner Arbeit steht.

Prof. Dr. Rainer Zech

Dieter Kleine

Mehr Arbeit fördern durch neue Wege
– Geleitwort –

Die fortschreitende Digitalisierung, Internationalisierung und Globalisierung auch der Arbeitsmärkte stellt die Betriebe, ihre Beschäftigten sowie die Arbeitslosen immer wieder vor neue Herausforderungen. Insbesondere die kleinen und mittleren Unternehmungen sind in diesem Prozess stark gefordert, ihre Wettbewerbsfähigkeit zu sichern und auszubauen.

Für die Niedersächsische Landesregierung ist diese Entwicklung Anlass, durch eine aktive Förderung der Unternehmungen sowie der Arbeitnehmerinnen und Arbeitnehmer Bedingungen zu schaffen, die es ermöglichen, nicht nur im wirtschaftlichen Konkurrenzkampf zu bestehen, sondern auch ihre Position zu stärken.

Der Trend zur industriellen Dienstleistungsgesellschaft bzw. zur Informationsgesellschaft fordert vor allem die Qualifizierung der Humanressourcen. Die immer weiter zunehmende wissensbasierte Ökonomisierung der gesellschaftlichen Verhältnisse macht das Einschlagen von neuen Wegen erforderlich.

Die Mitgliedsstaaten der Europäischen Union sowie die Kommission in Brüssel haben erkannt, dass neben der unmittelbaren Bekämpfung der Arbeitslosigkeit ebenso wichtig ist, durch eine präventive Arbeitsmarktpolitik die Beschäftigung zu stabilisieren. Der Europäische Sozialfonds (ESF) enthält somit beide Elemente und zwar die Möglichkeit zur Weiterbildung von Erwerbslosen als auch die Chance zur Anpassung der Arbeitnehmerinnen und Arbeitnehmer an den technologischen und strukturellen Wandel.

Mit der Gemeinschaftsinitiative ADAPT wurde im Rahmen des ESF eine Initiative gestartet, die einen europäischen transnationalen Beitrag zur Modernisierung von Unternehmen in der EU und zur Aktualisierung des Fachwissens der Arbeitnehmerinnen und Arbeitnehmer leisten soll. Der Modernisierung der Wirtschaft und der Anhebung des Ausbildungsstandes in der Union sollte eine länderübergreifende Dimension verliehen werden. ADAPT ist auf die Gesamtziele des Europäischen Sozialfonds ausgerichtet, d.h. auf die Entwicklung der Humanressourcen und die Schaffung von Beschäftigungsmöglichkeiten.

Mit den Fördermitteln der Gemeinschaftsinitiative sollen die Arbeitnehmerinnen und Arbeitnehmer, die aufgrund strukturell bedingter Veränderungen in ihrem Betrieb bzw. in ihrer Branche von Arbeitslosigkeit bedroht sind, präventiv bei der Anpassung an die sich wandelnde Rahmenbedingungen unterstützt werden. Ziel ist es, Arbeitslosigkeit erst gar nicht entstehen zu lassen. Dabei soll Arbeitgebern und Beschäftigten geholfen werden, den industriellen Wandel bereits im voraus zu erkennen, sich auf Veränderungen einzustellen und den Übergang zur Informationsgesellschaft zu meistern.

Ein wichtiges Merkmal von ADAPT-Projekten ist, dass sie transnational ausgelegt sind und mit ähnlich gelagerten Projekten anderer Mitgliedstaaten zusammenarbeiten. Dadurch soll einerseits die Einführung innovativer Verfahren und Methoden in den Unternehmungen ermöglicht und andererseits die Übertragbarkeit auf andere nationale und europäische Gegebenheiten erreicht werden.

Eine weitere Anforderung der Gemeinschaftsinitiative ist und war der bottom-up-Ansatz, damit die Maßnahmen auch die konkreten spezifischen Problemstellungen der beteiligten Betriebe aufnehmen. Ferner sollte durch die Bildung von lokalen und regionalen Netzwerken der verschiedenen Akteure (Arbeitgeber, Beschäftigte, Bildungsträger, etc.) der Wissenstransfer in breiter Form gewährleistet werden.

Auf der Grundlage dieser Programmkonzeption konnte das Niedersächsische Ministerium für Frauen, Arbeit und Soziales insgesamt fast 50 Projekte für rund 20.000 Teilnehmerinnen und Teilnehmer mit ESF- und Landesmitteln sowie Drittmitteln fördern.

Das „Netzwerk für Arbeit" des HRB in der Region Hannover hat den Förderansatz von ADAPT in sehr guter Weise erfolgreich praktiziert. Der Start des Projektes fand im September 1997 statt. Insbesondere ist die Netzwerkbildung, die Ermittlung der Qualifikationsbedarfe in den Betrieben sowie die angebotenen Maßnahmen zur anschließenden Umsetzung hervorzuheben. Aufgrund der guten Ergebnisse konnte das Projekt eine zweite Phase bewilligt bekommen.

In der neuen Förderperiode, die soeben begonnen hat und bis 2006 reicht, hoffen wir, dass mit der neuen Gemeinschaftsinitiative „EQUAL" die Möglichkeiten gegeben werden, die guten Erfahrungen der Vergangenheit mit ADAPT in Zukunft – wenn auch in veränderter Form – fortzusetzen.

Die Arbeits- und Beschäftigungssituation in Niedersachsen erfordert auch für die kommenden Jahre eine aktive Arbeitsmarkt- und Strukturpolitik. Das Ministerium für Frauen, Arbeit und Soziales wird sich mit der Neuorientierung seines Arbeitsmarktprogramms den Herausforderungen stellen und einen nachhaltigen Beitrag zur Senkung der Arbeitslosigkeit und zur Sicherung der Beschäftigung leisten.

Wolfgang Wesely

Synergien stiften – gemeinsamen Nutzen fördern
Vorwort des Herausgebers

Im Juli 2000 wurde die neue Tochtergesellschaft „HRB" des Kommunal-
verbands Großraum Hannover ins Handelsregister eingetragen, wodurch
die regionale Wirtschaftsförderung durch die Beschäftigungsförderung
ergänzt wird. Die Abkürzung „HRB" heißt in Langfassung „Hannover
Region Entwicklungs- und Beratungsgesellschaft für Beschäftigung"
- letzteres ist eine Qualität, die uns in den vergangenen mehr als zwei Jahrzehnten einige „Kopfschmerzen" bereitet hat. Zwischen dem konjunkturellen Aufschwung der Wirtschaft und dem damit erhofften Beschäftigungs-
aufschwung hat sich die erwartete oder zumindest erhoffte positive
Korrelation deutlich abgeschwächt – um es vorsichtig auszudrücken. Unser
Wohlstand hängt am Erhalt einer guten Beschäftigungslage, denn er wird
über Erwerbsarbeit in der Bevölkerung breit gestreut. Gut bezahlte Arbeit
für alle oder möglichst viele lautet demnach die Formel zur Sicherung eines
breit gestreuten Wohlstands. Die Förderung der Wirtschaft zu diesem
Zwecke ist dann aber nur die eine Seite der Münze – Beschäftigungsförderung ist die andere.

Die Frage ist dann, wie die HRB als unternehmensorientierte Dienstleistungseinrichtung hierzu beitragen kann: Durch Entwicklung und Beratung
von Unternehmen – besonders der kleinen und mittleren Unternehmen –
und deren Mitarbeiter/innen in der Hannover Region. Es geht also um Prozesse der Personal- und Organisationsentwicklung, um Unternehmenswandel und Innovationsberatung.

Mit den erfolgreichen Projekten *Netzwerk für Arbeit* sowie *Frau & Beruf*,
die jeweils aus der Trägerschaft des Zweckverbands Volkshochschule Ostkreis Hannover bzw. der Technologie-Centrum Hannover GmbH ausgeglie-
dert worden sind, hat die HRB mit finanzieller Förderung durch das Land
Niedersachsen und mit Mitteln des Europäischen Sozialfonds bereits zwei
entwickelte Geschäftsfelder, um sich diesen Aufgaben nachhaltig stellen zu
können.

Eine wichtige Komponente des Projekterfolges der Projekte *Netzwerk für
Arbeit* sowie *Frau & Beruf* besteht in deren nachhaltiger Verankerung als
Kerngeschäftsfelder der HRB, die durch weitere Geschäftsfelder *Outplace-*

ment Beratung/Krisenmanagement sowie *Potential Assessment* ergänzt werden.

Im vorliegenden Band geht es um die Dokumentation des Projektes *Netzwerk für Arbeit*. Ausgehend von den grundlegenden Überlegungen zur Wirtschafts- und Beschäftigungsförderung im industriellen Wandel wurden Konzepte der Beratung und Begleitung von Wandlungsprozessen der Unternehmen sowie die Evaluation der Projektergebnisse im Hinblick auf deren Nachhaltigkeit dargestellt. Das Projekt wurde in der Trägerschaft des Zweckverbandes „Volkshochschule Ostkreis Hannover" initiiert und zum 1. Juli 2000 auf den Kommunalverband Großraum Hannover bzw. dessen Tochtergesellschaft HRB übertragen.

Wesentliche Fragestellungen betreffen die Beschäftigungsfähigkeit von Unternehmen und Mitarbeiter/innen auf dem Hintergrund der Herausforderungen für die kleinen und mittleren Unternehmen (KMU). Darauf sollte das Projekt Antworten und Lösungsansätze entwickeln, die letztendlich zu den nunmehr bestehenden Aufgabenfeldern der HRB zählen. Im folgenden werden die Projektergebnisse „global" im Sinne der daraus entstandenen „Geschäftsphilosophie" angerissen.

A. Zum Thema „Beschäftigungsfähigkeit"

Beschäftigung in Form von Erwerbsarbeit bieten allein die Unternehmen (wobei die freiberuflich Tätigen hinzu genommen wurden). Dabei zeigt sich die Beschäftigungswirksamkeit unternehmensorientierter Aktivitäten bzw. die Beschäftigungsfähigkeit von Unternehmen und Arbeitnehmer/innen aus Sicht der Beschäftigungsförderung auf verschiedenen Ebenen:

1. Die Vergrößerung der Beschäftigtenzahl durch erfolgreiche Unternehmen ist das weitestgehende Ziel unternehmensbezogener Aktivitäten

2. Der Erhalt der Beschäftigtenzahl – ggf. auf zahlenmäßig niedrigerem Niveau – in den Unternehmen in kritischen Entwicklungsphasen ist ein aktuelles und immer wichtiger werdendes Ziel

3. Der Erhalt der individuellen Arbeitsstelle der Arbeitnehmer/innen im Unternehmen bzw. durch Vermittlung oder Bewerbung in einem anderen Unternehmen ist das (erweiterte) Ziel der Personalentwicklung

Zu fragen bleibt, ob und auf welche Weise Maßnahmen in diesem Sinne erfolgreich sein können und wie die HRB hierzu beitragen kann. Es liegt auf der Hand, dass Aktivitäten darauf ausgerichtet sein müssen, die Wettbewerbsfähigkeit der Unternehmen und die Flexibilität der Mitarbeiter/innen zu fördern. Finanzwirtschaftliche Messzahlen und Kennziffern sind zur Beurteilung der Wettbewerbsfähigkeit eines Unternehmens zwar zwingend erforderlich, aber nicht hinreichend!

Zur finanzwirtschaftlichen Perspektive müssen mindestens drei weitere hinzu genommen werden.: Kundenperspektive – Geschäftsprozessperspektive – Wissens-/Lern- und Innovationsperspektive – und zwar in einem ganzheitlichen Sinne. Keine der Perspektiven ist ohne die anderen erfolgreich zu gestalten, und sie sind hierarchisch von der Ebene des Lernens und Wissens, d.h. der Ebene der Unternehmensinnovation, über die Ebenen der Geschäftsprozesse, d.h. Ebenen der Unternehmensentwicklung – der Kunden, d.h. Unternehmensertrag – bis zur Ebene der Finanzwirtschaft, d.h. Liquidität des Unternehmens – unauflöslich miteinander verknüpft.

Eine akute Unternehmenskrise macht sich zumeist in einer Liquiditäts- oder Ertragskrise bemerkbar. Untersuchungen haben aufgezeigt, dass diesen i.d.R. im zeitlichen Abstand von 5 – 7 Jahren eine Innovationskrise vorausgegangen ist. In der Schlussfolgerung ergibt sich daraus für die HRB die Aufgabe, ganzheitliche und innovative Konzepte der Unternehmensführung und der Personalentwicklung zu entwerfen und mit den kooperierenden Unternehmen umzusetzen, um zum Beschäftigungserfolg beizutragen.

Dieses gilt es zu ergänzen mit Initiativen und Konzepten zur Verhinderung von latenten Benachteiligungen im Arbeitsalltag – es gilt die Chancengleichheit von Frauen und Männern, von un- und angelernten, älteren und ausländischen Mitarbeiter/innen zu fördern und zwar im Einklang mit der Unternehmensentwicklung ausgerichtet auf mehr Wettbewerbsfähigkeit.

Benötigen die (kleinen und mittleren) Unternehmen überhaupt (unsere) Unterstützung, können sie die Herausforderungen nicht auch allein bewältigen?

B. Zu den Herausforderungen der (kleinen und mittleren) Unternehmen

Zur Beantwortung dieser Frage sei an die wichtigsten Herausforderungen schlagwortartig erinnert: Globalisierung sowie die Informations- und Kommunikationstechnologien, Marktveränderungen sowie gesellschaftliche Anforderungen.

An dieser Stelle soll nur auf die beiden ersteren eingegangen werden: Jeder Ort der Welt wird inzwischen global durchdrungen. Die Globalisierung der Finanzströme am Beginn dieser Entwicklung ist längst durch die Globalisierung der Märkte, des Wissens und der Lebensstile eingeholt – auch wenn es uns möglicherweise nicht gefällt. Wir befinden uns darüber hinaus bereits in einem zunehmend global werdenden Wettbewerb der Regionen.

Mit der Globalisierung sind Chancen und Risiken verbunden. Dabei neigen wir in Deutschland eher dazu, die Risiken heraus zu stellen. Die Globalisierung ist nun aber einmal erfahrbare, harte Realität; deshalb sollten wir uns mehr den Chancen zuwenden und diese auch ergreifen.

Einen quasi revolutionären Schub erhält die Globalisierung durch die sog. *New Economy*, die auf den Möglichkeiten beruht, die die neuen elektronischen Medien für das *Electronic Business* bieten. Sie wird zu einem kulturellen Umbruch führen, dessen Ende in seiner Totalität noch nicht abschließend beurteilt werden kann, sich aber bereits deutlich bemerkbar macht. Tiefgreifende Veränderungen sind zu erwarten in einer Neuorganisation gesellschaftlicher Zusammenhänge. Altindustrielle Steuerungskonzepte oder gar -rezepte werden kläglich scheitern.

Welche Antworten kann die HRB geben, welche unterstützenden Initiativen und Konzepte kann sie entwickeln?

C. Antworten und Lösungsansätze

Eine wichtige Antwort besteht in der Vermittlung des Konzepts der „Glokalisierung" – wir kennen diesen Begriff zumeist in der Form „think global – act local". Aber auch dessen „Umkehrung" stellt einen wichtigen und bereits erfolgreich beschrittenen Ansatz dar: „think local – act global" – das Prinzip der „Lokbalisierung". Demnach ist die aktive Regionalisierung eine erfolgversprechende Antwort auf die Herausforderungen der Globalisierung.

Die regionale Vernetzung lokaler „Vorreiter", der Unternehmen wie der Akteure in der Bereichen der Wirtschafts- und Beschäftigungspolitik, der Unternehmensverbände und Gewerkschaften kann eine Region nach vorne bringen. Es gibt vor allem in den USA viele Beispiele hierfür. Globale Herausforderungen müssen lokal angegangen werden, aktive Orte müssen entwickelt werden als Vorreiter für eine globalisierte Rolle: Es geht um die Förderung wissensorientierter Infrastrukturen – Forschung, Entwicklung und Qualifizierung – letzteres ist die Schlüsselfunktion, denn:

Qualifikation = Innovation und Produktivität und Kreativität durch Menschen

Die ökonomische Wertschöpfung erwächst im wesentlichen aus der Produktion. Rohstoffe sind in unserem Lande knapp. „Humankapital" umschreibt die an Personen gebundenen Kenntnisse, Fähigkeiten und Kreativitätspotentiale. Wissen besteht in den nicht an Personen gebundenen Kenntnissen und Erfahrungen, die in Büchern, Datenbanken und Patenten allen zur Verfügung stehen. Wissen ist der Rohstoff des 21. Jahrhunderts. Kapital wird sich dorthin wenden, wo „Humankapital" in besonders effizienter Weise zur Verfügung steht, den Rohstoff Wissen auf besonders ressourcenschonende Weise in innovative Produkte und Dienstleistungen umzusetzen. Humankapital wird durch Qualifizierung in der Weiterbildung/Personalentwicklung geschöpft; oder mit einem weiteren Anglizismus umschrieben – *Human Resources* entspringen *Resourceful Humans!*

Die Bündelung der Potenziale, Schaffung von Entwicklungskorridoren, Vernetzung der relevanten Organisationen und Akteure der Region sind die Bedingungen, an die eine Spiegelung in die Globalität gebunden sind. Netzwerke sind hierfür möglicherweise die Organisationsform der Zukunft als eine neuartige Unternehmensform.

Neue Strukturen wie sie durch kooperative Netzwerke entstehen, erfordern allerdings auch neue Managementstrukturen. Infolge der zunehmenden Komplexität globaler Verflechtungen und infolge des Verfalls ordnender Strukturen, wie sie allgemein verbindliche Werte und Traditionen darstellen, konstatieren wir einen zunehmenden Verlust von Gewissheit. Die Planbarkeit von unternehmerischen Entwicklungen reduziert sich dramatisch.

Das Paradigma der neuen Wirtschaft ist nicht mehr das Descartes'sche Maschinenmodell, sondern das Modell der Chaostheorie bzw. der Synergetik. Korporatistische Strukturen mit der Überhöhung des „Share Holder Value" und der „Cost-Cut-Philosophie" in einem Null-Summen-Spiel gehören der „Old Economy" an. Die Entwicklung von Vertrauenskultur im Management von internen und externen Netzwerken sowie eine „Win-Win-Mentalität" sind die neuen Potenziale der ganzheitlichen Unternehmens- und Mitarbeiter/innenführung.

Diese Zusammenhänge verdeutlichen die wachsende Bedeutung von personalen Kompetenzen für die entscheidenden Akteure. Zukünftig werden verstärkt unternehmerische Qualitäten zu entwickeln sein, um sich diesen Herausforderungen erfolgreich stellen zu können.

D. Synergien stiften – gemeinsamen Nutzen fördern
Zu den Aufgaben der HRB

Die HRB hat begonnen, sich für diese Aufgaben aufzustellen. Mit finanzieller Förderung durch das Land Niedersachsen und mit Mitteln des Europäischen Sozialfonds wurden im Rahmen des Projektes *Netzwerk für Arbeit* erste wichtige Schritte unternommen, um mit mittelständischen Unternehmen kooperierende Netzwerke zu entwickeln und umzusetzen, die zur betrieblichen Zukunftsbewältigung beitragen sollen.

Zu den Sozialpartnern, den Akteuren der Kammern und Verbände, der Hochschulen und Bildungsträger, der Arbeitsverwaltung, den Wirtschaftsförderern der Region und der Kommunen sowie den Unternehmen selbst gibt es bereits vielfältige Arbeitskontakte in den (Teil-)Projekten und im Projektbeirat, die es zu einer Entwicklungspartnerschaft für die Region auszubauen gilt. Mit einer Reihe von fortschrittlichen Unternehmen aus vier EU-Mitgliedsstaaten besteht bereits ein europäisches Netzwerk, das sich als *European New Media & Commerce Network* die Aufgabe gestellt hat, die Potenziale und Chancen der neuen Medien für die Entwicklung und Förderung der Menschen in der (mittelständischen) Wirtschaft mit Hilfe von Maßnahmen der Beratung und Qualifizierung verfügbar zu machen.

Konkretes Ziel ist die Verwirklichung eines Modells der „lernenden Organisation" für die vernetzten mittelständischen Unternehmen und dessen Fortentwicklung zum Modell einer „lernenden Region", in der die regionalen Unternehmen und die regionalen Sozialpartner miteinander zu einer

Entwicklungspartnerschaft als lernendem System vernetzt sind. Die europäische Vernetzung der regionalen Netze ist dann ein folgerichtiger Schritt zur globalen Aufstellung in unserer Region.

Auf diesem Weg ist das Projekt *Netzwerk für Arbeit* ein gutes Stück voran gekommen dank der Mithilfe vieler Akteure der unterschiedlichsten Einrichtungen. Dafür möchte ich mich ausdrücklich bedanken – bei den Kollegen/innen des Projektteams und den eingebundenen Trainer/innen und Berater/innen, bei den Gremien des Zweckverbandes „Volkshochschule Ostkreis Hannover" und des Kommunalverbandes Großraum Hannover sowie beim Technologie-Centrum Hannover, die das Projekt gefördert und unterstützt haben. Dank gebührt ebenso dem Projektbeirat mit seinen Mitgliedern aus Arbeitgeber- und Industrieverbänden, aus Gewerkschaften, Kammern und dem Arbeitsamt, aus der Universität, wiss. Einrichtungen und aus kleinen und mittleren Unternehmen sowie bei allen Kooperationspartnern auf regionaler und transnationaler Ebene. Ein besonderer Dank gebührt den kooperativen Partnern aus der Bezirksregierung Hannover, dem Niedersächsischen Ministerium für Frauen, Arbeit und Soziales sowie der Landesberatungsgesellschaft für Integration und Beschäftigung in Hannover für deren ideelle Unterstützung und vor allem für deren substanzielle Projektberatung.

Mit dem vorgelegten Band werden neben den Voraussetzungen und Ergebnissen des Projektes auch die wichtigsten Studien und Essays dokumentiert, die auf den durchgeführten Symposien und auf den internationalen Konferenzen zur Projektevaluation und zur Ausrichtung des Projektes beigetragen haben. Auf diese Weise soll transparent gemacht werden, auf welchen wissenschaftlichen und pragmatischen Grundlagen das Projektkonzept beruht und wie es aus der Sicht der Experten/innen aus Unternehmen, Verbänden, Hochschulen usw. bewertet wird.

Peter v. Mitschke-Collande

Zur Zukunft der Arbeit
Die neue Dienstleistungsgesellschaft – Wirtschaftswachstum ohne Beschäftigung ?

Einleitung

Die Dienstleistungsgesellschaft gilt als „die große Hoffnung des 20. Jahrhunderts" – so der Titel des Buches, mit dem Fourastié (1) die Diskussion 1949 eröffnet hat. Insbesondere die Vollbeschäftigung sei gesichert, denn der „Hunger nach Tertiärem" sei unstillbar, weshalb alle, die im Zuge von Rationalisierung der industriellen Produktion ihren Arbeitsplatz verloren haben, in den Dienstleistungen neue und sogar bessere Beschäftigung finden werden.

Bevor wir uns mit dem Widerspruch zwischen diesem Zitat und dem Titel des Beitrages auseinander setzen, sind zunächst einige Begriffe zu klären. Welche Arten von Arbeit gibt es? Arbeit wird nach der Art ihrer Ergebnisse definiert: So werden einerseits Sachleistungen (Waren) und andererseits Dienstleistungen (Dienste) produziert. Dienstleistungen wiederum werden unterschieden nach den Kunden, für die sie erbracht werden: produktionsorientierte Dienstleistungen unterstützen überwiegend Betriebe in der Erzeugung von Sachleistungen (z.B. Ingenieurbüros). Konsumorientierte Dienstleistungen sind in der Regel auf die privaten Bedürfnisse von Personen ausgerichtet (z.B. Friseure).

Von Erwerbsarbeit sprechen wir, wenn bezahlte Arbeit dem formellen Bereich einer Gesellschaft (Arbeitsmarkt) zugeordnet ist. Im informellen Bereich der Gesellschaft gibt es jedoch auch jede Menge – unbezahlter – Arbeit wie Hausarbeit, Erziehungsarbeit, ehrenamtliche Arbeit oder Hobby-Arbeit. Arbeit kann somit unentgeltlich erbracht werden oder aber privatwirtschaftlich bzw. öffentlich vom Staat über Steuern und Abgaben finanziert werden.

Als Formen der Erwerbsarbeit lassen sich unterscheiden: „selbständige Erwerbsarbeit" oder „abhängige Beschäftigung gegen Lohn oder Gehalt". Bei der abhängigen Erwerbsarbeit sind folgende gesetzlich geregelten Anstellungsverhältnisse zu unterscheiden:

- Unbefristete Vollzeitarbeit (Normalarbeitsverhältnis)
- Befristete Anstellung (Vollzeit oder Teilzeit)
- Geringfügige Beschäftigung
- Abhängige Selbständigkeit („Scheinselbständigkeit").

Gegenwärtig werden in Deutschland die folgenden drei Hypothesen diskutiert:

Nicht die Arbeit geht uns aus, aber die Erwerbsarbeit im Primärsektor der Landwirtschaft und im Sekundärsektor der verarbeitenden Industrie wird weniger.

Optimistische Prognosen sagen jedoch voraus, dass mit dem Wandel von der Industrie- zur Dienstleistungsgesellschaft durch „Tertiarisierung" und durch „Verberuflichung" ein Abbau der Erwerbslosigkeit einhergehe.

Der Erfolg dieser Entwicklung sei davon abhängig, in welcher Weise Deutschland seine gesetzlichen und tariflichen Rahmenbedingungen anpasse.

Im folgenden sollen zu diesen Thesen einige Trends zur strukturellen Beschäftigungsentwicklung, auch im inter-nationalen Vergleich beschrieben und diskutiert werden.

1.   Die Drei-Sektoren-Theorie

Die Wirtschafts- und Beschäftigungsentwicklung wird in der Regel mit Hilfe des „Drei-Sektoren-Modells" beschrieben (2). Die statistische Einordnung der Betriebe und Unternehmen erfolgt nicht nach den Funktionen und Aufgaben der Beschäftigten sondern nach dem Endprodukt ihrer wirtschaftlichen Tätigkeit:

- Primärsektor: Fischerei-, Land-, Forstwirtschaft, Bergbau, Energie (extraktive Industrie),
- Sekundärsektor: Produzierendes Gewerbe (verarbeitende und Bauindustrie),
- Tertiärsektor: Handel, Verkehr, private und öffentliche Dienstleistungen.

Die „Drei-Sektoren-Theorie" geht auf das 1940 veröffentlichte Buch von Colin Clark (3), „The Conditions of Economic Progress", zurück. Darin entwickelt er die Hypothese, dass sich in Perioden des ökonomischen Wachstums die Beschäftigung vom ersten zum zweiten und dann zum dritten Sektor – und damit zur Dienstleistungsgesellschaft – hin verschiebe.

Die Autoren Fourastié, Bell und Gartner/Riessmann (4) gelten in der Einschätzung der Dienstleistungsgesellschaft als die „Optimisten": Mit wachsendem gesellschaftlichem Reichtum verlagere sich die Nachfrage der Konsumenten auf Dienstleistungen. Da deren Produktion im Unterschied zur industriellen kaum rationalisierbar sei, werde ein immer größerer Teil der Erwerbstätigen im Dienstleistungssektor Beschäftigung finden („Tertiarisierung").

Die Autoren Baumol (5) und Gershuny (6) gelten dagegen als „Pessimisten", weil sie das Argument von Fourastié in einem anderen Sinne weiterentwickeln: Wenn Dienstleistungsarbeit nicht rationalisierbar sei, müsse sie für die Konsumenten relativ immer teurer werden. Diese „Kostenkrankheit" werde die Dienstleistungen vom Markt verschwinden lassen, damit aber entstehe strukturelle Unterbeschäftigung.

2. Entwicklung der Wirtschaftssektoren und der Beschäftigung in Deutschland

Abbildung 1 zeigt die Beschäftigungsentwicklung in Deutschland (7) in dem Zeitraum zwischen 1960 und 1996. Demnach ist die Beschäftigung

- in der Landwirtschaft von 3,6 Millionen auf 755 Tausend und
- in der Industrie von 12,5 auf 9,8 Millionen zurückgegangen.
- Im Dienstleistungssektor ist die Beschäftigung von 10 auf 17,6 Millionen angestiegen.

Bei dieser absoluten Betrachtung sind die folgenden Aspekte zu bedenken: Die Beschäftigung in Industrie und Landwirtschaft ist in Deutschland seit den 60er Jahren um ein Drittel zurückgegangen; diese Entwicklung erklärt sich vorrangig aus der gestiegenen Arbeitsproduktivität durch technologische und organisatorische Rationalisierungsmaßnahmen; hinzu kommt die Möglichkeit der globalen Verlagerung von Arbeit in andere Wirtschaftsregionen.

Diese beiden Trends werden noch verstärkt durch die rasante Zunahme der Weltbevölkerung. Damit nimmt weltweit die Zahl der Erwerbsfähigen zwischen 15 und 65 Jahren zu. In den Industrieländern ist das Bevölkerungswachstum zwar niedriger; dennoch liegt die Erwerbslosigkeit 1996 in Deutschland bereits bei 4 Millionen. Trotzdem gehen die Optimisten davon aus, dass die ökonomischen Beschäftigungseffekte der „Neuen Dienstleistungsgesellschaft" eine Trendwende hinsichtlich des Zieles der Vollbeschäftigung ermöglichten.

3. Entwicklung der Dienstleistungsarbeit in Deutschland

Betrachtet man in **Abbildung 1** den Trend zur Ausweitung der Dienstleistungsarbeit, so ist dies in der Tat ermutigend. Inwiefern lässt sich daraus eine nachhaltige Kompensation des Rückgangs der Beschäftigung in Industrie und Landwirtschaft herleiten?
Diese Frage soll auf der Grundlage der Unterscheidung der Entwicklung von produktions- und konsumorientierten Dienstleistungen beantwortet werden.

3.1 Entwicklung der produktionsorientierten Dienstleistungen

Als produktionsorientierte Dienstleistungen lassen sich nennen Ingenieur- und Werbebüros, Transport, Kommunikations- und EDV-Dienste, technischer Service, Bank-, Finanz- und Versicherungsdienste. Die Finanzierung dieser Dienste geht in die Produktionskosten ein.

Abbildung 2 zeigt, dass die Anzahl der mit produktions-bezogenen Dienstleistungen (8) Beschäftigten in Deutschland zwischen 1980 und 1996 sich auf 1,7 Millionen entwickelt und damit mehr als verdoppelt hat. Dies bedeutet allerdings nicht, dass es sich hierbei um neue, zusätzliche Aufgaben handeln muss. Vielmehr ist dies überwiegend aus dem Industriesektor ausgelagerte Arbeit („Tertiärisierung"), die nunmehr statistisch dem Dienstleistungssektor zugerechnet wird.

Abbildung 3 verdeutlicht, dass gerade die produktionsbezogene Dienstleistungsarbeit einer Steigerung der Arbeitsproduktivität durch Computerisierung (9) zugänglich ist. Die Einsparpotentiale von Arbeitsplätzen werden in den verschiedenen Beschäftigungsbereichen von 17% bei Reinigungsarbeiten bis zu 61% in den Banken prognostiziert.

Darüber hinaus wird in **Abbildung 4** erkennbar, dass ein großer Teil der produktionsorientierten Dienstleistungen auf der Grundlage der neuen Medien in „Tele-Arbeit" (10) verrichtet werden können. Somit ist die Erbringung von Dienstleistungen weniger noch als die von Sachleistungen „standortgebunden"; die neuen Medien fördern den Trend, dass auch Dienstleistungen in Wirtschaftsregionen mit niedrigeren Lohn- und Lohnnebenkosten verlagert werden können.

Diese Trends zeigen, dass langfristig mit einem erheblichen strukturbedingten Rückgang von regionaler Beschäftigung sowohl in der verarbeitenden Industrie als auch in produktions-orientierten Dienstleistungsbereichen zu rechnen ist. Damit entsteht die Frage, ob dieser Abbau durch personenbezogene Dienstleistungen kompensiert werden kann?

3.2   Entwicklung der personenbezogenen Dienstleistungen

Als konsumorientierte Dienste lassen sich nennen Handel, Gastronomie und Hotels sowie alle öffentlichen und privaten personenbezogenen Dienste. Sie werden aus privaten bzw. öffentlichen Haushalten finanziert.
Die Optimisten erwarten insbesondere eine große Ausweitung von konsum-, freizeit- und personenbezogenen Diensten und beurteilen deshalb diesen Bereich des Dienstleistungssektors als den entscheidenden „Wachstumsmotor". Allerdings gehen sie dabei von den drei (unausgesprochenen) Annahmen aus:

- Die personenbezogenen Dienste seien regionsgebunden und durch „Verberuflichung" beliebig vermehrbar,
- die Haushalte verfügten über ausreichende Kaufkraft und seien auch bereit, diese für die Ausweitung von bezahlter Dienstleistungsarbeit einzusetzen und
- Personenbezogene Dienstleistungsarbeit sei in höherem Maße als produktionsbezogene „resistent" gegen Produktivitätssteigerung und Rationalisierung.

Ein Beleg für die erste Annahme ist die Schaffung der Pflegeversicherung, die als Beispiel für die „Professionalisierung" gelten kann: d.h. ein Beschäftigungswachstum des Dienstleistungssektors wird dadurch möglich, dass Dienste, die ehemals im informellen Sektor unbezahlt geleistet wurden, nunmehr über öffentliche Steuern oder Abgaben bzw. über private Kaufkraft finanziert werden.

Die zweite Annahme legt nahe, dass genügend Kaufkraft für die Ausweitung personenbezogener Dienste vorhanden sei. Die Entwicklung der Freizeit- und Tourismusbranche zeigt, dass die Bürger offensichtlich bereit sind, einen großen Teil des Einkommens hierfür einzusetzen, so dass auf diese Weise mehr Arbeitsplätze entstehen können.

Diese Beispiele scheinen die ersten beiden Annahmen zu bestätigen.

Die heutige gesellschaftspolitische Diskussion in der Bundesrepublik zeigt aber auch, dass zumindest im Staat die Grenzen zur öffentlichen Finanzierung weiterer personen-bezogener Dienstleistungen erreicht sind. Auch die private Kaufkraft der Erwerbslosen, der Sozialhilfeempfänger und der Rentner wird sich real kaum erhöhen. Noch weniger werden die Tarifverhandlungen für abhängig Erwerbstätige eine Ausweitung der privaten Kaufkraft bewirken. Die Einkommen der „Besser-Verdienenden" und der selbständigen Unternehmer sind zwar überproportional höher, dies wird aber nicht notwendig zu nachhaltiger Investitionstätigkeit in der Region oder zu Beschäftigungseffekten durch die Anstellung von mehr „Dienstpersonal" führen.

Sobald aber die Grenzen zur Ausweitung der Kaufkraft erreicht werden, zeigen sich – im Gegensatz zur dritten Annahme – „Rationalisierungstrends neuer Art", die am Beispiel des „Tankens, der Selbstbaumöbel und des Telebanking" verdeutlicht werden können: Ehemals bezahlte personenbezogene Dienste können auch als (unbezahlte) Arbeit auf den Kunden zurückverlagert werden. Dies mag zwar zur Preissenkung beitragen, führt aber zugleich zum Beschäftigungsabbau im Dienstleistungssektor.

Diese Trends sind ein Beleg dafür, dass es für eine nachhaltiges Beschäftigungswachstum zumindest von abhängiger Erwerbsarbeit im Dienstleistungssektor im Sinne der „Optimisten" keine ausreichende ökonomische Grundlage zu geben scheint.

4.   Die Beschäftigungsentwicklung im internationalen Vergleich

Seit einigen Jahren steht immer wieder der Vergleich der Länder USA, Holland und Deutschland in der Diskussion (11). Die leitende Fragestellung dabei ist: Welche wirtschafts- und arbeitsmarktpolitischen Rahmenbedingungen tragen am nachhaltigsten zur zukunftsorientierten Ausweitung von Arbeit und Beschäftigung bei?

Bei diesem Ländervergleich muss einschränkend auf die methodischen Schwierigkeiten verwiesen werden, die sich aus einer unterschiedlichen statistischen Erfassung von Beschäftigungsstrukturen und -verhältnissen ergeben.

Abbildung 5 macht den Anteil der im Zeitraum von 1970 bis 1995 neu geschaffenen Dienstleistungsstellen (12) deutlich. Deutschland liegt hier mit fast 23% leicht hinter Holland; die USA sind jedoch mit fast 40% sehr eindrucksvoll vorn.

Abbildung 6 zeigt die Verteilung der unternehmens- und konsumbezogenen Dienstleistungen (13) im Jahre 1995. Hier wird erkennbar, dass Deutschland mit 38% zwar in den produktions-bezogenen Diensten an der Spitze liegt; In den USA ist dagegen der Anteil der konsum-bezogenen Dienste mit 67% am höchsten.

Abbildung 7 belegt, dass sich Deutschland und Holland 1995 in der Finanzierung der Dienstleistungen (14) am meisten unterscheiden: Während Holland Dienstleistungsbeschäftigte nur zu 33% öffentlich finanziert, liegt dieser Anteil in Deutschland noch bei 38%.

Aus **Abbildung 8** wird die Veränderung der Struktur der Beschäftigungsverhältnisse (15) im Zeitraum 1985 bis 1997 ersichtlich:

- Hier fällt insbesondere auf, dass in Holland der Anteil der „Normalarbeitsverhältnisse" (1997: 45,5%) immer schon wesentlich niedriger lag als in Deutschland (1995: 65,2%).
- Der Anteil der abhängig Teilzeitbeschäftigten liegt in Holland wesentlich höher (1997: fast 19%) als in Deutschland (1995: 13,4%).
- Während der Anteil der geringfügig Beschäftigten, der Leiharbeiter und Mehrfachbeschäftigten in Deutschland 1995 nur etwa 10% beträgt, liegt dieser Anteil in Holland 1997 bei 22,7%.
- Hervorstechend ist jedoch der Anteil der „Selbständigen" in Holland von 13% (steigende Tendenz) im Vergleich zum Anteil von 6,8% (fallende Tendenz) in Deutschland.

Wie also lassen sich diese drei Länder im Strukturvergleich „typisieren"?

- USA als „marktregulierte Dienstbotengesellschaft" mit einer massiven Polarisierung von Beschäftigungswachstum und Einkommenssenkung

- Holland als „Gesellschaft der neuen Selbständigkeit", in der nach dem Konsensprinzip zwischen Staat und Sozialpartnern Beschäftigung gegen Flexibilisierung und moderate Lohnpolitik eingetauscht wurde.
- Deutschland als „produktionsorientierte Dienstleistungsgesellschaft" mit überwiegend abhängiger Erwerbsarbeit auf Hochpreis- und Hochqualifikationsniveau, in der ein hoher Anteil der „Nicht-Erwerbstätigen" sozialstaatlich abgesicherter wird.

Welche Konsequenzen haben diese arbeitsmarktpolitischen Rahmenbedingungen für die Beschäftigungsentwicklung?

Abbildung 9 zeigt die wichtigsten Indikatoren für Wirtschaftswachstum und Beschäftigungsentwicklung (16) im Zeitraum 1986 bis 1998. Holland ist (ebenso wie die USA) sehr erfolgreich in der Senkung der Arbeitslosenquote von 7,4 auf 4,4 % sowie in der Steigerungsrate der Erwerbstätigkeit von 1,9 auf 2,1%. In Deutschland stieg die Arbeitslosenquote im gleichen Zeitraum von 5,9 auf 9,8%, das Erwerbstätigkeitswachstum sank von 1,5 auf 0,1%.

Baethge kommt angesichts dieses internationalen Vergleichs dennoch zu dem Schluss, „....daß es nicht den one best way zur Verbesserung der Beschäftigungslage eines Landes gibt, sondern dass unter-schiedliche Entwicklungspfade existieren, die im Rahmen der jeweils dominierenden Regulationsweisen (mehr markt-, mehr sozialstaatliche Regulation) politische Gestaltungsmöglichkeiten für mehr Beschäftigung eröffnen. Diese sowie mögliche Mischformen sind auszuloten." (17)

5.   Ausblick für die Strukturentwicklung in Deutschland

Welche Schlussfolgerungen lassen sich aus dem Vergleich für eine mögliche Veränderung der arbeitsmarktpolitischen Rahmenbedingungen in Deutschland ziehen?

Aus **Abbildung 10** ist ersichtlich, dass unter den neuen Bedingungen der Globalisierung heute nur noch begrenzte wirtschafts- und arbeitsmarktpolitische Interventionen im nationalen Zusammenhang möglich sind. Der Trend zur globalen Verteilung von Erwerbsarbeit wird durch die neuen technologischen Medien verstärkt; insofern stehen auch „Beschäftigungsstandorte" im internationalen Wettbewerb: nicht nur Erwerbsarbeit sondern auch Erwerbslosigkeit müssen als regionale Fragen im globalen Kontext thematisiert werden.

Angesichts des Anstiegs der Weltbevölkerung und des Produktivitätsfortschritts wird die Frage nach den Potentialen für den Zuwachs an Erwerbsarbeit in der Region immer aktueller. Grundsätzlich wird sich Beschäftigungswachstum im Dienstleistungssektor vollziehen; dass es in Deutschland keine „Dienstleistungslücke" gibt, belegt der bemerkenswerte Trend: im ersten Halbjahr 1996 hat die reale Wertschöpfung der Dienstleistungsunternehmen erstmals diejenige der Industrieunternehmen übertroffen. Die Erwerbslosigkeit liegt dennoch bei vier Millionen in Deutschland und bei 16 Millionen in der Europäischen Union.

In diesem Zusammenhang wird das regionale Wachstum abhängiger Beschäftigung in privaten und öffentlichen „Großorganisationen" aufgrund der weitreichenderen Möglichkeiten zur Rationalisierung und zum Outsourcing nur noch geringe Bedeutung haben oder eher rück-läufig werden.

Wie bisher auch haben private „Klein- und Mittelunternehmen (KMU)" die größten Beschäftigungs- und Ausbildungspotentiale für abhängige Erwerbsarbeit – allerdings verbunden mit geringerer Produktivität und relativ höheren Arbeitskosten.

Darüber hinaus wird künftig die „Selbständige Erwerbsarbeit in Kleinst-Unternehmen" mehr ins Blickfeld rücken, die sich in der Regel mit ihren Dienstleistungen auf Zeit in Projekte einbinden. So zeigt **Abbildung 11**, dass insbesondere die Informations- und Kommunikationstechnologien die Entwicklung und Ausweitung einer neuartigen Kategorie von sogenannten „SOHOs" (Small Offices und Home Offices) (18) beschleunigen kann.

Allerdings macht **Abbildung 12** deutlich, dass sich die Beschäftigungsentwicklung generell weniger im Rahmen der „geschützten abhängigen Normalarbeitsverhältnisse" sondern mehr in „Arbeitsstrukturen der neuen Selbständigkeit" (19) vollziehen wird:

Diese „Aufweichung der Tarifstrukturen", die durch die Gesetzgebung zur „geringfügigen Beschäftigung", zur „Arbeitsüberlassung", zur „Scheinselbständigkeit" etc. begünstigt wurde, kann man als einen Rationalisierungstrend neuer Art bezeichnen. **Abbildung 13** belegt und prognostiziert die Veränderung der Beschäftigungsverhältnisse in Deutschland (20) für den Zeitraum von 1970 bis 2000. Demnach wird

- die Anzahl der Normalarbeitsverhältnisse von 83% auf 62% zurück-gehen,

- der Anteil der Teilzeitarbeit von 4,5% auf 12,5% wachsen,

- der Anteil der Zeitverträge von 4,5% auf 5% steigen,

- die geringfügigen Beschäftigungsverhältnisse von 6% auf 14,5% zu-nehmen, und

- die durch „outsourcing" bedingte Umwandlung von Normalarbeitsver-hältnissen in „abhängige Selbständigkeit" von 0,2% auf 3,8% anstei-gen.

Es ist zu befürchten, dass diese „Deregulierungstendenzen auf dem Arbeitsmarkt" insgesamt eine Senkung sowohl der privaten als auch der öffentlichen Kaufkraft mit sich bringen werden. Kaufkraft aber ist – im Sinne der „Optimisten" – die wesentliche Voraussetzung für eine Auswei-tung insbesondere der personenbezogenen Dienstleistungen in einer Region. Weiterer Handlungsbedarf entsteht bei den SOHOs aufgrund der unstetigen Erwerbsverläufe hinsichtlich der Sozialversicherung (21). Es ist somit frag-würdig, ob durch den Abbau von sozialstaatlicher Regulierung auch ein Zuwachs an Erwerbstätigkeit gesichert werden kann; in jedem Falle muss Deutschland durch mehr Innovation und Qualität wett-bewerbsfähiger wer-den als andere Regionen, wenn eine konjunkturelle Ausweitung der Pro-duktion erreicht und damit der strukturelle Beschäftigungsabbau kompen-siert werden soll.

Zieht man Bilanz zur bisherigen Entwicklung der Dienstleistungsgesell-schaft in Deutschland, so ist festzustellen, dass die „große Hoffnung des 20. Jahrhunderts" sich nicht realisiert hat. Die strukturellen Beschäftigungs-effekte sind nicht erkennbar; nicht einmal über die Definition von Dienst-leistungen herrscht Klarheit, noch weniger über ihre Entwicklung oder gar deren Bewertung im Sinne des Zieles der Vollbeschäftigung. Diese Kritik sollte Anlass genug sein, dass die beschäftigungspolitisch relevanten Ak-teure in Deutschland wie Staat und Sozialpartner dem „holländischen Kon-sens-Modell" folgend einen langfristig wirksamen, gesellschaftspolitischen Dialog in Gang setzen. Ziel muss es sein, die strukturellen Rahmenbedin-gungen für die Entwicklung von Arbeit, Qualifizierung und Beschäftigung zu überprüfen und neu zu gestalten.

6.   Anhang der Abbildungen

Abb. 1: Beschäftigungsentwicklung in Westdeutschland nach Sektoren 1960 - 1996

Erwerbstätige nach Sektoren	1960	1970	1990	1996
Landwirtschaft	3.581	2.262	995	755
Veränderung		*-1.319*	*-1.267*	*-240*
Industrie	12.497	12.987	11.309	9.803
Veränderung		*490*	*-1.678*	*-1.506*
Dienstleistungen	9.985	11.311	16.175	17.628
Veränderung		*1.326*	*4.864*	*1.453*
darunter:				
Öffentlicher Dienst	2.098	2.978	4.305	4.187
Veränderung		*880*	*1.327*	*-118*
Banken/Versicherung	383	597	892	937
Veränderung		*214*	*295*	*45*
Sonstige Dienstleistungen	1.981	2.336	4.402	5.548
Veränderung		*355*	*2.066*	*1.146*

Quelle: IAB-Zahlenfibel, 1997; Berechnungen von Baethge. In: Baethge 1999 a.a.O. S. 6

Abb. 2: Beschäftigte bei unternehmensbezogenen Dienstleistungen in Westdeutschland

Jahr	Unternehmensbezogene Dienstleistungen			
	Insgesamt sozialversicherte Dienste		Nur wissensintensive Dienste	
	Beschäftigte	Anteil aller Beschäftig-ten (%)	Beschäftigte	Anteil aller Beschäftigten (%)
1980	820.084	3,9	455.599	2,2
1985	912.912	4,5	512.030	2,5
1990	1.390.718	5,6	684.647	3,1
1996	1.735.758	7,8	946.907	4,2

Quelle: Bundesanstalt für Arbeit, Berechnungen des ifo-Instituts. In: Baethge 1999 a.a.O. S. 26

Abb. 3: Einsparungspotential von Arbeitsplätzen durch I+K-Technologien im Dienstleistungsbereich

Bereich	Statistisch insgesamt betroffene Beschäftigte	Kumulierte Zahl der einzusparenden Arbeitsplätze	Anteil
Banken	772.000	474.000	61 %
Beratung/Überprüfung	844.000	293.000	35 %
Bildungswesen	914.000	249.000	27 %
Büroberufe	1.465.000	806.000	55 %
Gesundheitswesen	839.000	294.000	35 %
Handel	3.382.000	1.727.000	51 %
Öffentliche Verwaltung	2.604.000	1.200.000	46 %
Planung	194.000	64.000	33 %
Reinigung	835.000	138.000	17 %
Sonstige	1.609.000	304.000	19 %
Transport/ Logistik	897.000	667.000	74 %
Vermietung	236.000	118.000	50 %
Versicherungen	660.000	390.000	59 %
Werbung	80.000	15.000	19 %
Summe	**15.331.000**	**6.739.000**	**44%**

Quelle: Thome, R. a.a.O. S. 125

Abb. 4: Tele-Dienstleistungen (7 Anwendungssegmente)

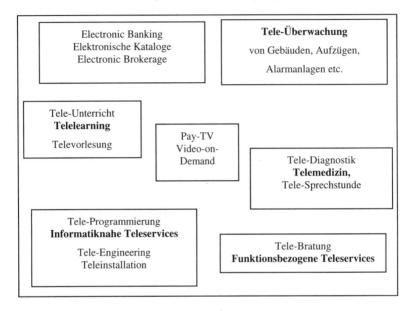

Quelle: Reichwald, R.; Möslein, K.. In: Baethge, a.a.O., S. 78

Abb. 5: Anteil der neugeschaffenen Dienstleistungsstellen an der durchschnittlichen Erwerbstätigenzahl (%)

	1970 – 82	1982 – 93	1993 – 95	1970 – 95
Westdeutschland	10,6	11,7	0,6	22,9
Niederlande	10,1	12,6	3,1	25,9
USA*	18,2	17,1	4,4	39,9

* 1982 bis 1991; 1991 bis 1994

Quelle: OECD 1998 a; Berechnungen Baethge. In: Baethge a.a.O., S. 167

Abb. 6: Anteil unternehmens- und konsumbezogener Dienstleistungen an der Dienstleistungsbeschäftigung 1995 (ohne Staat)

	D	NL	USA('94)
Unternehmensbezogene Dienste	**38**	**35**	**33**
Verkehr, Nachrichten	12	11	7
Finanzdienste, Versicherungen, Beratungsdienste	26	23	26
Konsumbezogene Dienste	**62**	**65**	**67**
Groß- und Einzelhandel, Gastronomie	31	33	38
Pers. DL; priv. Haushalte Non-Profit-Organisationen	5	13	9
Soziale Dienstleistungen (Gesundheit, Bildung)	25	19	21

Quelle: OECD; Statistisches Bundesamt; Berechnungen von Baethge.
         In: Baethge, a.a.O. S. 165

Abb. 7: Anteil privat und öffentlich finanzierter Dienstleistungen an der Dienstleistungsbeschäftigung 1995

Finanzierung	D	NL	USA('94)
Private Dienstleistungen	**62**	**67**	**63**
Groß- und Einzelhandel, Gastronomie	26	28	30
Verkehr, Nachrichten	10	9	6
Finanzdienste, Versicherungen, Beratungsdienste	22	19	20
Pers. DL; priv. Haushalte Non-Profit-Organisationen	4	11	7
Öffentliche Dienstleistungen	**38**	**33**	**37**
Staatliche Dienstleistungen	16	17	21
Soziale Dienstleistungen (Gesundheit, Bildung)	21	16	17

Quelle: OECD 1998a; Statistisches Bundesamt; Berechnungen von Baethge. In: Baethge a.a.O., S. 165 Abb. 8: Die Struktur der Beschäftigungsverhältnisse im Vergleich

Abb. 8: Die Struktur der Beschäftigungsverhältnisse im Vergleich

Beschäftigungs-formen	Westdeutschland			USA	Niederlande	
	1985	1990	1995	1995	1987	1997
Abhängige Vollzeit-beschäftigung (NAV)	72,7	69,9	65,2	70,6	47,9	45,5
Abhängige Teilzeitbeschäf-tigung	10,1	9,4	13,4	13,7	13,0	18,8
Geringfügig Beschäftigte	-	3,2	3,1	1,6	10,0	11,0
Leiharbeiter, befristet Beschäftigte	4,1	4,9	4,7	1,0	} 7,9	11,7
Mehrfach Beschäftigte	1,7	2,5	3,2	6,0*		
Selbständige	8,5	7,2	6,8	5,5	11,2	13,0
Einzelunter-nehmer, Scheinselb-ständige	2,9	3,0	3,6	7,7		
Gesamt	**100,0**	**100,0**	**100,0**	**100,0**	**100,0**	**100,0**

*   Angabe summiert sich nicht mit den anderen Werten zu 100 %

Quelle: Hoffmann/Walwei 1998; Kalleberg et al. 1997; Amirault 1997;
         Stinson 1997; OECD 1998; Centraal Bureau voor de Statistiek;
         Berechnungen von Baethge. In: Baethge a.a.O., S. 179.

Abb. 9: Wirtschafts- und Beschäftigungsentwicklung im internationalen Vergleich

	1986-90[a]	1991-95[a]	1996	1997[b]	1998[b]
Deutschland[c]					
BIPWachstum real	3,4	2,1	1,4	2,2	2,6
Ewerbst.wachstum	1,5	- 0,4	- 1,2	- 1,4	- 0,1
Arbeitslosenquote	5,9	7,3	8,8	9,7	9,8
Erwerbsquote[d]	62,2	64,1	64,5	63,5	-
Niederlande					
BIPWachstum real	3,1	2,1	3,3	3,3	3,7
Erwerbst.wachstum	1,9	0,7	1,8	2,3	2,1
Arbeitslosenquote	7,4	6,4	6,3	5,3	4,4
Erwerbsquote[d]	52,0	61,1	65,4	67,5	-
USA					
BIPWachstum real	2,8	2,0	2,8	3,8	2,5
Erwerbst.wachstum	2,1	1,1	1,4	2,2	1,8
Arbeitslosenquote	5,9	6,6	5,4	4,9	4,6
Erwerbsquote[d]	68,0	72,2	72,9	73,5	-

[a] Durchschnittswerte für den gesamten Zeitraum.
[b] 1997 und 1998 Schätzungen.
[c] Bis 1991/92 Westdeutschland.
[d] Angaben beziehen sich auf die Jahre 1983, 1990, 1996 und 1997.

Quelle: Frühjahrsvorausschätzung der Europäischen Kommission, nach Werner 1998, S. 326; OECD Employment Outlook, Juli 1997, Juni 1998.

Abb. 10: Neue Rahmenbedingungen der Globalisierung

- **Globaler Einkauf:**
  Reduktion der Fertigungstiefe und weltweite Beschaffung von Komponenten und Dienstleistungen

- **Internationale Produktion:**
  Expansion der Produktionskapazitäten an den Märkten

- **Kundenorientierung:**
  Weltweite Überkapazitäten führen zu Käufermärkten

- **Horizontale Kooperation mit Wettbewerbern:**
  Strategische Allianzen oder Konzentration

- **Vertikale Kooperation in der Zulieferstruktur:**
  Optimierung der gesamten Wertschöpfungskette

- **Standortvorteile Zusammenarbeit:**
  Vernetzung und Tele-Kooperation durch Informations- und Kommunikationstechnologien

- **Innovation:**
  Beschleunigung der Innovationszyklen und Produktivitätssteigerung (systemische Rationalisierung)

- **Mitbestimmung:**
  Neue internationale Konzern-, Tarif- und Arbeitsrechtsstrukturen

- **Beschäftigung:**
  Verschärfung des Wettbewerbs zwischen regionalen Beschäftigungsstandorten (Selbständigkeit, Erwerbslosigkeit)

Abb. 11: Abgrenzung von SOHOs zu Kleinstunternehmen und Home-based-businesses

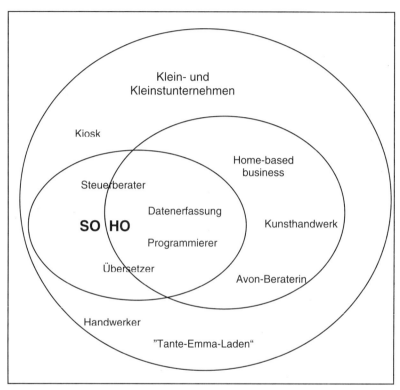

Quelle: Reichwald, R. In: Baethge, a.a.O., S. 308

Abb. 12: Veränderung der Beschäftigungsverhältnisse

Normalarbeitsverhältnis	•	Neue Arbeitsverhältnisse
Ortsbindung (im Betrieb)	•	Auflösung betrieblicher Strukturen
Lebensschwerpunkt Arbeitsplatz	•	mobile Standortwahl
feste Arbeitszeiten	•	Projekt- und Teilzeitarbeit
vorgeschaltete Berufsausbildung	•	offene Lern- und Arbeitsformen
berechenbare Karriere	•	befristete Arbeitsverträge
langfristige Betriebszugehörigkeit	•	„neue" Selbständigkeit
Vielfältige, stabile soziale Kontakte	•	Individualisierung von Arbeitsbeziehungen
tarifliche Einkommensregelung	•	Einzelverträge
soziale gesetzliche Absicherung	•	Erwerbsarbeit jenseits der Sozialversicherung

Quelle: Eigene Modifizierung nach IAB, a.a.O.

Abb. 13: Strukturelle Veränderung von Beschäftigungsformen, deutscher Arbeitsmarkt

Beschäftigungs-formen	Beschäftigungsanteil (%)			
	1970	**1990**	**1995**	**2000** geschätzt
Normarbeitsverhältnisse	83,5	74,2	68,0	62,2
Teilzeit	4,5	8,7	10,0	12,5
Befristet	4,5	6,1	5,0	5,0
Geringfügig	6,0	8,0	13,0	14,5
Abhängige Selbständige	0,2	1,2	2,0	3,8
Sonstige	1,3	1,8	2,0	2,0
Insgesamt statistisch erfasst	92,5	89,0	83,0	79,7

Quelle: Zukunftskommission der Freistaaten Bayern und Sachsen 1997, teilw. Berechnungen von Baethge. In: Baethge a.a.O., S. 308

7. Literaturhinweise

1) **Fourastiè, J.**, Die große Hoffnung des zwanzigsten Jahrhunderts, BundVerlag Köln 1954

2) **Häußermann, H., Siebel, W.**, Neue Dienstleistungsgesellschaften, edition suhrkamp, Neue Folge Band 964, Frankfurt/Main 1995

3) **Clark, C.**, The Conditions of Economic Progress, Macmillan London 1940

4) **Gartner, A., Riessmann, F.**, Der aktive Konsument in der Dienstleistungsgesellschaft, Zur politischen Ökonomie des tertiären Sektors, Suhrkamp Frankfurt/Main 1978

5) **Baumol, W.J.**, Macroeconomics of Unbalanced Growth, The Anatomy of Urban Crisis, in: American Economic Review 57, 1967, S. 416 – 426

6) **Gershuny, J.**, Die Ökonomie der nachindustriellen Gesellschaft - Produktion und Verbrauch von Dienstleistungen, Campus Frankfurt/Main 1981

7) **Baethge, M.**, Dienstleistungen als Chance, Abschlußbericht PEM 13, SOFI Göttingen 1999

8) Ebenda S. 26

9) **Thome, R.** (Hrsg.), Arbeit ohne Zukunft? Organisatorische Konsequenzen der wirtschaftlichen Informationsverarbeitung, München 1997

10) **Reichwald, R., Möslein, K.**, Innovationsstrategien und neue Geschäftsfelder von Dienstleistern – Den Wandel gestalten. In: Bullinger, H.-J. (Hrsg.), Dienstleistungen für das 21. Jahrhundert, Schäfer-Peschel-Verlag Stuttgart 1997

11) Siehe dazu sowohl **Häußermann a.a.O.** als auch **Baethge** a.a.O.

12) **Baethge**, a.a.O., S. 173

13) Ebenda S. 167

14) Ebenda

15) Ebenda, S. 179

16) Ebenda, S. 152

17) Ebenda, S. 21

18) Ebenda, S. 308

19) **IAB**, Beiträge der Arbeitsmarkt- und Berufsforschung, 131.1, Nürnberg 1989

20) **Baethge**, a.a.O., S. 104

21) Siehe dazu **Reichwald** in: Baethge, a.a.O. S. 353 ff.

Arno Brandt

Regionen im Wettbewerb

Wirtschafts- und Beschäftigungsentwicklung in großstädtischen Verdichtungsregionen am Beispiel der Region Hannover

Regionen stehen in einem auf den ersten Blick nicht ganz einfachen Verhältnis zueinander. Auf der einen Seite sind sie vielfach Kooperationspartner, weil sie in ihren wirtschaftlichen, sozialen und politischen Beziehungen miteinander verschränkt und damit aufeinander angewiesen sind. Gerade in den letzten Jahren hat dieser Sachverhalt durch interregionale Netzwerke, die oftmals von der EU initiiert wurden, neue Aktualität erhalten. Auf der anderen Seite sind Regionen aber auch Wettbewerber; dies umso mehr, als im Zuge der Globalisierung die Standortkonkurrenz zugenommen hat und dadurch der regionale Strukturwandel beschleunigt wurde. Damit rückte aber auch das Problem regionaler Disparitäten, also das Verhältnis von Gewinnern und Verlierern, erneut in das Blickfeld der regionalpolitischen Diskussion. Spätestens seit den 80er Jahren wurde in Deutschland (West) das Bild eines zunehmenden Süd-Nord-Gefälles gezeichnet, das den nördlichen Regionen nur noch geringe Entwicklungsperspektiven einräumte.

Die regionalökonomischen Disparitäten in Deutschland lassen sich aber seit Anfang der 90er Jahre nicht mehr generell mit einem Süd-Nord-Gefälle beschreiben. Vielmehr haben der fortschreitende Strukturwandel und die Deutsche Einheit das typische Bild vom prosperierenden Süden und strukturschwachen Norden verrückt. Zwar kann den Verdichtungsräumen Süddeutschlands ihre führende wirtschaftliche Position im innerdeutschen Vergleich insgesamt nicht abgesprochen werden, dennoch mehren sich die Anzeichen, dass eine neue, differenziertere Betrachtung der regionalökonomischen Kräfte in Deutschland notwendig ist. Auch die Region Hannover konnte in diesem Zusammenhang Positionsgewinne erzielen. Zumindest gehört sie inzwischen nicht mehr – wie noch in den 80er Jahren zu befürchten stand – zu den Verlierern im regionalen Strukturwandel.

Verdichtungsräume oder Großstadtregionen zeichnen sich durch eine hohe Konzentration von Bevölkerung und wirtschaftlichen Aktivitäten aus. Sie sind überdurchschnittlich auf Dienstleistungen spezialisiert. Rund die Hälfte der Bevölkerung der Bundesrepublik wohnt in Großstadtregionen. In ihnen erwirtschaften 52 % der Erwerbstätigen fast drei Fünftel der gesamtwirtschaftlichen Wertschöpfung Deutschlands, was sie zu den wirtschaftlichen

Zentren des Landes macht. Da es im folgenden um eine langfristige Betrachtung des regionalen Strukturwandels geht, die im wesentlichen die 80er
und 90er Jahre umfasst, konzentriert sich die Analyse auf den Vergleich
westdeutscher Großstadtregionen.

Süd-Nord-Gefälle in den 80er Jahren

In den 80er Jahren zeichnete sich unter den westdeutschen Verdichtungsräumen ein deutliches Süd-Nord-Gefälle ab. Sowohl die Bevölkerungsentwicklung als auch die Wirtschaftsentwicklung verliefen in den südlichen
Großstadtregionen München, Stuttgart, Karlsruhe und Rhein-Main positiver
als in den norddeutschen Verdichtungsräumen Hannover, Hamburg und
Bremen. Die Montanregionen an Ruhr und Saar, in den 80er Jahren vom
Strukturwandel besonders ergriffen, wiesen die schwächste Entwicklung
unter den Verdichtungsräumen auf.

Aufgrund der zunehmenden Tertiärisierung der Wirtschaft, verlief die Beschäftigtenentwicklung zu Gunsten des Dienstleistungssektors, während im
produzierenden Gewerbe Arbeitsplätze abgebaut wurden. Von 1980 bis
1989 nahm die Zahl der Beschäftigten im produzierenden Gewerbe in der
Bundesrepublik Deutschland jahresdurchschnittlich um 0,6 % ab. Im
Dienstleistungssektor stieg die Anzahl der Beschäftigten im gleichen Zeitraum um 1,4 %. Insgesamt war die Dynamik auf dem Arbeitsmarkt mit
einem Beschäftigtenaufbau von 0,4 % im Jahresdurchschnitt schwach
ausgeprägt.

Unter den westdeutschen Verdichtungsräumen konnten insbesondere
München, Nürnberg, Stuttgart und Rhein-Main positive Beschäftigten-
effekte im Dienstleistungssektor erzielen. Im Jahresdurchschnitt nahm die
Zahl der Beschäftigten dort von 1980 bis 1989 um fast 2 % zu (vgl. Abb.1,
Diagramm1). Im Vergleich zu den anderen Großstadtregionen, die durchschnittlich Zuwächse von 1,3 % verzeichneten, war dies eine dynamische
Entwicklung. Gleichzeitig gingen dort weniger Arbeitsplätze im produzierenden Gewerbe verloren. Im Verdichtungsraum Stuttgart verlief die Entwicklung im produzierenden Gewerbe sogar noch leicht positiv. Die Lage
in den norddeutschen Verdichtungsräumen Hamburg, Hannover und
Bremen sowie in den Montanregionen sah weniger gut aus. Die dort im
produzierenden Gewerbe schrumpfende Zahl der Beschäftigten konnte nur
teilweise durch einen Beschäftigtenanstieg im Dienstleistungssektor kompensiert werden. Besonders im Ruhrgebiet und in den Verdichtungsräumen

Hannover und Saarbrücken nahmen die Beschäftigtenzahlen des produzierenden Gewerbes, bei gleichzeitig unterdurchschnittlicher Dynamik des Dienstleistungssektors, überdurchschnittlich ab. Hannover drohte damit zu einem Verlierer im regionalen Strukturwandel zu werden und Schrumpfungsszenarien standen in jener Zeit auf der Tagesordnung der stadt- und regionalpolitischen Debatte.

Die Gründe für dieses Entwicklungsmuster sind vielfältig. Hauptsächlich kann die dynamische Wirtschaftsentwicklung in den süddeutschen Verdichtungsräumen auf einen nachholenden Industrialisierungsprozess in großen Teilen Süddeutschlands zurückgeführt werden, der spätestens in den 60er Jahren einsetzte. Dadurch konnten in Süddeutschland vergleichsweise moderne industrielle Strukturen aufgebaut werden, die sich im Verlauf des Strukturwandels als wettbewerbsfähiger erwiesen. Die nord- und westdeutschen Regionen verfügten zu diesem Zeitpunkt z.T. über veraltete Branchenstrukturen wie beispielsweise der Werftenindustrie bzw. der Montanindustrie, die sich im Verlauf des Strukturwandel als nicht anpassungsfähig erwiesen. Zudem verfügte der süddeutsche Raum in Hinblick auf das damalige Stadium der EG-Integration mit der Nähe zu den südeuropäischen Zentren über gewisse Standortvorteile.

Positionswechsel

Mit der Deutschen Einheit begann sich ein neues Raumgefüge in Deutschland herauszubilden, von dem die norddeutschen Verdichtungsräume sicherlich im Rahmen der konjunkturellen Sonderentwicklung stärker profitieren als die süd- und westdeutschen Teilregionen. Aber auch nach dem Wiedervereinigungsboom verlief die wirtschaftliche Entwicklung Norddeutschlands vergleichsweise gut, so dass nicht davon ausgegangen werden kann, dass nur ein vorrübergehender Aufholprozess stattfand. Von dieser Veränderung des wirtschaftsräumlichen Kräfteparallelogramms profitierte insbesondere auch die Region Hannover. Hinzu kamen erkennbare Modernisierungsfortschritte im Bereich der Unternehmens- und Infrastrukturen (EXPO 2000).

Nach der konjunkturellen Sonderentwicklung setzte sich der sektorale Strukturwandel verstärkt fort. Von 1992 bis 1999 gingen im alten Bundesgebiet die Beschäftigtenzahlen im produzierenden Gewerbe weiter um jahresdurchschnittlich 3,0 % und in den Westdeutschen Verdichtungsräumen um 3,5 % zurück. Im Dienstleistungsbereich fand gleichzeitig ein Beschäftigungszuwachs von 0,9 % p.a. sowohl im westdeutschen Bundesgebiet als auch in den Verdichtungsräumen der alten Bundesländer statt. Insgesamt war damit die Beschäftigtenentwicklung in den 90er Jahren rückläufig.

Abb. 1: Zusammenhang zwischen der Beschäftigtenentwicklung des produzierenden Gewerbes und der Dienstleistungen in den westdeutschen Verdichtungsräumen in den 80er und 90er Jahren

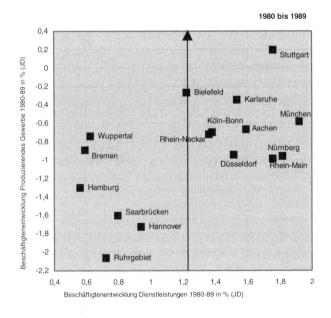

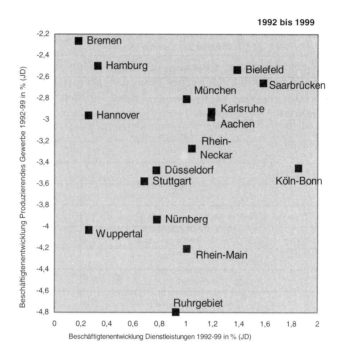

In diesem Zeitabschnitt zeigte sich eine sehr viel differenzierte Entwicklung unter den westdeutschen Verdichtungsräumen, die das zuvor gültige Entwicklungsmuster des Süd-Nord-Gefälles bis auf wenige Ausnahmen verlässt (vgl. Abb. 1, Diagramm 1). Zum einen schrumpfte das produzierende Gewerbe in den norddeutschen Verdichtungsräumen weiterhin, allerdings deutlich schwächer als in einigen süddeutschen Großstadtregionen). Hannover erlitt in diesem Zeitraum mit jahresdurchschnittlich rd. -0,2% einen vergleichsweise moderaten Rückgang bei den industriellen Arbeitsplätzen. Zum anderen entwickelte sich der Dienstleistungssektor insbesondere in Köln-Bonn, der Montanregion Saarbrücken und in Bielefeld überdurchschnittlich, während die süddeutschen Verdichtungsräume etwa im Mittelfeld lagen und die norddeutschen Verdichtungsräume zusammen mit Wuppertal die geringste Dynamik bei den Dienstleistungen hatten. Das Ruhrgebiet verzeichnete in den 90er Jahren weiterhin die stärksten Rückgänge im Produzierenden Gewerbe. Im Jahresdurchschnitt ging von 1992 bis 1999 die Beschäftigung um 4,8 % zurück. Aber auch die südlichen Verdichtungsräume Rhein-Main, Nürnberg und Stuttgart wiesen überdurchschnittliche Abnahmen im produzierenden Gewerbe auf.

Das Gefälle zwischen der wirtschaftlichen Entwicklung Süd- und Norddeutschlands ist damit in den 90er Jahren nicht mehr stärker geworden, vielmehr hat sich der Abstand hinsichtlich der Beschäftigtenentwicklung verringert. Deutlich wird dies auch bei der Entwicklung der Arbeitslosigkeit: Während in den 80er Jahren entsprechend der wirtschaftlichen Entwicklung die Arbeitslosenzahlen insbesondere in den süddeutschen Verdichtungsräumen Stuttgart und München sehr niedrig waren und weit unter dem westdeutschen Durchschnitt lagen, war die Arbeitslosigkeit in den norddeutschen Verdichtungsräumen Hamburg, Hannover und Bremen überdurchschnittlich. Besonders problematisch zeigte sich die Arbeitsmarktsituation in den Montanregionen an der Ruhr und der Saar. Zwar veränderte sich diese Situation in den 90er Jahren nicht grundsätzlich, dennoch zeichneten sich unterschiedliche Tendenzen ab. Die süddeutschen Großstadtregionen wiesen mit Ausnahme von München einen überdurchschnittlichen Anstieg der Arbeitslosenzahlen auf, während die Zuwächse in den Verdichtungsräumen Hannover, Hamburg, Köln-Bonn und Bremen am niedrigsten waren

Gründungsklima

Ein weiterer Aspekt, der darauf hindeutet, dass sich das Kräfteverhältnis unter den deutschen Verdichtungsräumen verändert, ist die Entwicklung von Unternehmensgründungen in den 90er Jahren. Hier zeigt sich, dass die Erneuerung der Wirtschaftsstruktur in den norddeutschen Verdichtungsräumen dynamischer verlief als in den meisten südlichen und westlichen Teilregionen des früheren Bundesgebiets. Die Gründungsintensität, die sich aus der absoluten Zahl der Gründungen je Erwerbstätigen ergibt,[1] war von 1990 bis 1998 insbesondere in den norddeutschen Verdichtungsräumen hoch. Die Spitzenpositionen nahmen Hamburg mit deutlichem Abstand und Bremen ein. An dritter Stelle lag München eng gefolgt vom norddeutschen Verdichtungsraum Hannover. Die Unternehmensgründungen in den westlichen Teilregionen lagen mit Ausnahme von Düsseldorf etwa im Mittelfeld. Am unteren Ende der Rangfolge befanden sich Bielefeld, Nürnberg, Stuttgart und Saarbrücken mit weit unterdurchschnittlichen Gründungsintensitäten im Vergleich der westdeutschen Verdichtungsräume insgesamt. Es wird deutlich, dass das Gründungsklima insgesamt in den norddeutschen

Verdichtungsräumen in den Jahren 1990 bis 1998 offensichtlich positiver war als in den anderen Großstadtregionen (vgl. Abb. 2). Von den süddeutschen Verdichtungsräumen lagen einzig München und Rhein-Main über der durchschnittlichen Gründungsintensität der Verdichtungsräume insgesamt.

Abb. 2: Gründungsintensität in den westdeutschen Verdichtungsräumen

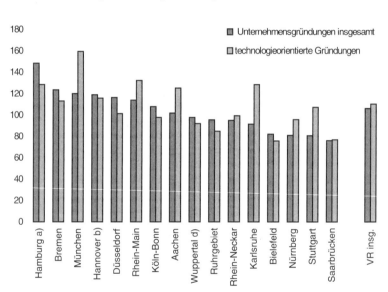

Gründungen 1990 - 1998 je Erwerbstätigen, Westdeutschland = 100

Bei der Betrachtung der von technologieorientierten Gründungen, von denen besondere Impulse zur Verbesserung der regionalen Wirtschaftstruktur erwartet werden, zeigt sich, dass in diesem Bereich die süddeutschen Verdichtungsräume in den 90er Jahren noch einen deutlichen Vorsprung mit München, Rhein-Main und Karlsruhe unter den ersten vier Positionen hatten. Die Großstadtregion Hamburg nahm bei der Gründungsintensität von technologieorientierten Unternehmen den dritten Platz ein und die norddeutschen Verdichtungsräume Hannover und Bremen lagen im Mittelfeld nach Aachen auf Rang 6 und 7. Am geringsten waren die Zahlen der technologieorientierten Gründungen in Wuppertal, in den Montanregionen Ruhr und Saar sowie Bielefeld an letzter Stelle. Die Gründungsvoraussetzungen für technologieorientierte Unternehmen, die einen Anteil von etwa 7 % an den Unternehmensgründungen insgesamt haben, sind damit in den süddeutschen Verdichtungsräumen besser einzustufen als in den übrigen Großstadtregionen Westdeutschlands.

Innovationsfähigkeit

Für den längerfristigen Strukturwandel ist die Innovationsfähigkeit einer Region von zentraler Bedeutung. Insbesondere die Ausstattung mit Forschungs- und Entwicklungskapazitäten und die Verfügbarkeit hochqualifizierter Arbeitskräfte, aber auch das realisierte Niveau innovationsorientierter Kooperation der Betriebe untereinander und mit wissenschaftlichen Forschungseinrichtungen entscheiden maßgeblich über die nachhaltige Wettbewerbsfähigkeit der regionalen Wirtschaft. In diesem Zusammenhang ist nach wie vor von beachtlichen Wettbewerbsvorteilen der süddeutschen Verdichtungsregionen auszugehen. Vor allem bei der FuE-Kompetenz dominieren die süddeutschen Verdichtungsregionen (neben München sind dies Stuttgart, Rhein-Neckar, Rhein-Main und Nürnberg vor Standorten wie Köln-Bonn, Hamburg oder Hannover.

Die industrielle Forschung und Entwicklung ist in Hannover aber im Aufwind. Gegenüber den forschungsreichen süddeutschen Regionen bestehen zwar noch gewisse Rückstände, die auch in absehbarer Zeit nicht gänzlich aufzuholen sind, dennoch hat sich seit Anfang der 90er Jahren der Abstand Hannovers zu den führenden Verdichtungsräumen in Westdeutschland deutlich gemindert (vgl. Abb. 3). Dieser Aufholprozess hat nicht zuletzt mit der Aufwärtsbewegung bei den unternehmensorientierten Dienstleistungen zu tun. Beides – sowohl die Stärkung bei FuE als auch bei unternehmensorientierten Dienstleistungen – verlief zeitgleich mit Umstrukturierungsprozessen in der Region im Zusammenhang mit und im Vorfeld der EXPO 2000.

Abb. 3: FuE-Intensität der Unternehmen in der Region Hannover und in den Westdeutschen Verdichtungsregionen 1985 bis 1997

FuE-Personal in % der Beschäftigten im Verarbeitenden Gewerbe

Die Tatsache, dass die Region Hannover nicht zu den überregional führenden FuE-Zentren zählt, ist darüber hinaus nicht über zu bewerten, da etliche bedeutende Unternehmen in Hannover große Betriebsstätten haben, aber ihre Forschungskapazitäten in anderen Regionen sind. Zudem befindet sich ein erheblicher Teil der norddeutschen FuE-Kompetenzen in der Region Braunschweig, wovon auch der Standort Hannover profitiert. Nimmt man als Maßstab die räumlichen Distanzen von Metropolregionen, dann ist die Entfernung zu den Forschungseinrichtungen in der Braunschweiger Region eher von untergeordneter Bedeutung. Insofern kommt auch interregionalen Forschungskooperationen in Zukunft eine noch größere Rolle zu, wie sie exemplarisch beim bildungstechnologischen Institut „Learning-Lab-Lower Saxony" sichtbar werden, an den Hochschuleinrichtungen aus Hannover und Braunschweig sowie die Stanford University (USA) beteiligt sind.

CeBIT-City

Der Übergang zur Informationsgesellschaft, der durch die immer dynamischere Entwicklung der IuK-Technologien beschleunigt wird, hat nicht zuletzt auch Auswirkungen auf den regionalen Strukturwandel. Insbesondere dürften künftig solche Regionen auf der Gewinnerseite stehen, die einen relativ großen Anteil von Betrieben vorweisen können, die Technologien oder Dienstleistungen aus dem IuK-Bereich anbieten. Diese Einschätzung ergibt sich allein schon aus der Erwartung, dass bei den betrieblichen Anwendern der IuK-Produkte tendenziell eher Rationalisierungseffekte eintreten, während auf der Anbieterseite vermehrt mit neuen Arbeitsplätzen zu rechnen ist.

Ein systematischer Vergleich der Verdichtungsregionen steht im Hinblick auf ihre relative Bedeutung als Standort für Anbieter der Kommunikationswirtschaft noch aus. Das Bremer Institut BAW hat allerdings vor geraumer Zeit ein Großstädte-Benchmarking vorgelegt, das über die Bedeutung der Informations- und Medienwirtschaft in bundesdeutschen Großstädten Auskunft gibt. Danach zählt die Landeshauptstadt Hannover nicht zu den führenden Standorten der Kommunikationswirtschaft, sondern liegt deutlich hinter den Zentren Köln, München, Hamburg, Frankfurt/Main und auch Düsseldorf. Die BAW-Studie zeigt aber auch, dass sich bei einer Unterscheidung nach Branchen sehr differenzierte Ergebnisse hinsichtlich der Bedeutung einzelner Standorte ergeben und damit sehr verschiedene Spezialisierungsmuster erkennbar werden (vgl. Abb. 4). So lässt sich zeigen, dass Hannover in der Filmbranche den vorletzten Platz unter 20 Vergleichsstädten belegt, während sie in der EDV/Software-Branche den dritten Rang hinter München und Dortmund aufweist. Bei differenzierter Betrachtung verfügt Hannover durchaus über Potenziale im Bereich der Kommunikationswirtschaft. Hinzu kommt, dass Hannover mit der CeBIT Standort der international bedeutsamsten Computermesse ist.

Abb. 4: Konzentration und Spezialisierung der Beschäftigung in der Film- und EDV/Software-Branche 1998

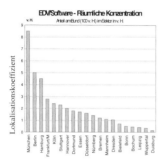

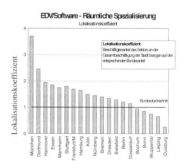

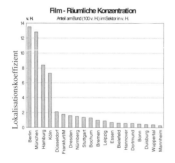

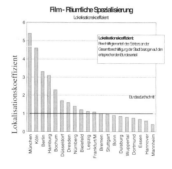

Quelle: BAW

Insofern erscheint es konsequent, wenn die Region Hannover unter dem La-
bel „CeBIT-City" ein eigenes Profil als Standort für Anbieter der Informa-
tions- und Kommunikationstechnologien und -dienstleistungen sucht. Insbesondere in der Nachnutzung des EXPO-Geländes und im Ausbau des Wis-
senschaftsstandortes liegen Chancen zur Positionierung im Bereich der
Kommunikationswirtschaft. Ein rasches Aufholen gegenüber den führenden
Standorten wird aber nur dann realistisch sein, wenn sich die Region auf
Kernkompetenzen im IuK-Bereich besinnt. Diese könnten z.B. auf den Feldern Verkehrstelematik, Virtual Reality und Bildungstechnologien liegen.

Ausblick

Insgesamt zeigt sich, dass Anhaltspunkte für eine Auflösung des ausgeprägten Süd-Nord-Gefälle vorhanden sind. Gegenüber den Verdichtungsräumen in der westlichen Teilregion des alten Bundesgebiets schließen die norddeutschen Verdichtungsräume zu den süddeutschen Großstadtregionen auf. Eine der Hauptursachen für diese Entwicklung liegt in einem positiven Lageeffekt, der durch die Grenzöffnung nach Osten bewirkt wurde. Die ehemals periphere Lage Norddeutschlands erweist sich nun als zentral in Europa. Darüber hinaus konnten die norddeutschen Großstadtregionen in den 90er Jahren erkennbare Modernisierungsfortschritte realisieren. Längst sind nicht alle Defizite beseitigt, dennoch ergibt sich langfristig für norddeutsche Verdichtungsräume die Chance, sich als wettbewerbsfähige Regionen im Zentrum Europas zu etablieren und zum Überholen anzusetzen.

In diesem Zusammenhang hat die Region Hannover durch die im Rahmen der EXPO 2000 realisierten Infrastrukturinvestitionen und ihrer erfolgreichen Regionalreform mittlerweile günstige Voraussetzungen, um sich im Wettbewerb der Regionen künftig noch besser zu behaupten. Darüber hinaus existiert mittlerweile in der Region ein differenziertes Instrumentarium der Wirtschafts- und Beschäftigungsförderung, das den unterschiedlichen Problemlagen der kommunalen und regionalen Wirtschaftspolitik weitgehend gerecht wird. Die aktuell zu beobachtbaren Anstrengungen, das Stadt- und Regionalmarketing Hannovers zu verbessern, lässt hoffen, dass auch das Image Hannovers verbessert werden kann. Aber auch für Hannover gilt, dass sich der Imageerfolg nur dann dauerhaft einstellt, wenn kontinuierlich an der Verbesserung des „Produkts" gearbeitet wird.

Anmerkungen

[1] Die Datengrundlage für die Auswertung der Unternehmensgründungen in den westdeutschen Verdichtungsräumen bildet der Gründungspaneel-West vom Verband der Vereine Creditreform (VVC) und vom Zentrum für Europäische Wirtschaftsforschung (ZEW)

Siegfried Frohner, Michael Meilwes

Zur Standortdiskussion
Operative Instrumente der regionalen Wirtschafts- und Beschäftigungsförderung am Beispiel der Hannover Region

I.

In der beschäftigungspolitischen Diskussion wird den Kommunen eine zunehmende Verantwortung für die Wiedergewinnung eines hohen Beschäftigungsstandes und bei der Umsetzung einer aktiven Arbeitsmarkt- und Beschäftigungspolitik zugesprochen. Die Europäische Union hat in den letzten Jahren wiederholt auf die Bedeutung der regionalen und lokalen Ebene bei der Umsetzung einer offensiven Beschäftigungspolitik hingewiesen. Damit wird ein Trend gestärkt, der schon seit einigen Jahren in Europa, aber auch z.B. in den USA festzustellen ist: Gerade in einer globalisierten Wirtschaft – so viele Kommentatoren – bekommt die lokale und regionale Ebene wieder größeres Gewicht gegenüber nationalstaatlichen Politikansätzen, weil zunehmend Regionen in den weltweiten Standortwettbewerb eintreten, aber auch, weil die besonderen Potenziale der Regionen und Kommunen bei der Schaffung der unverzichtbaren Rahmenbedingungen für die Unternehmen wie soziale Stabilität, qualifizierte Humanressourcen und eine „Einbettung" in soziale und geschäftliche Netzwerke zunehmend beachtet werden (vgl. z.B. Dettling, Warnfried (1998), Wirtschaftskummerland. Wege aus der Globalisierungsfalle). Gegenwärtig dringt dabei ein Konzept von Region vor, das weniger vom Bild der Fläche als vom Bild des Akteursnetzes geprägt ist. In solchen Regionen arbeiten private und öffentliche Träger zusammen (Unternehmen und Kammern, Universitäten und Institute, Gewerkschaften und Vereine), um Vernetzungen aufzubauen oder zu verstärken, Informationen auszutauschen, Leitbilder zu entwickeln, gemeinsame Projekte zu verfolgen, Synergien zu realisieren. In den hierarchiefreien Netzen wandelt sich der regionale Staat zum (Verhandlungs-)Partner, der nichts vorgibt, höchstens moderiert, um durch eine Aktivierung möglichst aller „endogenen Potenziale" die Region zu profilieren und im Wettbewerb der Regionen, der durch die Globalisierung verstärkt wurde, voranzubringen (vgl. Mäding, H., Kommunale Regionalpolitik und europäische Strukturpolitik: Perspektiven für Kommunen und Regionen, These im Rahmen eines Seminars des Deutschen Instituts für Urbanistik „Kommunale Regionalpolitik – europäisch" am 18./19. Sept. 2000).

Für die Wirtschaftsförderung sind vor diesem Hintergrund neue Anforderungen und die Notwendigkeit einer Anpassung, Ausweitung und konzeptionellen Neuausrichtung des eingesetzten Instrumentariums entstanden. „Globale beziehungsweise übergreifende Trends und Entwicklungstendenzen, wie etwa der struktur- und technologische Wandel, die Währungsunion und die EU-Osterweiterung oder die Internationalisierung führen zu einer Ausweitung und Ausdifferenzierung der Aufgabenschwerpunkte der Wirtschaftsförderung" (Mahnke, L., Startschuss für einen europa-übergreifenden Standortwettbewerb, in: Stadt und Gemeinde 4/2000, S.114). Gleichzeitig ist festzustellen, dass die Wirtschaftsförderung angesichts der Sparzwänge der öffentlichen Hand einem zunehmenden Aufgabenspektrum mit stagnierenden, wenn nicht sogar rückläufigen finanziellen und personellen Ressourcen gegenübersteht.

Welche Forderungen werden heute an einen Standort gestellt? Mit Blick auf die Standortdynamik innerhalb Deutschlands ist eine dem übergreifenden Strukturwandel folgende Tertiärisierung bei der Ansiedlungsdynamik zu konstatieren. Während das Ansiedlungspotenzial aus dem Industriebereich als eher begrenzt einzustufen ist, entwickelt sich im Dienstleistungsbereich und hier vor allem bei unternehmensnahen Dienstleistern – von der Öffentlichkeit nahezu unbeobachtet – eine zunehmende Standortdynamik. Bei einer Befragung in 1999 unter 20.000 industrienahen Dienstleistern berichteten knapp 20% der befragten Unternehmen von geplanten Standortveränderungen. Dabei entfallen mit 25% der Großteil der geplanten Standortveränderungen auf die Gründung von neuen Niederlassungen, bei denen im Gegensatz zu (Nah-)Verlagerungen auch von einem weiteren Standortsuchraum auszugehen ist (vgl. ebenda).

„Auch der Einsatz neuer Produktionskonzepte wirkt sich auf die Standortdynamik aus. Die abnehmende Fertigungstiefe und Zunahme der Zulieferer- und Vorleistungsverflechtungen führt zu neuen, sich aber auch schneller wieder ändernden Standortkonfigurationen." (ebenda, S.116) Bei Zulieferern und industrienahen Dienstleistern ist mit einem verstärkten Standortsplitting zu rechnen, wobei eine Präsenz in unmittelbarer Nähe der Endabnehmer angestrebt wird. Gleichzeitig wirken sich die verkürzten Produktlebenszyklen beschleunigend auf die Flächennutzungszyklen und steigernd auf die Häufigkeit von Standortwechseln aus. Zudem treten Gewichtsverschiebungen bei Standortanforderungen investitionsinteressierter Unternehmen auf. Ein regionales Standortumfeld gewinnt hinsichtlich der Innovationsfähigkeit und der Flexibilität des Produktionsprozesses an Bedeutung. Sehr wichtig sind so Standortfaktoren wie z.B. eine hochwertige Forschungs- und Entwicklungs-, Kommunikations- und Verkehrsinfrastruktur, Nähe zu Lieferanten und Kooperationspartnern und das Investitionsklima geworden.

II.

Blickt man auf den Wirtschaftsstandort Hannover Region so steht die Hannover Region zu Beginn des 21. Jahrhunderts besser da, als noch Anfang der 90er Jahre erwartet wurde (vgl. Niedersächsisches Institut für Wirtschaftsforschung (Hrsg.), Wirtschaftsstandort Hannover Region. Regionalreport 2000. Studie im Auftrag des Kommunalverbandes Großraum Hannover sowie: Arno Brandt, Regionen im Wettbewerb, im vorliegenden Dokumentationsband). Die Ausrichtung der EXPO 2000 und die mit ihr verbundenen Investitionen im Bereich der Verkehrsinfrastruktur und des Städtebaus haben die Chancen der Region erheblich verbessert, um sich im Wettbewerb der Regionen erfolgreich zu behaupten. Vielfältige Projekte mit einem Investitionsvolumen von insgesamt 4.5 Mrd. DM verdeutlichen die dynamische Prozesse im Zusammenhang mit der Weltausstellung EXPO 2000. Hierbei sind die komplementären privaten Investitionen in der Region (Einzelhandel, Hotels etc.) noch nicht einmal berücksichtigt. Der Regionalreport 2000 macht deutlich, dass im Umland der Landeshauptstadt Hannover sowohl Einwohnerzuwächse als auch Zugewinne bei der Entstehung neuer Arbeitsplätze realisiert werden. So zeigt die Hannover Region im Vergleich westdeutscher Verdichtungsräume bei der Beschäftigtenentwicklung sogar eine der dynamischsten Steigerungen von Umlandbereichen. Die Hannover Region ist interessant für neue Branchen wie z.B. die Logistik oder die Informations- und Kommunikationstechnologie. Insbesondere als Logistikstandort hat die Hannover Region schon einen enormen Stellenwert. Speziell in diesem Marktsegment lassen sich die Entstehungstendenzen eines eigenen Immobilienmarktes erkennen, für den die Hannover Region von großem Interesse sein dürfte. Mit der Grenzöffnung entstand ein Lagevorteil als Knotenpunkt bedeutender transeuropäischer Verkehrsachsen. Zu den besonders herausragenden Standorten in der Hannover Region gehören der Airport Business Park Hannover, im Umfeld des internationalen Flughafens Hannover-Langenhagen mit einzigartigen Entwicklungspotenzialen, sowie des GVZ Hannover in Lehrte, wo im kombinierten Ladungsverkehr eine Megahubanlage für den Schnellumschlag Schiene-Schiene den üblichen Umschlag Schiene-Strasse ergänzen wird. Auch für den IuK – bzw. Multimedia-Sektor bietet die Hannover Region mit der Konzentration von medienorientierten Qualifikationsangeboten vielfältiger Hochschulen und sonstiger Bildungs- und Weiterbildungseinrichtungen auf der ehemaligen EXPO-Plaza den Nukleus für die sich entwickelnde Multimediabranche im EXPO-Park Hannover. Interessant ist aber auch die Verknüpfung von Wissenschaft und Wirtschaft. Sechs Hochschulinstitute der Universität Hannover sollen am Standort Garbsen mit F&E-Bereichen von Industrieunternehmen zu einem Produktionstechnischen Zentrum auch räumlich verbunden werden, eine mögliche Keimzelle für weiteres Wachstum auch in der „old economy".

Die genannten Projekte und zahlreiche weitere zeigen, in Hannover vergrößert sich der Wachstumsraum für Immobilienentwicklung auf einen regionalen Maßstab. Die Potenziale des attraktiven Oberzentrums Hannover werden durch interessante zusätzliche Entwicklungen im näheren Umfeld ergänzt.

Ein wichtiges Kriterium für eine erfolgreiche Umsetzung eines Immobilieninvestments ist sicherlich der schnelle Zugang zu den relevanten Ansprechpartnern vor Ort. In der Hannover Region bietet diesen schnellen Zugang ein Netzwerk der Wirtschaftsförderung. Akteure in diesem Netzwerk sind vor allem die regionale Wirtschaftsförderung des Kommunalverbandes Großraum Hannover, die Wirtschaftsförderer der Städte und Gemeinden und die Beteiligungsgesellschaften des Kommunalverbandes als operative Instrumente der regionalen Wirtschaftsförderung mit ihren spezifischen Kompetenzen. Die Technologie-Centrum Hannover GmbH mit ihrer Innovations- und Technologieberatung; die Existenzgründungsinitiative Hannover e.V. mit ihrer Existenzgründungsberatung; der Tourismusverband im Feld des Tourismus; die in Kooperation mit den beiden hannoverschen Sparkassen gegründete Hannover Region Grundstücksgesellschaft mbH & C.KG, HRG, die als bedeutender Grundstücksanbieter in der Hannover Region für gewerbliche und wohnwirtschaftliche Nutzungen ein wichtiger Partner für Investoren ist; die Hannover Region Entwicklungs- und Beratungsgesellschaft für Beschäftigung mbH, HRB, die besonders kleine und mittlere Unternehmen in Fragen der Personal- und Organisationsentwicklung berät.

III.

Nach einer Befragung des Deutschen Instituts für Urbanistik unter gut 150 deutschen Städten mit mehr als 50.000 Einwohnern halten mehr als 80 Prozent der Städte die Gewerbeflächenpolitik für das wichtigste Tätigkeitsfeld der Wirtschaftsförderung, das zugleich auch den größten Teil der täglichen Arbeitskapazität – durchschnittlich mehr als 40 Prozent – beansprucht (Deutsches Institut für Urbanistik, Kommunale Wirtschaftsförderung in den 90er Jahren, 1996).

In der Tat ist die Gewerbeflächenpolitik das zentrale Aufgabenfeld der Wirtschaftsförderung, da sie sowohl für die Ansiedlungsakquisition als auch für die Bestandspflege und -entwicklung relevant ist. Mit der Gründung der HRG hat der Kommunalverband Großraum Hannover bereits 1993 auf die neuen Anforderungen und Veränderungen der Aufgabenschwerpunkte der Gewerbeflächenpolitik reagiert. Anpassungsdruck bestand und besteht vor allem in infolge verkürzter Flächennutzungszyklen und Veränderungen der Standortdynamik, mit denen eine Diversifizierung der Standortanforderungen einhergeht. Notwendig ist einerseits eine Beschleunigung der Flächenbereitstellung und andererseits der Wechsel von einer eher quantitativen Gewerbeflächenvorsorge zu „intelligenten", an qualitativen Kriterien orientierten Nutzungskonzepten. Weniger gefragt ist eine Gewerbeflächenpolitik, die anhand des Flächenumsatzes der jüngsten Vergangenheit einfach eine notwendige Reserve von x-Hektar hochrechnet und gewährleistet, dass diese Reserve zur Verfügung steht. Gefragt sind Nutzungskonzepte, die in enger Zusammenarbeit mit möglichen Investoren, Projektentwicklern und Unternehmen erarbeitet werden. Die Diversifizierung der Standortanforderungen erfordert auch eine Diversifizierung der Flächenangebote – mit auf die Bedürfnisse der Zielgruppen zugeschnittenen Angeboten, zum Beispiel Themen- oder Branchenparks, die auch durch eine zielgerichtete Vermarktung entsprechend positioniert werden können.

An der Schnittstelle von Bestandspflege und Ansiedlungsakquisition gewinnt auch die Förderung von Unternehmens- und Innovationsnetzwerken weiter an Bedeutung. Kommunen und Regionen initiieren Projekte und Programme, um sowohl auf vertikaler als auch horizontaler Ebene die Vernetzung vor allem kleiner und mittlerer Unternehmen (KMU) zu fördern und deren Wettbewerbs- und Innovationsfähigkeit zu erhöhen. Dabei gewinnen die Netzwerke auch als Ansiedlungsargument in der Standortwerbung zunehmend an Bedeutung.

Auch der Kommunalverband Großraum Hannover fördert die Vernetzung von KMU. In dem folgenden Beispiel für eine solche Vernetzung soll jedoch noch ein weiteres Element unserer Wirtschaftsförderung deutlich werden. Seit einigen Jahren haben wir die unternehmensorientierte Beschäftigungsförderung zum integralen Bestandteil der Wirtschaftsförderung gemacht, um nicht zuletzt die verschiedenen Förderinstrumente der EU, des Bundes, des Landes, der Kommunen miteinander verknüpfen zu können. Der KGH fördert die Entwicklung eines Kooperationsbündnisses von KMU in der Druckbranche, um die in dieser Branche vorherrschenden Kleinbetriebe vor dem Hintergrund eines rasanten Strukturveränderungsprozesses dieser Branche zu stärken. Bisher haben sich neun Betriebe zu einem „Medienverbund Hannover" zusammengeschlossen. Die Betriebe versprechen sich durch die Kooperation mit anderen, die mittlerweile durch einen Kooperationsvertrag verbindlichen Charakter gewonnen hat, vor allem mehr Aufträge für jeden einzelnen. Nun kommt es darauf an, hier noch den Bogen zu schlagen, dass innerhalb der Kooperation auch gemeinsame Personalentwicklungsmaßnahmen entwickelt werden, und ggf. auch neue Arbeitsplätze entstehen.

IV.

Lebenslanges Lernen, Qualifikationserwerb und Kompetenzentwicklung gewinnen immer größere Bedeutung sowohl für die Zukunft unserer Gesellschaft als auch für die persönliche Lebensgestaltung in Arbeit und Beruf, in der Familie, in Freizeit, Kultur und Politik. Für den Einzelnen bedeutet das, Lernfähigkeit zu entwickeln, selbständig Lernen zu lernen sowie Lernen als Weg zum Erwerb und Ausbau personaler, sozialer, fachlicher und methodischer Kompetenzen kontinuierlich zu praktizieren. Für Wirtschaft und Gesellschaft werden diese Kompetenzen zugleich zu entscheidenden Standortfaktoren für Innovationen und gesellschaftliche Gestaltungsfähigkeit, um im internationalen Wettbewerb bestehen zu können. Die Wirtschaftsförderung hat ihr Augenmerk entsprechend auf die Kompetenzsicherung und -erweiterung der Arbeitnehmer/innen zu richten, also auf deren berufliche Weiterbildung bzw. die Personalentwicklung der Unternehmen. Wenn es um die Entwicklung einer neuen kulturellen Haltung zum Lernen geht (vgl. das Programm des Bundesministerium für Bildung und Forschung „Lernende Regionen – Förderung von Netzwerken") verlieren die klassischen Lernformen in Schule, beruflicher Ausbildung, Hochschule und Weiterbildung nicht ihre Bedeutung. Die Schlüsselrolle wird aber stärker ein selbstgesteuertes, in der „Schule des Lebens" sich vollziehendes informelles Lernen im Alltag, in der Familie, in der Freizeit und – hier ist der Ansatz für die Wirtschaftsförderung – am Arbeitsplatz, d.h. die Aufgabe der Wirtschaftsförderung ist es, den kleinen und mittleren Unternehmen die selbstgesteuerte Anpassung der Qualifikationen ihrer Arbeitnehmer/innen zu ermöglichen. Ein kurzer Blick auf die Situation der beruflichen Weiterbildung macht diese Aufgabenstellung deutlich.

Aus dem Werkstattbericht des Instituts für Arbeitsmarkt- und Berufsforschung der Bundesanstalt für Arbeit (IAB Werkstattbericht 6/2000) geht hervor, dass 1999 vier von zehn Betrieben innerbetriebliche Weiterbildungen angeboten haben. Bundesweit hat nach dieser Erhebung 1999 jeder/jede fünfte Arbeitnehmer/in an einer betrieblichen Weiterbildung teilgenommen.

Es gibt aber große Unterschiede bei der Weiterbildung zwischen Großbetrieben und kleinen und mittleren Unternehmen (KMU). Während so gut wie jeder Großbetrieb Weiterbildung durchführt oder anbietet, gilt dies nur für jeden dritten kleinen und mittleren Betrieb. Wie notwendig jedoch eine Verstärkung der Weiterbildungsaktivitäten in den KMU sind, um deren Wettbewerbsfähigkeit zu erhalten und zu fördern, wird klar, wenn man sich die Bedeutung der kleinen und mittleren Unternehmen als Träger von Beschäftigung vergegenwärtigt. Ungefähr 2/3 aller Beschäftigten arbeiten in einem der ca. 3 Millionen mittelständischen Unternehmen. (vgl. die amtlichen Nachrichten der Bundesanstalt für Arbeit)

In welchen Bereichen liegen die Weiterbildungsbedarfe vieler KMU? Gerade bei schon länger bestehenden Unternehmen sind Probleme des Wachstums und besonders der Professionalisierung der Unternehmensorganisation zu bewältigen. In einer Unternehmensbefragung des IAB berichten 1/3 der befragten KMU von Weiterbildungsbedarfen in den Bereichen innerbetriebliche Organisation, Qualitätssicherung, Personalführung und Controlling. Weiterbildungsbedarf besteht bei den KMU auch unter den Führungskräften bzw. Unternehmenseignern. Diese unterschätzen vielfach ihren eigenen Weiterbildungsbedarf und schreiben die Ursachen für Schwierigkeiten vorschnell allein den externen Rahmenbedingungen zu, anstatt auch Defizite in der betrieblichen Organisation aufzuspüren

Unabhängig von subjektiven Gründen, existieren strukturelle Schwierigkeiten für KMU, ihren Beschäftigten Weiterbildungsmöglichkeiten zu eröffnen. Zum einen verursacht der geringe Personalbestand Probleme, eine Vertretung für die Zeit der Fortbildung zu organisieren. Oft verfügen gerade KMU nicht über ausreichende finanzielle Reserven, um die notwendige Weiterbildung zu fördern. Passgenau auf die Bedürfnisse des jeweiligen Unternehmens zugeschnittene Angebote können aufgrund der geringen Zahl von einzubeziehenden Mitarbeitern nicht organisiert werden. Gerade auf dem externen Markt fehlt es häufig an Transparenz des Angebots und an Möglichkeiten, das Kosten-Leistungs-Verhältnis einer Maßnahme beurteilen zu können. Ein weiteres Problem konzentriert sich auf die Anpassung von Weiterbildungsinhalten auf den spezifischen betrieblichen Bedarf. Mindestens 50% der traditionellen Weiterbildungsmaßnahmen führen nicht zur Realisierung angestrebter Veränderungen und damit zu Demotivation anstelle notwendiger Motivation bei den Teilnehmern.

An diesen Problemlagen setzt die regionale Wirtschaftsförderung des Kommunalverbandes an.

Die regionale Wirtschaftsförderung des Kommunalverbandes hat die berufliche Qualifikation schon immer als nicht wegzudenkenden Bereich der Unternehmenspolitik verstanden und eine Vielzahl von Aktivitäten entwickelt, auf die an dieser Stelle nicht näher eingegangen werden kann. Insofern ist es nur konsequent, dass die regionale Wirtschaftsförderung des KGH und demnächst die neue Verwaltungseinheit „Region Hannover" mit der HRB einen operativen Partner entwickelt hat, mit dessen Unterstützung besonders im Bereich der betrieblichen Weiterbildung neue praxisgerechte Lösungen – speziell für kleine und mittelgroße Unternehmen – entwickelt, erprobt und anderen zugänglich gemacht werden können.

Die Hannover Region Entwicklungs- und Beratungsgesellschaft für Beschäftigung wird die erfolgreiche Arbeit des Netzwerks für Arbeit (NfA) fortsetzen. In die bisherigen Projekte des *Netzwerks* werden die beteiligten Unternehmen – anders als bei herkömmlichen Maßnahmen – als aktive Partner in Qualifizierungsprojekte integriert. Auffallend ist der starke Netzwerkcharakter der Projekte. Lernziele und -inhalte sind jeweils auf die spezifischen Belange der beteiligten Unternehmen ausgerichtet. Eine zielorientierte Vernetzung von Unternehmen und Branchen, von Sozialpartnern und Arbeitsmarktakteuren, von Beratern und Forschungseinrichtungen entsteht. Die Interpretation des NfA bietet eine maßgebliche Grundlage, die unternehmensorientierte Qualifizierungsarbeit fortzusetzen und auszubauen.

Gemeinsam mit einem mittelständischen Unternehmen arbeitet die HRB zur Zeit an einem Projekt „Lernende Organisation", das das Unternehmen in die Lage versetzen soll, Beratungs- und Qualifizierungsmaßnahmen in Form eines Qualifizierungsmanagements selbst zu organisieren. Was heißt das? Eine qualifizierte Einschätzung des Unternehmens und von dessen Umfeld sowie der Arbeitsplatzanforderungen an die Mitarbeiter/innen muss durch die betrieblichen Entscheidungsträger permanent erarbeitet werden. Beratungs- und Qualifizierungsmaßnahmen sind kontinuierlich zu planen und in das betriebliche Geschehen zu implementieren. Die wiederum haben sich an den strategisch und konzeptionell erforderlichen Entwicklungs- und Geschäftsprozessen des Unternehmens auszurichten. Eine prozessbezogene Reorganisation des Unternehmens ist hierzu erforderlich. D.h. die individuelle berufliche Kompetenzerweiterung der Arbeitnehmer/innen ist in diesem Projekt mit einer Umorganisation des Unternehmens verbunden. Eine Entwicklung, die im Kontext der beruflichen Weiterbildung an Bedeutung gewinnen wird und vor allem auch neue Anforderungen an die beruflichen Weiterbildungsträger stellen wird. Wenn die beruflichen Weiterbildungsträger sich am Markt behaupten wollen, reicht es nicht mehr, dass die

Arbeitnehmer/innen zu den Bildungsträgern kommen. Die Bildungsträger müssen ihre Kompetenzen in die Unternehmen bringen.

Die HRB wird gemeinsam mit der regionalen Wirtschaftsförderung das wichtige Geschäftsfeld „Krisenmanagement und Outplacement" entwickeln. Auch weiterhin werden Krisensituationen in Unternehmen auftreten, in denen Umstrukturierungen vorzunehmen oder gar Insolvenzen anzumelden sind. Sollte es dazu kommen, gilt es, dies sozialverträglich zu gestalten und vorhandene Potenziale zu erhalten und zu nutzen. In vielen Fällen ist bei frühzeitigem Eingreifen die Umstrukturierung der betroffenen Unternehmen möglich. Aber auch selbst in diesem positiven Fall verlieren viele Menschen – trotz Intervention – ihren angestammten Arbeitsplatz oder müssen sich unternehmensintern neuen Anforderungen stellen. Durch Aktivitäten zur Unternehmensstabilisierung und zum Beschäftigtentransfer kann dafür gesorgt werden, dass eine Umstrukturierung der betroffenen Betriebe möglich wird und die Personen auf den Wechsel ihres Arbeitsplatzes durch Beratungs-, Vermittlungs- und Qualifizierungsmaßnahmen vorbereitet werden. Dabei gehören auch Existenzgründungsberatungen in das Konzept des Beschäftigtentransfers und der unternehmensbezogenen Arbeitsmarktpolitik. Die Erfahrungen zeigen, dass sowohl einzelne Arbeitnehmer/innen als auch ganze Unternehmenseinheiten erfolgreich den Weg in die Selbständigkeit antreten können, wenn sie die geeignete fachliche und soziale Unterstützung bekommen. Die folgenden Beispiele von erfolgreich verlaufenen Interventionen sollen die Möglichkeiten dieses Geschäftsfelds verdeutlichen.

Die erste Priorität bei der Begleitung von Unternehmenskrisen liegt in Überlegungen zum Erhalt der bestehenden Arbeitsplätze. Als Beispiel für eine derartige präventive Arbeitsmarktpolitik können Maßnahmen zur Produkt- und/oder Verfahrensinnovation sowie neue Arbeitszeitmodelle genannt werden

Fall 1:
Vetrotex Deutschland GmbH, Herzogenrath

Bei dem Hersteller von Glasfilalmenten Vetrotex Deutschland GmbH, einem Tochterunternehmen des französischen Konzerns Saint Gabain, schien der Standort aufgrund der starken internationalen Konkurrenz langfristig gefährdet. Der Hintergrund für diese These war die Entscheidung des Mutterkonzerns zur Reduzierung von Überkapazitäten der konzernangehörigen

Glasschmelzen, die in Herzogenrath zu einer Entlassung von 120 der ca. 720 Beschäftigten führte. angesichts der anstehenden Entlassungen und der Bemühungen zur Reorganisation des Unternehmen richteten sich die begleitenden Maßnahmen des Landes NRW zum einen auf die dauerhafte Sicherung des Standortes in Herzogenrath und damit der verbleibenden Arbeitsplätze. Zum anderen galt es, die von Entlassung betroffenen ArbeitnehmerInnen in neue Arbeitsverhältnisse zu vermitteln bzw. ihnen berufliche Entwicklungsperspektiven zu eröffnen. Mit Blick auf die wirtschafts- und arbeitsmarktpolitische Problematik führten Vertreter von Beratungsunternehmen des Landes der Gesellschaft für Innovative Beschäftigungsförderung (G.I.B.) und der Gesellschaft für Wirtschaftsförderung Nordrhein-Westfalen (GfW NRW) erste Gespräche mit der Geschäftsführung und dem Betriebsrat bzw. dem örtlichen Vertreter der IG Chemie. Ergebnis war zum einen die Einrichtung einer Arbeitsmarktagentur im Unternehmen, die unter Federführung einer Beratungseinrichtung des Landes die primäre Aufgabe hatte, die zu entlassenden Beschäftigten bei der Berufswegeplanung zu beraten (ca. 2/3) und in neue Beschäftigungsverhältnisse oder Qualifizierungsmaßnahmen (ca. 1/3 der Beschäftigten) zu bringen. Die Überlegungen zur Standortsicherung und Wettbewerbsfähigkeit konkretisierten sich mit Hilfe der Beratungsorganisationen des Landes in der Durchführung einer Auftaktveranstaltung und der Einrichtung von Arbeitsgruppen zu unterschiedlichen Themenbereichen. Mit Blick auf das betriebsintern vorhandene Know-how und Fachwissen fanden sich die Leistungsträger in den einzelnen Arbeitsgruppen in regelmäßigen Abständen zusammen, um Stärken und Schwächen unterschiedlicher Bereiche sowie Ideen und Perspektiven für die Zukunft des Werks in Herzogenrath zu entwickeln. Unter Federführung der Beratungseinrichtungen des Landes NRW leistete ein externes Beratungsunternehmen die Moderation und Koordination des gesamten Projekts.

Wenn der Erhalt der Arbeitsplätze nicht möglich oder sinnvoll erscheint, ist zu überprüfen, inwieweit sich in der Region aus Altunternehmen heraus neue Arbeitsplätze entwickeln lassen. die Bandbreite der Möglichkeiten erstreckt sich von Ausgründungen, z.B. durch Management buy Out (MBO) bis zur Initiierung von Fortführungsgesellschaften im Konkursfall.

Fall 2:
W. Schlafhorst AG & Co., Mönchengladbach

Die W. Schlafhorst AG & Co., weltweit einer der führenden Hersteller von
Spinn- und Spulmaschinen für die Textilindustrie an drei Standorten in
NRW und seit 1991 Teil der Schweizer Industrieholding Saurer AG, geriet
Anfang der 90er Jahre in die Verlustzone. In Abstimmung mit dem
Betriebsrat legte die Unternehmensleitung 1995 ein umfassendes Restruktu-
rierungskonzept zur Verbesserung der wirtschaftlichen Situation des Unternehmens fest. Dieses beinhaltete nicht nur die Einrichtung autonomer
Unternehmenseinheiten, in den jeweils ein Standort ein Produkt fertigt,
sondern auch erhebliche Personalleistungen. Die Unternehmensleitung kün-
digte an, 900 der über 3.800 Beschäftigten bis zum 31.12.1996 zu entlassen.
Des Weiteren sahen die Planungen den Abbau weiterer 700 Arbeitsplätze
bis zum Jahr 1998 vor. Um dem drohenden Arbeitsplatzverlust in der Tex-
tilregion Niederrhein und dem damit verbundenen Know-how-Verlust ent-
gegenzuwirken, waren in einem gemeinsamen Vorgehen von G.I.B. und
GfW NRW alternative Beschäftigungsmöglichkeiten und wirtschaftlich
tragfähige Konzeptionen zu erarbeiten. Die Gespräche konkretisierten sich
in folgenden Lösungsansätzen: Neben der Errichtung einer Arbeitsmarktagentur durch die G.I.B. leitete die GfW NRW erste Schritte zur Erarbeitung einer Machbarkeitsstudie für die geplante out-sourcing-Maßnahme ein.
Dabei bediente sie sich der Hilfestellung eines externen Beratungsunter-
nehmens. Nach unternehmensinternen workshops sowie begleitenden
Informations- und Abstimmungsgesprächen mit Institutionen der örtlichen
Wirtschaft wurden drei alternative Konzeptionen präsentiert. eine Entscheidung fiel in Abstimmung mit dem Schlafhorst-Vorstand, zu Gunsten der
Konzeption „Know-how Gesellschaft Textilmaschinen- und Anlagebau".
Nach Erarbeitung der Umsetzungskonzeption für die o.g. Gesellschaft,
Gesprächen mit ehemaligen Schlafhorst-Mitarbeitern und Kreditinstituten
gründete sich am 1.5.1997 das Unternehmen „mechatronik – Gesellschaft
zur Entwicklung und Anwendung von Mechanik und Mikroelektronik
mbH". Die Finanzierung des Unternehmens, das 15 ehemalige Mitarbeiter
von Schlafhorst beschäftigt, erfolgte über öffentliche Förderdarlehen des
Landes. Getragen wird die Unternehmung von vier Gesellschaftern, von
denen zwei geschäftsführende Tätigkeiten wahrnehmen. Die W. Schlafhorst
AG & Co. machte finanzielle Zugeständnisse in Form der einjährigen miet-
freien Nutzung der Räumlichkeiten und Sachausstattung auf dem Betriebs-
gelände von Schlafhorst und in Form von Abnahmegarantien von Aufträ-
gen.

In einigen Fällen ist es sinnvoll, den Personalabbau durch die Einrichtung einer Transfergesellschaft zu begleiten. Diese dient dann zum einen als Arbeitskräftereservoir für eine Fortführungsgesellschaft oder für das Altunternehmen nach Beendigung dessen akuter Krise und zum anderen zur Qualifizierung der Betroffenen, um einen geordneten Übergang in neue Beschäftigung zu ermöglichen.

Fall 3:
Baumgarten GmbH, Porta Westfalica

Zum Jahresanfang 1997 erreichte die bei der G.I.B. eingerichtete Projektgruppe die Nachricht über den drohenden Konkurs der Fa. Baumgarten GmbH in Porta Westfalica, ein seit Beginn des Jahrhunderts tätiges Unternehmen der Metallverarbeitung für den Agrarsektor. Aktivitäten im außereuropäischen Ausland lassen das Unternehmen Mitte der 90er Jahre so stark in die roten Zahlen geraten, dass die Konkursanmeldung zu Beginn des Jahres 1997 nicht mehr abzuwenden war. Als der Fall Baumgarten die G.I.B. erreichte, hatte die Firma noch 70 Beschäftigte und befand sich mit der beteiligten Unternehmensberatung in einem innerbetrieblichen Prozess zur Reorganisation. Die G.I.B. hat zunächst durch einen externen Gutachter prüfen lassen, ob die ökonomische Basis für eine Fortsetzung der Produktion aus der Konkurssituation heraus gegeben war. Die MitarbeiterInnen machten in dieser Situation ihre Bereitschaft deutlich, den Konkurs mitzutragen, wenn sie – auch unter veränderten Bedingungen – dadurch ihre Arbeitsplätze sichern konnten. Das Gutachten ergab, dass es kurz- mittelfristig eine betriebswirtschaftlich vertretbare Lösung für einen Neuanfang bei Baumgarten geben kann. Allerdings müsste ein Zeitraum von einigen Monaten überbrückt werden, bis sich das neue Unternehmen am Markt behaupten können wird. Damit bestand die Voraussetzung, die Qualifikation und Arbeitsplätze sowohl in dem Unternehmen, wie auch für die Region zu erhalten. Die Kernbestandteile des Sanierungskonzepts waren:

- Die parallele Gründung einer Fortführungsgesellschaft „Baumgarten-Neu" zur Weiterführung der Produktion und einer befristeten Baumgarten Beschäftigungs- und Transfergesellschaft (BTG)
- Eine deutliche Verzahnung von „Baumgarten-Neu" und der BTG. In dieser Verzahnung wurde als Schwerpunkt ein einmaliges Praktikum der BTG – MitarbeiterInnen in der Fortführungsgesellschaft vorgesehen, ferner sollte die BTG auf Verfahrensinnovation bei „Baumgarten-Neu" hin qualifizieren.

- Das örtliche Arbeitsamt, das in direktem Kontakt mit dem Landes-
  arbeitsamt stand, stellte eine Gewährung von struktureller Kurzarbeit
  (heute §175 ff. SGB II) in Aussicht und signalisierte schnelle Realisierung. Mit dieser Finanzierung waren die Lohnkosten (60% bzw. 67%
  des letzten Netto) der MitarbeiterInnen in der BTG gesichert.
- Die Bundesanstalt für Arbeit stellte in Aussicht, die Sozial-
  versicherungsbeiträge und die Qualifizierungskosten aus Mitteln des
  Europäischen Sozialfonds (ESF) absichern zu können. Damit war die
  stärkste Hürde der Finanzierung der BTG genommen: die Finanzierung der sog. Remanenzkosten waren gesichert.
- Anfragen beim Sequestor bezüglich einer Finanzierung der Transfergesellschaft aus der Konkursmasse musste mangels Masse abgewiesen
  werden. Der Konkursverwalter stellte aber in Aussicht, einen Teil der
  unter Konkursbedingungen erzielten Wertschöpfung in BTG einbringen zu können.

Konkursverwalter, Arbeitsamt und die lokalen Kreditinstitute trugen das
Konzept mit. Die G.I.B. hat zusammen mit dem Konkursverwalter und der
GFW NRW die MitarbeiterInnen von den konzeptionellen Vorstellungen
einer Transfergesellschaft auf Zeit überzeugen können, so dass mit Gründung am 1.4.1997 die gesamte Belegschaft in die BTG eintrat. klagen nach
§ 613 a BGB waren vor diesem Hintergrund ausgeschlossen. Nach dem
Konkurs der Fa. Baumgarten gründeten sich – entsprechend der Konzeption, die das im Auftrag der G.I.B. erstellte Gutachten vorschlug – die Firmen Baumgarten Maschinenbau GmbH (BMG) und Baumgarten Silo- und
Anlagenbau GmbH (BSA); BSA ist als reine Handelsgesellschaft konzipiert, die ihre Aufträge an die BMG gibt. Durch Beteiligungen sind die Ge-
sellschaftsstrukturen dieser beiden Unternehmen so vernetzt, dass sie mittelfristig eine reale Marktchance haben. Der Unternehmensaufbau ist durch
Beratungsleistungen der GfW NRW und Beratungsförderung des Wirt-
schaftsministeriums unterstützt worden.
58 der 70 von Entlassung durch Konkurs Betroffene sind wieder in Arbeit
(=82.9%), 1 in Ruhestand, 3 in Umschulung und in Arbeitslosig-
keit/Verbleib unbekannt 8 (11.4 %). Zu anderen Firmen sind davon durch
Eigenbemühungen/Vermittlung von Baumgarten vor dem Konkurs 15
(=22.9%), durch Kontakte über BTG/Eigenbemühungen innerhalb der BTG
23 (39.7%), durch Weggang von Baumgarten-Nachfolger zu anderen Firmen 3 (=5.2% und beschäftigt bei Baumgarten-Nachfolgern 17 (=29.3%).
Zum Ende des Jahres 1997 konnten die Baumgarten-Nachfolgegesellschaf-
ten wieder schwarze Zahlen schreiben. Die Hoffnung besteht, in Zukunft

über die derzeit 20 Beschäftigten noch weitere MitarbeiterInnen einstellen
zu können.

Wenn keine Option zur Sicherung oder Fortführung der Beschäftigten
greift, muss die berufliche Neuorientierung der vom Personalabbau Betroffenen vorangetrieben werden. Die Aufgabe besteht in einer konsequenten
Ablösung vom alten Unternehmen hin zu einer neuen externen beruflichen
Perspektive. Um diesen Prozess bereits deutlich vor Eintreten der Arbeitslosigkeit einzuleiten und durchzuführen, schlägt die G.I.B. in der Regel die
Einrichtung einer betriebsbezogenen Arbeitsmarktagentur vor.

Fall 4:
Schlafhorst AG, Vetrotex Deutschland GmbH,
Deifuhs GmbH und Hagen-Batterie AG

Die Arbeitsmarktagentur
Die Arbeitsmarktagentur ist eine zeitlich befristete Einrichtung in den
Räumlichkeiten des Personal abbauenden Unternehmens. Im Idealfall liegt
der Zeitpunkt der Installierung deutlich vor dem vorgesehenen Zeitpunkt
der ersten Entlassungen, um die Verwirklichung von beruflichen Perspektiven aus einem Beschäftigungsverhältnis heraus erfolgreicher gestalten zu
können. Aufgrund von unterschiedlich langen Kündigungsfristen und betrieblichen Anforderungen ist in der Regel von einer Entlassungsperiode zu
sprechen. Vom Ausscheiden des ersten bis zum Ausscheiden des letzten
Betroffenen aus dem Unternehmen vergehen mindestens drei bis sechs Monate. die Laufzeit der Maßnahme wird in Abhängigkeit von der Dauer der
Entlassungsperiode und den zur Verfügung stehenden Finanzmitteln festgelegt (seit 1998 steht hierfür das neue SGB III – Instrument „Zuschüsse zu
Sozialplanmaßnahmen" zur Verfügung). Der sich aus der Unternehmenskrise ergebende zeitliche Druck erfordert von den Handelnden eine große
Flexibilität und jederzeit abrufbare fachliche Kompetenz und es besteht der
Zwang zur Schaffung von Kooperationsbeziehungen zwischen den regionalen Akteuren. Diese Anforderungen sind nur dann zufriedenstellend zu
bewältigen, wenn die vorhandenen betriebsinternen Kontakte, das Wissen
um die regionalen Strukturen und Bedingungen sowie die erforderliche Be-
ratungskompetenz in Verbindung gebracht werden können. Die Vermittlung
in neue Beschäftigungsverhältnisse kommt die höchste Priorität in der Arbeitsmarktagentur zu. Hierzu gehören die Nutzung der Stellenangebote der
Arbeitsverwaltung und die Akquisition zusätzlicher Arbeitsplätze über die
betrieblichen Kontakte der Personalleitung des Unternehmens und des Be-

triebsrats, aber auch die Stellenakquisition durch Telefonkontakte, Kooperationen mit Gewerkschaften, IHK, Kammern, der regionalen Wirtschaftsförderung und weiteren lokalen Akteuren. Die Vermittlung in neue Beschäftigungsverhältnisse schließt grundsätzlich auch die Begleitung von Existenzgründungen durch einen Teil der Beschäftigten ein. Die Aufgabe der Arbeitsmarktagentur liegt hierbei in der Information über bestehende Fördermöglichkeiten und in der Vermittlung qualitativ hochstehender Beratungsangebote. Ein Teil der Beschäftigten wird nicht auf Anhieb in den ersten Arbeitsmarkt zu vermitteln sein. In diesen Fällen ist es die Aufgabe der Arbeitsmarktagentur, mit den Betroffenen Wege zu finden, die über den Umweg einer Qualifikation zu einer neuen beruflichen Perspektive führen. Dazu gehören sowohl kurzzeitige Maßnahmen, die zum Erwerb von Zusatzqualifikationen führen, als auch Umschulungen zu einem neuen Beruf. Die berufliche Weiterbildung sollte in der Regel unternehmensorientiert, d.h. eng an den betrieblichen Belangen von Firmen ausgerichtet sein (Einzelumschulungen, betriebliche Praktika u.ä.) um die Instrumente Vermittlung, Existenzgründung und Qualifizierung einsetzen zu können, sind Gespräche über Potenzialanalysen und Berufswegeplanung mit den Betroffenen zu führen. Dabei ist die Eigeninitiative der Betroffenen zu stärken. Den MitarbeiterInnen der Arbeitsmarktagentur kommt in diesem Prozess eine stark moderierende Rolle zu; ein Schwerpunkt hierbei ist die Verdeutlichung und Bearbeitung von Vermittlungshemmnissen (unzureichende fachliche Qualifikation, fehlendes Wissen hinsichtlich der Anforderungen von Bewerbungsverfahren, fehlende Mobilität, mangelnde Bereitschaft zu Zugeständnissen bei Einkommenshöhe, Entfernung zur Arbeit oder Arbeitsbedingungen). Eine kontinuierliche Begleitung erfordert von den MitarbeiterInnen der Arbeitsmarktagentur eine hohe fachliche Kompetenz in Gesprächsführung und vertrauensbildendem Auftreten. Dabei kann die Bearbeitung von psychosozialen Problemen nicht aufgenommen werden. Hier muss auf die regionalen Strukturen verwiesen werden. Ohne die Bereitschaft zur Akzeptanz und Hilfestellung seitens der Arbeitsverwaltung, ist das Instrument Arbeitsmarktagentur nicht optimal einzusetzen. Die vielfältigen Zusammenhänge erfordern ein abgestimmtes Verhalten.

Wolfgang Wesely

Beschäftigungspolitische Handlungsperspektiven im industriellen Wandel – Netzwerk für Arbeit

1.   Ausgangslage

Im Zusammenhang mit der Burgdorfer Initiative für Ausbildungs- und Arbeitsplätze (IAA) hatte die VHS Ostkreis Hannover im Jahre 1996 einige Überlegungen konkretisiert, wie mit geeigneten Weiterbildungsmaßnahmen dazu beigetragen werden könnte, die Mitarbeiter/innen der in der Hannover Region verankerten Klein- und Mittelunternehmen (KMU) bei der Bewältigung des industriellen Wandels zu unterstützen.

Hierbei konnte sie sich auf die Förderrichtlinien über Zuwendungen für Maßnahmen zur Anpassung der Arbeitskräfte an den industriellen Wandel mit Mitteln des Landes Niedersachsen und des Europäischen Sozialfonds (ESF) im Rahmen des Ziels 4 und der Gemeinschaftsinitiative ADAPT stützen. Diese Richtlinien sahen eine Finanzierung solcher Projektvorhaben vor mit Mitteln des ESF, mit Landesmitteln und privaten Mitteln. Als private Mittel werden die Personalaufwendungen der KMU's für ihre Mitarbeiter/innen angerechnet, wenn diese betrieblicherseits zur Teilnahme an den Weiterbildungsmaßnahmen freigestellt werden.

Das in diesem Rahmen konzipierte Projekt wurde von der Bezirksregierung Hannover mit Wirkung vom 22.09.1997 zunächst bis zum 31.03.2000 genehmigt und Ende 1999 bis zum 31.12.2000 verlängert.

In den folgenden Ausführungen sollen die Überlegungen und Begründungen dargelegt werden, die zur Konzeption eines regionalen Weiterbildungs- und Beratungsnetzwerks für kleine und mittlere Unternehmen zur Förderung der Beschäftigung und zur Anpassung der Arbeitnehmer/innen an den industriellen Wandel geführt haben.

2.   Wirtschafts- und unternehmenspolitische Hintergründe[1]

Drei bzw. vier Hauptprozesse prägen den Strukturwandel, die auch schwerpunktmäßig die kleinen und mittleren Unternehmen (KMU) in Norddeutschland treffen – es handelt sich um jeweils einen sektoralen, organisatorischen und räumlichen Prozess sowie um einen Prozess in Richtung umweltschonenden Wirtschaftens.

Der sektorale Strukturwandel besteht darin, dass nicht nur in den Metropolen, sondern auch in mittleren und kleinen Städten und in den Landkreisen ein Wachstum des Dienstleistungsbereichs gegenüber dem produzierenden und verarbeitenden Bereich zu konstatieren ist (Tertiärisierung). Allerdings bricht die dafür notwendige industrielle Basis an vielen Stellen weg, sodass dieser Prozess der Tertiärisierung nicht zwangsläufig und flächendeckend vorankommt.

Industrialisierungsprozesse mit deutlichem Wachstum wie im Hochtechnologiebereich, die oftmals in räumlicher Konzentration (z.b. silicon valley) auftreten, existieren in Norddeutschland leider praktisch nicht. Aus diesem Grunde gewinnen neben der Bestandspflege vorhandener Unternehmen die Bemühungen um die Neuansiedlung innovativer Betriebe ihre besondere Bedeutung.

Innerhalb des tertiären Bereichs gewinnen die Informationsdienstleistungen immer mehr an Bedeutung und versprechen angesichts der Entwicklung der Informations- und Kommunikationstechnologien (Inter/Intranet, Multimedia) für wirtschaftliches Wachstum zu sorgen.

Beim organisatorischen Strukturwandel geht es um die interne und externe Flexibilisierung der Unternehmen sowie um ein innovatives und ökologisches Produktmanagement. Die interne Flexibilisierung führt zu neuen Unternehmensstrukturen, zu einer „lernenden Organisation" mit flachen Hierarchien und teamgestützten Arbeitsabläufen, in der die Innovationskompetenz durch die Integration von Arbeiten und Lernen gefördert wird.

Externe Flexibilisierung basiert auf der Erkenntnis, dass jedes Unternehmen seine größte Wettbewerbsfähigkeit entwickeln wird, wenn es sich auf seine Kernkompetenzen besinnt und diese gezielt zur Geltung bringt. Infolgedessen wird Kooperation und Allianzbildung mit anderen Betrieben, das outsourcing von peripheren Aktivitäten u.a. verstärkt ins Blickfeld geraten.

Der räumliche Strukturwandel zeigt sich einerseits an der nahezu explosionsartigen Globalisierung der Produktstrategien einerseits und andererseits an der regionalen Agglomeration zukunftsträchtiger Wirtschaftsbereiche sowie der Differenzierung der Wirtschaftsregionen im globalen Maßstab. Hieraus entsteht für unsere hiesigen Betriebe ein Spannungsfeld zwischen ihrer bestehenden regionalen und nationalen Verankerung einerseits und den neuen Anforderungen der globalen Vernetzung andererseits.

Umweltschonendes Wirtschaften wird darüber hinaus zukünftig als vierter Hauptprozess ebenso wichtig wie innovatives Produktmanagement, das durch simultane Forschung und Entwicklung den immer kürzeren Produktzyklen begegnen muss. Auch dieses setzt in zunehmendem Maße zwischenbetriebliche Kooperationsformen voraus, für die neue, vertrauensbildende Wege gefunden werden müssen.

Folgende Fragen drängen sich hierzu auf: Welche innovativen Entwicklungen bei den KMU sichern die bestehenden regionalen Strukturen? Welche externen Agglomerationsvorteile wirken sich positiv zur internen Stärkung der regionalen Wirtschaft aus?

Erste Antworten darauf gaben zwei Studien für die Region Hannover, die im Auftrag des Kommunalverbandes Großraum Hannover einmal in Zusammenarbeit mit der Landeshauptstadt Hannover und zum anderen Mal in Zusammenarbeit mit der Norddeutschen Landesbank erstellt wurden. Es handelt sich dabei um die Studie „Expo 2000 – mögliche Beschäftigungseffekte und Qualifizierungsbedarfe in der Region"[2] sowie um die Studie „Multimedia in der Hannover Region"[3].

In den Kernaussagen der Studie „Expo 2000" wurden mit Blick auf die Beschäftigungsimpulse durch die Expo 2000 Weiterbildungsmaßnahmen angeregt zur Qualifizierung von ansässigen Arbeitskräften. Dabei wurde für temporär benötigte Arbeitskräfte die Bildung eines Arbeitskräftepools empfohlen, in dem die Aktivitäten zur Qualifizierung, zur Vermittlung und Überlassung gebündelt werden sollten. Beschäftigte in ansässigen Betrieben seien weiterzubilden, um sie fit zu machen für die europaweite Auseinandersetzung in den europaweit erfolgenden Ausschreibungen. Betriebliche Umstrukturierungsprozesse seien zu unterstützen, um die Akteure zur Bildung von Systemgemeinschaften zu befähigen. Mit weitgreifenden Institutionen-Netzwerken sollte der Zersplitterung im Feld lokaler Arbeitsmarkt- und Wirtschaftsförderungspolitik entgegengewirkt werden. Messedienstleistungen und Informationssysteme sollten in der regionalen Anbieterpalette verstärkt gefördert werden ebenso wie Existenzgründungsbestrebungen von Hochqualifizierten, um brachliegendes Know-how von nichtbeschäftigten Hochschulabsolventen besser nutzen zu können.
Mit dem multimedialen Ereignis „Expo 2000" wurde das neue „Zeitalter der Informationsgesellschaft" eingeleitet. Die damals brandaktuelle Studie „Multimedia in der Hannover Region" zeigte auf, welche technologischen Entwicklungspotenziale in der Region Hannover vorhanden sind und wie diese für die regionale Beschäftigungsentwicklung umgesetzt werden können. Hierbei wurde für den Zeitraum von 1994 bis 2002 bei voller Nutzung der Chancen durch Multimedia und Internet ein positiver Beschäftigungszuwachs prognostiziert, der in einer Pressemitteilung vom 24.8.1996 mit 25.000 Stellen beziffert wurde.

Viele dieser neuen Arbeitsplätze würden im Dienstleistungsbereich der Telekommunikationswirtschaft entstehen.[4] Viele neue Tätigkeitsfelder verweisen auf das Entstehen neuer Berufsbilder: Multimedia-Programmierer, Multimedia-Autor, Screendesigner, Infobroker, Hotliner, Systemoperator, Netzagent u.a.m.

Arbeitsplätze mit diesen Tätigkeitsprofilen entstehen ständig mit zunehmender Tendenz. Betriebe müssen ihren Arbeitskräftebedarf mit Personen decken, die sich die entsprechenden Kenntnisse, Fertigkeiten und Fähigkeiten durch Anpassungsfortbildung erworben haben. Grundständige Ausbildungskonzepte wird es erfahrungsgemäß erst mit einer Verzögerung von mehreren Jahren geben können.

3. Die Standortfaktoren Umweltschutz und Qualifikation und deren Beitrag zur Wirtschafts- und Beschäftigungsförderung

Die deutsche Wirtschaft wurde in den vergangenen Jahren deutlich sichtbar vom weltweiten Strukturwandel erfasst. Nachdem der Wirtschaftsboom im Gefolge der Wiedervereinigung zu einer kurzzeitigen Nachfragebelebung und somit sogar zu zusätzlichen Arbeitsplätzen im Westen führte, zeigten sich zunächst die Schwächen umso deutlicher: Viele der Leitprodukte der deutschen Industrie wie Autos, Maschinen, Chemieerzeugnisse und Stahl waren international nicht mehr so ohne weiteres wettbewerbsfähig.

Die großen Unternehmen haben seither begonnen, sich auf den wachsenden internationalen Wettbewerb mit „schlankeren" Strukturen einzustellen. Sie mobilisierten weitgehend ihre Rationalisierungsreserven, d.h. sie strichen Stellen.

Von der Frage der Arbeitskosten abgesehen kamen zunehmend weitere Konkurrenzfaktoren hinzu von der Produktqualität über die Entwicklungszeit bis hin zur eingesetzten Technologie. Durchsetzen werde man sich am Weltmarkt nur dann, so hieß es, wenn man mindestens in einem dieser Bereiche die Führung übernehmen könne.

Dabei wurde der Standortfaktor „Umweltschutz" bislang zu sehr vernachlässigt, die (aktuellen) Forderungen nach dem Zurückdrängen bzw. Aussetzen von Umweltauflagen haben weiterhin Konjunktur. Die technologische Marktführerschaft im Bereich der Umwelttechnik wird für jeden Industriestandort zukunftsentscheidend sein. Das ökologische Kriterium „Umwelt-Freundlichkeit" eines Produkts – vom Herstellungsprozess über den Betrieb bzw. Gebrauch bis zur Rücknahme bzw. zum Recycling – wird neben den anderen Kriterien Preis, Zeit und Qualität zumindest gleichrangige Bedeutung erhalten müssen. Kosten zu sparen zu Lasten dieses ökologischen Standortfaktors bzw. Kriteriums hieße, unsere industrielle Zukunft aufs Spiel zu setzen.

Alle vorhandenen Bestrebungen, den Umweltschutz zugunsten einer vermeintlichen Beeinträchtigung der Konkurrenzfähigkeit zurückzudrängen, müssen vehement zurückgedrängt werden; denn die vorherrschende Wirtschaftsweise geht auf Kosten der Substanz unserer Lebensgrundlagen. Wir leben quasi vom Kapital der Evolution und nicht von den Zinsen!

Mit Hilfe der Technik hat der Mensch die Natur in eine anthropogen zentrierte Umwelt transformiert. Dieses anthropogene Ökosystem ist ein Kulturprodukt, das mehr natürliches Kapital verbraucht, als dass es technisches Kapital aufbaut. Unser durch Technik fundiertes Fortschrittsmodell ist bislang nicht nachhaltig - weder global noch regional. Es ist auf massiven Ressourcenverzehr ausgerichtet.

Erforderlich sind technische und soziotechnische Innovationen, welche die Ressourcenproduktivität grundlegend verbessern. Nachhaltigkeit und langfristige „Konkurrenzfähigkeit" der Wirtschaft ergeben sich nicht aus den Kriterien Preiswürdigkeit, Qualität oder zeitgerechte Markteinführung von Produkten, sondern allein aus diesem Kriterium der Ressourcenproduktivität.

Die Forderung nach technischem und gesellschaftlichem Wandel kann sich nicht in der Begründung durch die internationale Konkurrenzsituation erschöpfen. Die Überwindung der Krise durch quantitativ expansives Wachstum hat keine Zukunft.

Zukunft kann nur durch qualitatives Wachstum gewonnen werden, durch technische und soziotechnische Innovationen zur Nachhaltigkeit des Wirtschaftens als dem entscheidenden Kern aller ökonomischen Prozesse.

Die zentralen Themen dieses Wandels der Produktionssysteme sind die Minimierung des Energieeinsatzes und die Abfallvermeidung. Soziotechnische Experimente zur Einlösung des Prinzips der Nachhaltigkeit beim innovativen Technikeinsatz müssen vom Prinzip der Rückholbarkeit geleitet sein. Qualitatives Wachstum muss der absoluten Risikominimierung unterworfen werden.

Völlige Risikolosigkeit ist allerdings eine unerfüllbare Utopie ebenso wie der Wunsch nach einer hundertprozentigen Kreislaufwirtschaft. Alle technischen Lösungen stoßen hinsichtlich ihrer unkontrollierbaren Nebenwirkungen an physikalische Grenzen.

Angesichts der Bevölkerungsentwicklung auf unserer Erde und angesichts der geopolitischen Entwicklungen gibt es keinen Ausweg in die Rückwärtsrichtung der Geschichte. Nur eine vom Verzicht auf quantitatives expansives Wachstum geleitete innovative Entwicklung der Wirtschaft, welche die Steigerung der Ressourcenproduktivität verfolgt, wird zur Nachhaltigkeit der Lebensgrundlagen unserer Erde und damit zur Zukunft der Menschheit beitragen.

Technischer und sozialer Wandel sind in diesem Sinne das vordringliche Gebot!

Unternehmer dürfen nicht zum „Unterlasser", Arbeitnehmer/innen dürfen nicht zu „Maschinenstürmern" werden – beide sind großenteils in eine bedrohliche „Wohlstandsfalle" geraten, welche die erforderlichen Innovationen behindern.

Das Prinzip der Nachhaltigkeit muss dann allerdings als politischer Ordnungsfaktor zum Korrektiv der technologischen Entwicklung, zur Begrenzung von dessen Wildwuchs entwickelt werden.

Im Gegensatz zur Erstausbildung, die in manchen Bereichen international als vorbildlich gilt, liegt die Fortbildung und Umschulung der Fachkräfte weitgehend im Argen. Dies betrifft alle Unternehmens- bzw. Qualifikationsebenen vom Ungelernten bis zum Management. Nur mit einer „schlanken" Weiterbildungsinfrastruktur, die auf einem abgestimmten Netzwerk von Beratungs- und Weiterbildungsträgern in öffentlicher und privater Verantwortung aufbaut, ist der anstehende Wandel der Produktionssysteme hin zur (umwelt)technologischen Marktführerschaft einerseits und zur Öffnung eines qualifizierten Dienstleistungssektors andererseits zu bewältigen.

Die nahezu revolutionären Veränderungen auf dem Arbeitsmarkt, die mit einem tiefgreifenden Wandel in den Produktionssystemen einhergehen, verweisen auf bedeutsame Defizite in der Politik, der (Weiter-)Bildungsinfrastruktur und bei den Instrumenten zur Gestaltung des Arbeitsmarktes und der Beschäftigungsförderung.

Dieses hatte schon vor einiger Zeit zu dem Vorschlag geführt, das Arbeitsförderungsgesetz durch einen Strukturförderungsteil zu erweitern, der aus der traditionellen Kompetenz der Arbeitsverwaltung herausführt in eine gesamtgesellschaftliche bzw. staatliche Verantwortung. Aber erst der europäische Sozialfonds (ESF), insbesondere mit dem (neuen) Ziel 4, manifestierte bereits seit Mitte der neunziger Jahre einen europaweiten Rahmen zur Stützung des anstehenden Wandels unserer Industriegesellschaft.

Bildungsträger wie z.b. die Volkshochschulen und private Weiterbildungsträger erleben im Bereich der beruflichen Weiterbildung derzeit immer noch einen weitgehend unkoordinierten Förderungspluralismus, bei dem Bildungsmaßnahmen aus betrieblichen und kommunalen „Töpfen", sowie durch Mittel der Arbeitsverwaltung und des ESF, vertreten durch das Niedersächsische Sozialministerium, nach den jeweiligen institutionsbezogenen Vorgaben finanziert werden.

Ein stringentes, strukturpolitisches Konzept ist derzeit nur in den Richtlinien des ESF erkennbar. Ein vergleichbares Konzept für Niedersachsen und die Bundesrepublik ist dringend erforderlich. Die entsprechenden Defizite sind insbesondere in der Weiterbildungslandschaft erkennbar. Die Entwicklung der Industrie hin zu schlanken Strukturen in der Produktion und im Management wird auch zur Entflechtung betrieblicher Aus- und Fortbildungseinrichtungen in ein adäquates außerbetriebliches Dienstleistungsnetzwerk führen. Es wäre dabei Aufgabe der Politik, die gleichgewichtige Entwicklung der Regionalstrukturen zu steuern.

Unter der Voraussetzung, dass die industriellen Kerne erhalten bleiben, ergibt sich infolge des industriellen Wandlungsprozesses eine deutliche Verschiebung der Tätigkeitsprofile hin zu höheren Qualifikationsanforderungen.

Im Gegensatz dazu zeigt das amerikanische Beispiel oder auch das Beispiel Großbritanniens der achtziger Jahre, dass beim Wegbrechen industrieller Kerne die Arbeitslosigkeit massiv anwächst und diese dann zu einem erheblichen Teil über Billiglohn-Arbeitsplätze mit eher einfachen Qualifikationsanforderungen zu reduzieren ist.

Der Erhalt der industriellen Kerne, d.h. insbesondere der Erhalt der regional verankerten Bereiche der mittelständischen Produktion sowie der wertschöpfungsnahen Dienstleistungen, ist bei allen entsprechenden Überlegungen die grundlegende Voraussetzung.

Die schlanke Produktion in wenigen Kernbereichen der deutschen bzw. europäischen Industrie allein wird die deutsche bzw. die europäische Wirtschaft allerdings nicht wieder an die Weltspitze bringen. Es gibt nur eine Möglichkeit, neue Arbeitsplätze zu schaffen mit denen sich die internationale Konkurrenz fernhalten und durch gute Löhne der bisherige Wohlstand in unserer Gesellschaft erhalten lässt: Innovationen – in technischer und sozialer bzw. soziotechnischer Hinsicht!

Denn der derzeitige Wandel verläuft in enger Verzahnung von sozialen Kompetenzen mit technologischen Fragestellungen in den Produktions- und

Dienstleistungssystemen. Schlagworte waren und sind: Lean Management, Total Quality Management, Unternehmenssegmentierung, ... Öko-Audit, ... einerseits, und: Multimedia, Telekommunikation, Electronic Commerce / Business, Globalisierung, Multikulturalität, ... andererseits.

Die Herausforderungen an die Menschen in den KMU's und an deren Organisationen im europäischen und globalen Wettbewerb bestehen aus auf komplexe Weise miteinander verflochtenen Dimensionen des industriellen Wandels, was in der folgenden Abbildung veranschaulicht wird.

4.   Weiterbildung und Innovation – Lernen als Zukunftschance

Neue Qualifikationsanforderungen kommen nicht nur auf alle Mitarbeiter/innen in den Betrieben zu, sondern auch auf alle Menschen in ihrem Lebensalltag.

Nach der ersten Aufgeregtheit über „die japanische Herausforderung" war Mitte der neunziger Jahre in die Fachdiskussion wieder eine nüchterne Sachlichkeit eingekehrt. Es wurde konstatiert, dass (wieder) Konzepte angedacht werden müssten, welche die „Produktion" als den zentralen Teil des produzierenden Unternehmens begreife. Damit kam man dann an konzeptionellen Lösungsansätzen wie Unternehmenssegmentierung, kundenorientiertes Qualitätsmanagement, Regionalisierung, Internationalisierung und Mobilität, Geschäftsprozess-Orientierung und wertschöpfungsmaximierende Zuliefer- und Kundenintegration sowie humanzentriertes Management nicht mehr vorbei.

Die Bildung interdisziplinärer und die Funktionsbereiche übergreifend zusammengesetzter Projektteams nimmt hierbei eine Schlüsselrolle ein. Der Zusammenarbeit zwischen Unternehmen als Produzenten und Kunden zugleich in der Frühphase der Produktentwicklung und -entstehung kommt dann eine besondere Bedeutung zu.

Zu den wichtigsten Prinzipien modernen Entwicklungs- und Produktionsmanagements gehört somit die Verlagerung von Entscheidungskompetenzen in Bereiche, in denen Mitarbeiter/innen ein Größtmaß an Einsicht in die realen Wertschöpfungsaktivitäten haben. Dadurch wird die Fähigkeit der Unternehmen, Probleme zu lösen, erheblich gesteigert.

Hier liegt ein bedeutsamer Ansatz für kleine und mittlere Unternehmen (KMU), in Kooperation mit Systemlieferanten oder durch Kooperation selbst als Systemlieferant in das übergeordnete Produktionssystem im Rahmen einer zukunftsorientierten Partnerschaft eingebunden zu werden. Aber auch das mittelständische Management muss sich der Zukunftsaufgabe stellen, ihre KMU's auf die markt- und wettbewerbsrelevanten Kernaufgaben zu konzentrieren, um ihre wirkliche betriebliche Fachkompetenz in der Wertschöpfungskette zu profilieren.

Die Entwicklung führt somit zu einem Wertschöpfungsnetzwerk von Zulieferern und Abnehmern zugleich, das weitgehend Züge eines Dienstleistungsnetzwerks annimmt.

In der Bundesrepublik Deutschland war bislang dieser Entflechtungsprozess im Vergleich zu Japan und den USA immer noch unterentwickelt, die Fertigungstiefe der Unternehmen betrug Anfang der neunziger Jahre in Deutschland beispielsweise noch 60 - 70% im Vergleich zu 40 - 50% in den USA bzw. etwa 30 % in Japan. Inzwischen hat sich im Bereich der Großindustrie in dieser Hinsicht in Deutschland aber einiges bewegt.

Der skizzierte Wandel in den Produktionssystemen beruht also schwerpunktmäßig auf organisatorischen Wandlungsprozessen in enger Verzahnung mit technologischen Fragestellungen. Und er wird sich an der Beherrschung der Umwelttechniken in entscheidender Weise zu beweisen haben.

Die räumliche und zeitliche Entkopplung der Informationsverarbeitung, die durch Inter/Intranet und Multimedia möglich ist, unterstützt und fördert je für sich die Regionalisierung und die Internationalisierung sowohl bei der Erwerbsarbeit als auch bei den Freizeitaktivitäten. Die globale Vernetzung (Internet) lässt eine räumlich und zeitlich unabhängige Kommunikation und Kooperation entwickeln.

Lernprozesse müssen hier die notwendige Medienkompetenz einerseits und andererseits die personalen und sozialen Kompetenzen zur Kommunikation und Kooperation vermitteln. Denn Kooperation kann z.b. Transportkosten senken, kann zu einem regionalen Pool für technologisches Know-how (Hochschulen, Bildungsträger) führen, kann ein regionales Dienstleistungs- bzw. Produktionsnetzwerk entstehen lassen, das durch regionale Wirtschaft- förderungsmaßnahmen begleitet wird, und kann allgemein zur Festigung und Förderung der Wettbewerbsfähigkeit beitragen.

Bildungs- und Lernprozesse stützen technische und organisatorische Inno- vationen der einzelnen Betriebe und helfen Lösungen finden bei der koope- rativen Verflechtung mit Unternehmen in der Nachbarschaft; sie können also sowohl die interne als auch die externe Flexibilität der Unternehmen steigern helfen. Auf diese Weise kann darüber hinaus den vorhandenen und den ansiedlungswilligen, neuen Betrieben das erforderliche geschulte Per- sonal „just in time" gesichert werden.

Eine solche neue Qualifizierungsoffensive kann aber nicht mit einem ferti- gen Konzept erfolgen, sie muss notwendigerweise offen sein für immer wieder neu auftretende, partizipativ zu entscheidende Lösungsansätze. Darin müssen die Sozialpartner ebenso eingebunden werden wie die regio- nalen und kommunalen Instanzen der öffentlichen Wirtschaftsförderung sowie alle verfügbaren institutionellen und personellen Ressourcen.

Die Zukunftschance heißt also „lebens- und arbeitsbegleitendes Lernen". Als besondere Hürden haben sich allerdings ganz allgemein eine nicht wahrgenommene oder fehlende Infrastruktur herausgestellt und eine immer noch mangelhaft entwickelte funktionale wie extrafunktionale Lernfähig- keit. Die Schlüsselqualifikation „Lernen" wird bislang weder individuell noch von den Betrieben in ausreichendem Maße als die produktivste Zu- kunftschance erkannt. An dieser Stelle gilt es mit innovativen Ansätzen und Initiativen beizutragen, dass diese Zukunftschance insbesondere von den kleinen und mittleren Unternehmen wahrgenommen werden kann.

Zur Bewertung von Volkswirtschaften benutzen Ökonomen manchmal die Gleichung:

Kapital + Humankapital/Wissen + Rohstoffe = Produkte

Die ökonomische Wertschöpfung erwächst im wesentlichen aus der Produktion. Rohstoffe sind in unserem Lande knapp. Humankapital umschreibt die an Personen gebundenen Kenntnisse, Fähigkeiten und Kreativitätspotenziale. Wissen besteht in den nicht an Personen gebundenen Kenntnissen und Erfahrungen, die in Büchern, Datenbanken und Patenten allen zur Verfügung stehen. Wissen ist der Rohstoff des 21. Jahrhunderts. Kapital wird sich dorthin wenden, wo Humankapital in besonders effizienter Weise zur Verfügung steht, den Rohstoff Wissen auf besonders ressourcenschonende Weise in innovative Produkte umzusetzen. Humankapital wird durch Qualifizierung in der Erstausbildung und mit wachsender Bedeutung in Weiterbildung/Erwachsenenbildung geschöpft!

Eine der größten Herausforderungen stellt der derzeitige Wandel der Industriegesellschaft zur Informationsgesellschaft dar[4]. Diesen gilt es so zu gestalten, dass alle Bürger/innen, alle öffentlichen und privaten Organisationen von dieser Entwicklung nicht ausgeschlossen werden, um den sozialen und wirtschaftlichen Nutzen der Informationsgesellschaft zu optimieren.

Die technologische Innovation durch Multimedia und Internet/Intranet ist nicht losgelöst von den personalen Potenzialen zu realisieren und nicht nur additiv zur Erweiterung der gesellschaftlich wie individuell gegebenen Handlungsoptionen zu sehen. Sie ist zwangsläufig durch eine soziale Innovation zu ergänzen, um sie in eine an humanen Kriterien orientierte Arbeitswelt integrieren zu können.

Noch ist nicht allenthalben die Bedeutung und die Tragweite der Integration von technischer und personaler Kommunikation bei der Umsetzung im betrieblichen Alltag erkannt worden. In verschiedenen Studien deutet sich als Ergebnis von Betriebsbefragungen allerdings sehr deutlich ab, dass berufsfachliche Kenntnisse zwar weiterhin zwingend erforderlich seien, diese aber perspektivisch gegenüber den extrafunktionalen Fähigkeiten der Kommunikations- und Teamfähigkeit sowie der Kooperationsbereitschaft und -fähigkeit bedeutungsmäßig zurückträten. Dieser Bedeutungswandel in der Einschätzung der personalen Entwicklungspotenziale ist zwar in allen Branchen und Berufsfeldern erkennbar; für die zukünftige Nutzung der externen wie internen Telekommunikationsnetze und der Multimediadienstleistungen ergibt sich dies gemäß der o.g. Studie[3] allerdings als signifikante Qualifikationsanforderung an das betriebliche Personal sowohl für entsprechende Mitarbeiterfortbildungskonzepte und Managementkonzepte für den ständigen Unternehmenswandel.

Individuelles und organisationales Lernen wird sich zukünftig verstärkt in „Nachbarschaften" abspielen, die aus regionalen und internationalen Netz-

werken von Menschen bestehen und die über die entwickelte Informations-
und Kommunikationstechnik zu einem „globalen Dorf" geworden sind. Auf
diese Weise erzwingt der Wandel zur Informationsgesellschaft einen kulturellen und interkulturellen (cross-cultural) Wandel zugleich.

Diese neuen Qualifikationsanforderungen stellen sich an das Personal in
allen Betrieben und auf allen Ebenen. Sie erfordern Kompetenzen auf verschiedenen Ebenen

Die Antworten auf die Herausforderungen an die KMU's im Netzwerk für
Arbeit sind im folgen Schaubild dargestellt.

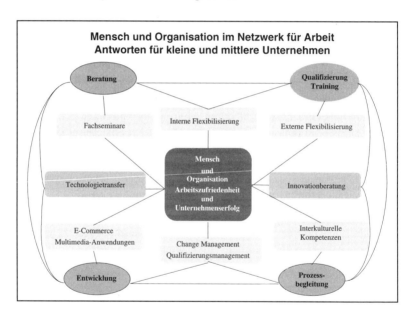

5.   Zielbündel „Multikulturalität und Transnationalität"

Der aktuelle Modernisierungsschub, geformt durch die neuen Informations-
und Kommunikationstechniken Internet und Multimedia einerseits sowie
die wirtschaftliche Globalisierung andererseits, treibt unsere Gesellschaft in
einen vielschichtigen und beschleunigten Wandel der kulturellen, sozialen
und ökonomischen Strukturen. Bereits seit den fünfziger Jahren entwickelte
sich mit zunehmender Geschwindigkeit bis zu den achtziger Jahren eine
Pluralisierung der lebensweltlichen Milieus in unserem Lande mit der die
Individualisierung der kulturellen und sozialen Netzwerke einherging.

Die digitale Technik wird unser gesamtes Leben von Grund auf verändern[4]. Computer werden ihr bislang gewohntes Aussehen verlieren und „unsichtbar" in viele Alltagsgegenstände Einzug halten. Mit solchen „intelligenten" Geräten wird man sprachlich kommunizieren können, und manche werden so klein sein, dass wir sie bei uns tragen werden.

Diese Technik ist die entscheidende Triebkraft dafür, dass die Welt immer schneller zusammenwächst und zu einem „globalen Dorf" wird. Daraus sind tiefgreifende psychologische und politische Konsequenzen zu erwarten. Für die Datenübertragung werden Zeit und Raum vernachlässigbare Größen, sodass die ganze Welt in „digitale Nachbarschaft" gerät und es damit weder nationale, kulturelle oder wirtschaftliche Grenzen mehr geben wird.

Wie werden diese technologischen Entwicklungen die politisch-ökonomische und die kulturelle Entwicklung der Gesellschaften beeinflussen? Nach welchen Regeln werden sich die technologischen Innovationen in den Gesellschaften und bei den einzelnen Nutzern durchsetzen? Auf welche Weise werden sie Bestandteil unserer Kultur?

Multimedia, das Synonym für die Schlagworte „CD-ROM" und „Internet", signalisiert die Integration aller Techniken der Informationsverarbeitung und der Kommunikation. Multimedia repräsentiert dabei eine technische und gesellschaftliche Entwicklung gleichermaßen, die wahrhaftig als revolutionär zu bezeichnen ist – nichts wird bleiben, wie es ist!

Technisch geht es um die umfassende Digitalisierung der informationsverarbeitenden Prozesse und um die Integration der bislang getrennten informations- und kommunikationstechnischen Kanäle. In einem einzigen Kabelnetz bzw. über Satellit werden dann zukünftig alle Informations- und Kommunikationsdienste vom Hörfunk und Fernsehen über das Telefon bis hin zur computergerechten Datenübermittlung gebündelt und über einen multimedialen Computer verfügbar gemacht.

Gesellschaftlich geht es um Privatisierungs- und Kommerzialisierungsprozesse, die durch die Individualisierungstendenzen in der Gesellschaft vorangetrieben und zur Auflösung etablierter Institutionen der Gemeinschaft führen werden.

In zeitlicher Hinsicht geht dabei eine unbändige Dynamisierung des technischen und sozialen Wandels einher sowie eine Vervielfältigung der individuellen Optionen. Wirtschaftlich entwickeln sich neue Konkurrenz- und Kooperationsbeziehungen mit einer Globalisierungstendenz. Hierbei ist die Wirtschaft die treibende Kraft; Kultur und Politik werden durch sie in Zugzwang gebracht.

Die Weltwirtschaft wächst schneller zusammen als jemals zuvor. Multinationale Konzerne schmieden untereinander strategische Allianzen, damit sie den Wettbewerb um die Beherrschung der Weltmärkte besser bestehen können. Dabei werden (reale und virtuelle) Unternehmen und Arbeitsplätze rund um den Globus verschoben.

Der weltweite Wettstreit um Arbeitsplätze und Wohlstand leitet eine neue industrielle Revolution ein, die das Leben der Menschen sowohl im industriellen Norden als auch in den Schwellen- sowie den Entwicklungsländern dramatisch verändern wird.

Die Globalisierung des Wettbewerbs wird bis in den kleinsten Winkel der Region spürbar und macht insbesondere auch fremdsprachliche sowie multikulturelle Kompetenzen erforderlich. Auch wenn die Entwicklung auf eine einheitliche Weltkultur angesagt wäre, so ist doch eine enorme Anpassungsleistung erforderlich, die ohne transnationale Partnerschaften nicht so ohne weiteres zu bewältigen ist, geschweige denn das Überleben der kleinen und mittleren Unternehmen in unserer Region gewährleisten könnte.

6. Zielbündel „Nachhaltigkeit und Globalität"

Gleichzeitig muss das anthropogene Ökosystem zum Überleben der Menschheit durch nachhaltige Wirtschaftsweise einen „ökologischen Mehrwert" schaffen. Alle Innovationen müssen darauf ausgerichtet sein, natürliches Kapital durch technisches zu substituieren. Diese Aufgabe stellt eine umwälzende kulturelle Herausforderung an die Menschheit dar. Materielle Ressourcen und der Einsatz von Energie sind zukünftig vermehrt durch geistige Tätigkeiten, durch Software-Einsatz zu ersetzen. Die industrielle Wertschöpfung wird zukünftig zunehmend softwareorientiert erfolgen, d.h. zunehmend im Hightech Bereich liegen müssen, und Wertschöpfungsketten werden sich zunehmend dienstleistungsorientiert aufbauen.
Die Substitution knapper Güter muss dann aber gegebenenfalls auch durch die Entwicklung entsprechender Dienstleistungen mit mehr manuellhandwerklichen Tätigkeitsprofilen erfolgen, und muss insbesondere die Entwicklungs- und Schwellenländer (Billiglohnländer) in das globale wirtschaftliche Geschehen mit einbinden.

Das Streben aller Menschen nach Wohlstand und wirtschaftlicher Sicherheit hat auf interregionaler und internationaler Ebene zu Wettbewerbsformen und Marktbeherrschungsstrategien geführt, die die Chancen zur freien Entfaltung der Persönlichkeit aller Menschen ungleich verteilt. Diese ungleiche Verteilung betrifft mittlerweile nicht mehr nur das Nord-Süd-Gefälle von industrialisiertem Norden und unterentwickeltem Süden unserer Erde, sondern in Form regionaldifferenzierter Massenarbeitslosigkeit auch den industrialisierten Norden.

Eine menschenwürdige Gesellschaft kann sich nur in einer lebenswerten Umwelt entwickeln. Zerstörerische Eingriffe in die Natur haben lokale, regionale und globale Auswirkungen. Übersteigerte industrielle, wirtschaftlich bedingte oder auch militärische Eingriffe in die Natur treffen aus diesem Grunde nicht nur eine Gesellschaft allein, sondern immer die ganze Menschheit.

Angesichts der globalen Reichweite der von den Menschen verursachten Probleme stellt das Lernen, die Bildung der Menschen eine immer größere Herausforderung dar. Nur wenn es gelingt, allen Menschen mit gleichen Chancen ein lebenslanges Lernen zu eröffnen, besteht die Chance, die bedrohlichen Zukunftsprobleme zu bewältigen.

Um die Diskrepanz zwischen dem durch die Komplexität der Probleme und die zu deren Lösung bislang mangelhafte Entwicklung unserer Fähigkeiten aufgeworfenen Wall zu überwinden, ist Lernen als die Schlüsselqualifikation schlechthin zu betrachten.

Dabei muss der Begriff des Lernens aber über den traditionellen Rahmen hinausgehen. Lernen muss den bislang geübten Reduktionismus überwinden und den Lerngegenstand in eine Vielfalt von Sinnbezügen einbetten. Damit muss Lernen weitaus wertbezogener werden, als dies bislang üblicherweise der Fall war. Hierfür hat der Club of Rome (hrsg. von A. Peccei)[5] den Begriff des innovativen Lernens geprägt.

Innovatives Lernen setzt ein umfangreiches Netz von Sinnbezügen voraus und deren Vergleich mit denen anderer Individuen. Es ist wertbezogen und zielt auf die Entwicklung der Menschheit unter der Maßgabe der Würde des Menschen und stellt damit einen transnationalen Ansatz dar. Es beinhaltet die Aspekte der Antizipation und der Partizipation und zielt auf Autonomie und Integration der Menschen. Antizipation bedeutet, das Gefühl für die zeitliche Zugehörigkeit des Lebens zu entwickeln – wir müssen mehr aus der Zukunft lernen als aus der Vergangenheit!

Antizipation ist mehr als ein geistiges Simulationsmodell, es ist eine Grundeinstellung des Lernens. Demgegenüber soll partizipatorisches Lernen das Gefühl für die räumliche Zugehörigkeit des Lebens entwickeln. Somit ist Partizipation eine gesellschaftliche Aktivität. Sie ist ein aktiver Prozess, der das Aufspüren, Begreifen und Lösen eines Problems mit der Übernahme von Rechten und Pflichten bei der gesellschaftlichen Mitgestaltung begreift.

Im Gegensatz zur Errungenschaft der „Urlaubs- und Freizeitgesellschaft" erfordert Partizipation Arbeit und Bemühung um Lösungsansätze komplexer gesellschaftlicher Probleme. Durch gesellschaftliche (Nichterwerbs)Arbeit erhält Freizeit im Sinne der Partizipation ihren besonderen Wert.

Hauptziele des innovatorischen Lernens sind Autonomie und Integration der Menschen. Autonomie ist das Recht und die Fähigkeit, ein zusammenhängendes System von Zielen, Strategien, Mitteln und Wegen sowie alternativen Entscheidungsmöglichkeiten aufzubauen. Autonomie allein läuft allerdings Gefahr, einseitig, engstirnig und isoliert zu machen. Integration ist komplementär dazu in der Lage, die Unabhängigkeit des einzelnen mit einer Vielfalt zwischenmenschlicher Beziehungen zu verbinden. Integration umfasst Kooperation und Solidarität. Autonomie und Integration vermögen die individuelle und die gesellschaftliche Selbstbehauptung zu gewährleisten.

7. Zielbündel „Innovative Wirtschaftsförderung und Regionalentwicklung"

Die neuen Technologien haben einen wirtschaftlichen Strukturwandel in der Bundesrepublik Deutschland eingeleitet, dessen Ende noch nicht absehbar ist. Die verschärfte internationale Konkurrenzsituation hat zu der Erkenntnis geführt, dass der Standort Bundesrepublik im internationalen Technologiewettbewerb verbessert werden muss. Man hofft, dass neue Produkte, Verfahren und Dienstleistungen Wettbewerbsvorteile schaffen und damit dauerhafte Arbeitsplätze.

Industrielles Wachstum wird in der Bundesrepublik vor allem in Industriezweigen mit hohem technischen Know-how und anhaltend hoher Forschungsintensität erwartet. Und: Industrielles Wachstum muss sich zukünftig durch Nachhaltigkeit auszeichnen! Dieses macht die Wirtschaftsförderung in altindustriellen Gebieten aber auch in ländlich strukturierten und peripheren Gebieten besonders schwierig.

Hier muss insbesondere den kleineren und mittleren Betrieben besondere Aufmerksamkeit geschenkt werden. Bestandspflege und das „Sich-Öffnen" für neuere Technologieentwicklungen müssen daher mehr an Gewicht gewinnen. Ein gangbarer Weg liegt z.B. darin, traditionelle Produkte und Verfahren mit „Intelligenz" neu aufzuwerten. Innovationen können z.B. darin liegen, vorhandenes „Know-how" zu erweitern oder neu zu kombinieren.

Nach anfänglichen Schwierigkeiten ist hier eine dynamische Entwicklung in Gang gekommen. Verzögerungen ergeben sich allerdings durch einen – in manchen Branchen eklatanten – Mangel an Fachkräften. Die Innovationsgeschwindigkeit der Wirtschaft ist deutlich größer als die in unserem Bildungssystem. Aus diesem Dilemma kann nur ein effizientes Weiterbildungssystem heraushelfen. Dabei muss der Schwerpunkt für die nächsten Jahre eindeutig auf der „Anpassungsweiterbildung" liegen und weniger auf der „Aufstiegsweiterbildung":

Denn der Einsatz der neuen Technologien erfordert nicht nur Kenntnisse über neue Produkte und Verfahren, sondern vor allem Kenntnisse und Fertigkeiten für deren Nutzung. Für eine optimale Nutzung der betrieblichen Anwendungen der neuen Technologien sind entsprechende Qualifikationen auf allen Mitarbeiterebenen absolut notwendig.

An dieser Stelle muss die Aufgabe der Kommunen und der Region genannt werden, die neben dem Staat zur Besserung der Infrastruktur beitragen kann, indem sie über die ihr zur Verfügung stehenden Strukturen intensiv das Know-how der Hochschulen und der Industrie nutzen könnte und Weiterbildungsmaßnahmen für den mittelständischen Bereich zur Verfügung stellen sollte. Mehr als die Großbetriebe leben die Klein- und Mittelbetriebe vom „mitgebrachten" Know-how ihrer Mitarbeiter/innen. Denn zweifelsohne ist es wesentlich schwieriger, Weiterbildungsmaßnahmen in mittelständischen Unternehmen durchzuführen als in Großunternehmen, da hier das Personal vorwiegend in mehreren Funktionen eingesetzt werden muss. Jede/r Mitarbeiter/in muss quasi maximal produktiv sein; innerbetriebliche Aus- und Weiterbildung lässt sich in Klein- und Mittelbetrieben aus Kapazitäts- und Kostengründen nicht so ohne weiteres umsetzen.

Die Arbeitskräfteverfügbarkeit hat sich zum wichtigsten Standortfaktor einer Wirtschaftsregion entwickelt. Wichtiger als die absolute Zahl ist heute jedoch die Qualifikationsstruktur der vorhandenen oder benötigten Beschäftigten.

Dies erfordert, neben der technischen Innovation, in ähnlichem Maße auch arbeitsorganisatorische und soziale Innovationen einzuleiten. Zentrale Voraussetzung hierfür ist die Einbeziehung und Vorbereitung der Mitarbeiter, d.h. unternehmens- und bildungspolitische Maßnahmen. An dieser Stelle sind vor allem die Führungskräfte gefordert, ihre Mitarbeiter im Unternehmen so anzuleiten bzw. Qualifizierungskonzepte umzusetzen, dass diese die ihnen gestellten Aufgaben selbständig erfüllen und ihren Beitrag zur Unternehmenssicherung leisten können. Dies kann nur gelingen, wenn Unternehmer und Manager begreifen, dass sie selbst Bestandteil des sozialen Systems „Betrieb" sind, das sie verändern wollen – also auch sich selbst mit verändern müssen – und sich in einen gemeinsamen Lernprozess, in einem Klima emanzipierten Umgangs miteinander, hineinbegeben.

Nur mit Hilfe von qualifizierten und motivierten Mitarbeitern/innen können die Anforderungen des technischen Wandels auch als Chance für das Unternehmen wahrgenommen werden. Neben der Vermittlung von fachspezifischen Kenntnissen und Fertigkeiten im Sinne einer „Höherqualifizierung" kommt es in zunehmendem Maße auf das Erlernen von allgemeinen Fähigkeiten an wie selbständiges, umsichtiges Handeln, planmäßiges, systematisches Vorgehen, Bereitschaft zur Weiterbildung und zur Teamarbeit usw. Dabei kommt es darauf an, nicht nur einzelne Individuen zu schulen, sondern die ganze Gruppe, die Abteilung, den ganzen Betrieb zu „trainieren" und zwar umfassend im Hinblick auf fachliche und überfachliche Qualifikationen. Die Schulungsarbeit muss zu einer betriebsumfassenden Lernstrategie, das Unternehmen muss zu einem lernenden, sozialen System entwickelt werden.

Hierzu werden didaktische Konzepte benötigt, die sich an konkreten Arbeitsplatzsituationen orientieren, die erwachsenengerechtes und nicht „schüler-betonendes" Vorgehen ermöglichen. Nur durch ausgesprochene Praxisnähe lassen sich spezifische Momente der Erwachsenenbildung wie soziales Verhalten, geistige Beweglichkeit, Problembewusstsein, Entscheidungsfreude, Selbstständigkeit zur Geltung bringen. Mit den Mitteln der traditionellen Didaktik, die auf einer Lehrer-Schüler-Beziehung basieren, lässt sich dieses nicht erreichen.

Vielmehr bedarf es eines partnerschaftlichen Lehr-Lern-Stils, der die „Lehrenden" als „Trainer/innen" begreift, der den „Lernenden" hilft, ihre Fähigkeiten optimal zu entwickeln.

Verantwortlichkeit gegenüber Menschen und Betriebsmitteln, Entscheidungsfreiheit im Umfeld des Arbeitsplatzes sowie Leistungsbewertung der durchgeführten Arbeiten sind Forderungen nach Humanisierung der Arbeit. Verantwortung und Leistungsbewertung hängen dabei eng zusammen - Verantwortung ohne Leistungsbewertung wird sehr schnell nicht mehr als ernste Angabe verstanden.

Humane Arbeitsbedingungen durch abgestimmte Arbeitsbedingungen und angepasste Organisation von Personal und Fertigungsmitteln nützen allein allerdings wenig, wenn die zur Ausübung der Tätigkeiten erforderlichen Qualifikationen fehlen. Die Innovationen im Bereich der Fertigungsmittel haben vielfach die Berufsqualifikationen der in der Produktion Beschäftigten sprungartig „veralten" lassen. Die faktisch wichtigste Forderung des Anspruchs nach Humanisierung der Arbeit muss deshalb die Forderung nach adäquaten betrieblichen und überbetrieblichen Weiterbildungsstrukturen in der Region sein. Die fortschreitende technische und organisatorische

Entwicklung im Fertigungsbereich verlangt nach einer planvollen Anpassung der Arbeitsbedingungen an die Mitarbeiter aber ebenso eine Anpassungsfortbildung der Mitarbeiter an die entwickelten Arbeitsmöglichkeiten der neuen Fertigungstechnologien.

Aus- und Fortbildung verhalten sich bislang allerdings zumeist reaktiv, da sie nicht von Anfang an in den gesamten Innovationsprozess einbezogen wird. Mehr Antizipation im Bildungsbereich aber auch durch den Bildungsbereich ist notwendig. Insofern kommt der Weiterbildung im Kontext von Innovation und Humanisierung eine – möglicherweise die Schlüsselrolle zu.

Für die Regionalentwicklung sind dementsprechend unter Gesichtspunkten der Wirtschaftsförderung die beiden folgenden Themenkreise bedeutsam: die Ansiedlung neuer und die Bestandspflege bestehender Betriebe. Im ersten Fall geht es um die Schaffung von Voraussetzungen für eine aktive Ansiedlungspolitik mit entsprechender Lobbyarbeit bis hin zu Fragen der Wechselwirkung zwischen harten und weichen Standortfaktoren, also dem Spannungsverhältnis von Ökonomie und Kultur. Im zweiten Fall geht es darum, die kreativen und innovativen Potenziale der Region zu bündeln und für die Bedarfe vor allem der mittelständischen Unternehmen verfügbar zu machen. Beides sind die einander bedingenden Notwendigkeiten im „Nullsummenspiel" des zunehmenden Wettbewerbs der Regionen auf nationaler aber auch schon auf europäischer und globaler Ebene.

8. Zielbündel „Weiterbildung und Innovation"

Innovation betrifft Systemstrukturen, Zeitstrukturen, Personenstrukturen- bzw. Organisationsstrukturen. M.a.W.: Innovation betrifft nicht nur die Produkte, sondern auch das Produktionssystem und das ganze industrielle, gesellschaftliche Umfeld.

Warum Produktinnovationen?

Produktinnovationen sichern die internationalen Wettbewerbspositionen für die heimische Wirtschaft sowie die Platzierung von Spitzenprodukten in Marktnischen. Sie sorgen für einen Ausgleich von Marktverlusten an Schwellenländer und die Dritte Welt wie z.B. in den bekannten Fällen der Werftindustrie, Stahlbranche usw.

Ein wesentliches Ziel ist die Beschäftigungssicherung. In qualitativer Hinsicht geht es um die Existenzsicherung der Menschen, und in quantitativer Hinsicht um die Sicherung der sozialen Netze in den Industriegesellschaften.

Warum soziale Innovationen?

Es müssen Arbeits- und Lebensformen gefunden werden, mit denen die Sicherung der Existenz auch durch weniger „Arbeit" gewährleistet wird. Das betrifft die privaten Einkommen wie die Sozialversicherungssysteme. Ohne die Vermittlung von neuen Qualifikationen in immer kürzeren zeitlichen Abständen wird dieses nicht zu realisieren sein.

Davon ist in erster Linie das persönliche Lernverhalten ebenso wie das Bildungssystem insgesamt betroffen. Unausweichlich wird die Gewinnung von individueller Zeitsouveränität. Damit geht es auch um die qualitative Neudefinition des Verhältnisses von Arbeit und Freizeit.

Innovation betrifft dann insbesondere die Veränderung der betrieblichen bzw. der institutionellen Personalstrukturen. Dieses ist sogar die Schlüsselfunktion aller Faktoren – denn:

Qualifikation = Innovation + Produktivität + Kreativität durch Menschen!

Neue Qualifikationsanforderungen erfüllen heißt dann: Ein informationelles statt materielles Weltbild gewinnen. Dazu ist eine dauernde Anpassungsqualifizierung erforderlich: Arbeiten und Lernen lebenslang wird zur Normalität. Die Ergänzung der eigenen Arbeit durch interne oder externe Dienstleistungen von Spezialisten, Teamarbeit, Kooperation, Selbstständigkeit und Verantwortung bekommen ihren materiellen Stellenwert.

Insofern wird Personalentwicklung auf aktuelle Weise bedeutsam. Denn die Nutzung vorhandener personeller Ressourcen im Betrieb durch gezielte Weiterbildung ist das Gebot der Stunde.

Ohne die Überwindung psychischer Abwehrfaktoren wie z.B. Angst vor Neuem, Bequemlichkeit und falschem Perfektionismus durch Entwicklung des Persönlichkeitsprofils ist dem nicht beizukommen.

Der Weg dazu erfordert Partizipation; sie ermöglicht Akzeptanz, Leistungsbereitschaft und Arbeitszufriedenheit.

Diese neuen Qualifikationsanforderungen stellen sich an das Personal in allen Betrieben und auf allen Ebenen. Sie erfordern Kompetenzen auf verschiedenen Stufen:

Fachkompetenz erfordert Kenntnisse, Fertigkeiten und Fähigkeiten zur Beherrschung der konkreten Arbeitsaufgaben. Ergänzend dazu vermittelt Methodenkompetenz die Fähigkeit zum systematischen Handeln, zum Problemlösen, zur Umsetzung von Erfahrungen in neue Handlungssituationen. Sozialkompetenz besteht in der Bereitschaft und Fähigkeit zur Zusammenarbeit, Toleranz, Sensibilität und zur Konsensbildung, zur Akzeptanz von Spielregeln und Kompromissentscheidungen sowie von Stärken und Schwächen anderer. Schließlich bedeutet Selbstkompetenz, dass das Individuum über die Bereitschaft und Fähigkeit verfügt, Fehler einzugestehen, zuzuhören, vorbildlich zu handeln, selbstbewusst und zielstrebig an Probleme heranzugehen sowie Belastbarkeit, Weiterbildungsmotivation und Selbstständigkeit zu zeigen. Schließlich tritt als weitere Kategorie Medienkompetenz immer stärker ins Bewusstsein. Angesichts des Zusammenwachsens der Welt zum „globalen Dorf", infolge des Durchdringens der Arbeitswelt und darüber hinaus der privaten Lebenswelt durch die Informations- und Kommunikationstechnologien, wird die Medienkompetenz zu einer grundlegenden Kulturtechnik der Zukunft!

Dementsprechend sind Bildungs- und Beratungsmaßnahmen auf drei Ebenen angesagt:

- **Informationstechnische Integration**
  der segmentierten Bereiche (Fraktale)

- **Organisatorische und strukturelle Veränderungen**
  Organisationsentwicklung, Change Management, ...

- **Persönliche Verhaltensänderungen**
  Personale Kompetenzentwicklung, Gruppenverhalten, ...

Auf allen drei Ebenen geht es um die Vermittlung personaler Kompetenzen und um Kompetenzvermittlung im Gruppenverhalten, die in unterschiedlicher Ausprägung auf allen Mitarbeiter- bzw. Unternehmensebenen den sich entwickelnden Anforderungen gerecht werden müssen.

Es handelt sich dabei um einen innovativen Lernprozess, bei dem das Führungsverhalten in Arbeitsgruppen als das Übernehmen von Verantwortung eines jeden einzelnen Gruppenmitglieds verstanden wird.

Schwerpunkte bisheriger Maßnahmekonzepte liegen bislang zumeist im Bereich der Vermittlung von Fachkompetenz. Eine reine additive Erweiterung solcher Konzeptionen ist unangemessen und verfehlt das Ziel.

Neue Dimensionen für das Lernen ergeben sich aus den Modernisierungstendenzen „Globalisierung – Informationstechnische Vernetzung – Multimedia"

Die räumliche und zeitliche Entkopplung der Informationsverarbeitung, die durch Internet und Multimedia möglich ist, unterstützt und fördert die Regionalisierung und Internationalisierung der Erwerbsarbeit. Die globale Vernetzung (Internet) lässt eine enge (internationale) Kooperation entwickeln.

Telearbeit und Telekooperation fördert die Entflechtung von Produktions- und Dienstleistungszentren in regionale Netzwerke von (System-)Lieferanten und Zulieferern zugleich. Neue „Outsourcing"-Konzepte sind auf dieser Basis für kleine und mittlere Betriebe denkbar und umsetzbar.

Nachindustrielle Arbeitsformen wie die selbständige Arbeit wird zunehmen. Sie wird einzeln oder in Gruppen bzw. Netzwerken geleistet (Virtuelle Betriebe). Arbeitsort, Arbeitszeit und Leistungsdichte werden individuell festgelegt. Erwerbsarbeit wird überwiegend aufgabenbezogen und zunehmend befristet geleistet. Arbeiten und Lernen wird integrativ oder in alternierenden Phasen das ganze Erwerbsleben der Menschen begleiten.

9.   Netzwerk für Arbeit

Die Folgerungen aus den oben dargelegten Faktoren und Zielbündeln führen zu dem im folgenden beschriebenen Projekt eines regionalen Weiterbildungs- und Beratungsnetzwerks für kleine und mittlere Unternehmen zur Förderung der Beschäftigung und zur Anpassung der Arbeitnehmer/innen an den industriellen Wandel.

Die beiden Studien „Expo 2000"[2] und „Multimedia in der Hannover Region"[3] zielen im Sinne der dargelegten Ausführungen auf beschäftigungspolitische Initiativen im Großraum Hannover mit maßgeblicher Flankierung durch Weiterbildungs- und Beratungsaktivitäten. Als Zielgruppen werden in erster Linie Beschäftigte in kleinen und mittleren Betrieben (KMU) ausgemacht, die auf „die Zukunftsaufgaben" vorbereitet werden sollen. Diese Zukunftsaufgaben bestanden und bestehen aus den sich kurzfristig durch die Expo 2000 und kurz- bis mittelfristig aus den durch die sich entwickelnden Informations- und Kommunikationstechnologien ergebenden Problemstellungen. Zur Beförderung der beschäftigungspolitischen Flexibilität wird die Einrichtung von zwischenbetrieblichen Arbeitskräftepools empfohlen, die durch adäquate Weiterbildungsmaßnahmen auf wechselnde Anforderungen vorbereitet und angepasst werden können.

Regionale Systemgemeinschaften werden angeregt, in denen sich die einzelnen Betriebe in Kooperation mit anderen unter Besinnung auf ihre Kernkompetenzen einbringen.

Regionale Anbietergemeinschaften sollten sich in diesem Sinne entwickeln können, um den Anforderungen europaweiter Ausschreibungen größerer

Projektaufträge gerecht werden.zu können, und um den Anforderungen des globalen Wettbewerbs besser gewachsen zu sein.

Die damit verbundenen Anforderungen des Subcontracting oder Outsourcing betrieblicher Teilleistungen stellen die Betriebe in der Regel vor völlig neue Aufgaben, die ohne Beratungs- und Qualifizierungsdienstleistungen nicht so ohne weiteres zu bewältigen sind.

Zur Beförderung des Technologietransfers, insbesondere auch im Bereich des Umweltschutzes, sind geeignete Formen der Kooperation mit den Hochschulen und anderen Forschungseinrichtungen zu organisieren, um geeignete (bezahlbare) Formen der Forschung und Entwicklung für die KMU's zu realisieren.

Ein besonderer Bedarf besteht nach den o.g. Studien im Bereich der sich rasant entwickelnden Informations- und Kommunikationstechnologien. Aus diesem Grunde wäre ein regional verankertes Entwicklungs- und Anwenderzentrum „Multimedia und Inter/Intranet" zweckmäßig, um den in der Region zu verflechtenden KMU die notwendigen und praxisgerechten Informationsdienstleistungen und Qualifizierungsmaßnahmen „ohne Reibungsverluste" vermitteln zu können.

Darüber hinaus wurden beschäftigungspolitische Sofortmaßnahmen empfohlen, um gemäß den Anregungen der Studie „Expo 2000" mit Hilfe von zielgerichteten Qualifizierungs- und Beratungsmaßnahmen das beschäftigungspolitische Potenzial der Weltausstellung in unserer Region ausschöpfen zu können.

Es könnte sich ein kooperierendes Netzwerk lokaler und regional verankerter Klein- und Mittelunternehmen (KMU) ergeben mit Beratungsdienstleistungen und Qualifizierungsmaßnahmen durch Bildungsträger, Hochschulen, wissenschaftlichen Einrichtungen wie z.B. das Laserzentrum Hannover (LZH), die CIM-Fabrik und das Technologie-Centrum Hannover (TCH) und weiteren Partnereinrichtungen, wie es mit der folgenden Abbildung „skizziert" wird.

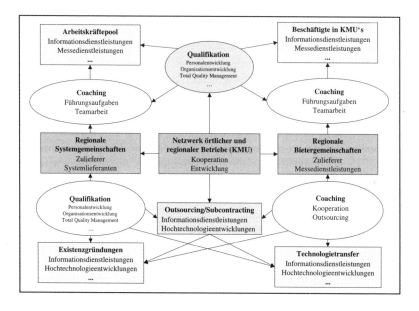

Zu beteiligende Kooperationspartner könnten/sollten sein:

- Lokale und regionale Behörden (z.B. Wirtschaftsförderer)
- Sozialpartner auf den geeigneten Ebenen
- Wirtschaftspartner, insbesondere Vertreter/innen der KMU
- Kammern und die Arbeitsverwaltung
- Hochschulen und Forschungseinrichtungen
- Unternehmensberater
- Bildungsträger
- ...

10. Projektdesign

In der folgenden grafischen Darstellung wird das Projektdesign veranschaulicht wie es zur Antragstellung geplant war.

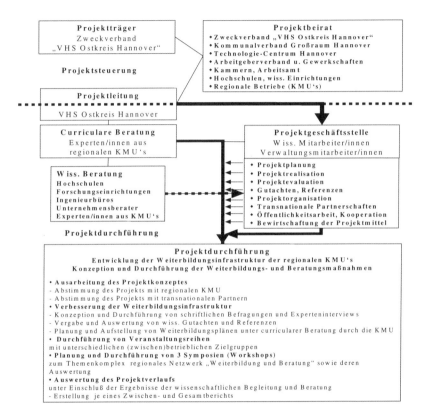

10.1 Projektträger

Projektträger war bei Antragstellung die Volkshochschule Ostkreis Hannover, Zweckverband der Städte Burgdorf und Lehrte sowie der Gemeinden Sehnde und Uetze. In der Projektträgerschaft wurde die Volkshochschule darüber hinaus von der Stadt Burgdorf im Rahmen von deren IAA (Initiative für Ausbildung und Arbeitsplätze) und dem Kommunalverband Großraum Hannover unterstützt. Mit dessen Tochtergesellschaft, der Technologie-Centrum Hannover GmbH (TCH) wurde ein Kooperationsvertrag geschlossen. Auf diese Weise wurde die Einbindung des Projekts in die kommunale und regionale Wirtschaftsförderung gesichert und mit der Kernkompetenz „Unternehmensberatung" des TCH angereichert.

Am 1. Juli 2000 wurde das Projekt auf die Hannover Region Entwicklungs- und Beratungsgesellschaft für Beschäftigung mbH (HRB) übertragen.

10.2 Projektbeirat

Gemäß den ESF-Orientierungslinien ist das Projekt im Rahmen einer „erweiterten Partnerschaft" umzusetzen. Schon in die Planungsphase bei der Analyse, der Antizipation und bei der Vorbereitung von innovativen Aktionen sind bereits die auf regionaler Ebene vorhandenen Strukturen zu nutzen. Hierzu zählen

- regionale und nationale Behörden
- Sozialpartner auf den geeigneten Ebenen
- Wirtschaftspartner einschließlich der Vertreter der KMU und der Kammern
- Stellen, die für die Anerkennung von Qualifikationen zuständig sind, die Arbeitsverwaltung sowie berufsbildende Einrichtungen
- Hochschulen und Forschungseinrichtungen usw.

Ihre Aufgabe besteht darin, auf regionaler Ebene alle wirtschaftlichen, technischen und sozialen Informationen zusammenzutragen, die erforderlich sind im Hinblick auf die zu erstellenden Analysen und Prognosen über die Entwicklung der Beschäftigung, der verschiedenen Berufe und der Qualifikationsanforderungen sowie im Hinblick auf die Vorbereitung der Aktionen im Rahmen des Projekts, die sich am tatsächlichen Bedarf zu orientieren haben. Dem Projektbeirat kommt insoweit eine bedeutende Steuerungs- und Bewertungsfunktion zu, das durchzuführende Maßnahmepaket an den genannten übergeordneten Projektzielen auszurichten. Insbesondere wird die Darstellung der Zusammenarbeit zwischen den KMU angeregt in den Bereichen:

- Aufstellung von Bildungsplänen
- Durchführung gemeinsamer Bildungspläne

Inwieweit dabei die Anregungen der ESF-Orientierungslinien „Weitergabe von Technologien" und „Weitergabe von Know-how (Organisation)" umsetzbar gemacht werden kann, ist zwar auch eine Frage der Weiterbildung und Beratung, aber auch eine entscheidende Frage bei der praktischen Realisierung vertrauensbildender Kooperationsformen.

Der Projektbeirat bestand aus 19 Personen, die von den oben aufgezählten Institutionen benannt worden waren. Der erste Teil der beschriebenen Aufgaben wurde vom Beirat wahrgenommen. Die im zweiten Teil beschriebenen Aufgaben der zwischenbetrieblichen Kooperation wurden in den Arbeitskreisen und Workshops des Projektes mit Vertreter/innen der kooperierenden KMU's aufgegriffen.

10.3 Projektleitung

Die Projektleitung lag bei der VHS Ostkreis Hannover vertreten durch den VHS-Direktor und in derselben Person später beim Geschäftsführer der HRB. In die pädagogisch-didaktische Komponente der Projektleitung sollte das Team der hauptberuflichen pädagogischen Mitarbeiter/innen mit eingebunden werden.

Die Projektleitung befindet sich an der Nahtstelle zwischen der Projektsteuerung und der Projektrealisation. Sie ist verantwortlich für die zügige und effiziente Umsetzung der Projektaktivitäten und für deren Ausrichtung an den vereinbarten Projektzielen.

10.4 Projektgeschäftsstelle

Die organisatorischen Dienstleistungen und die Verwaltungsdienstleistungen für die Projektsteuerung wurden von der VHS/HRB-Geschäftsstelle insgesamt wahrgenommen. Zur Wahrnehmung der inhaltlichen Arbeiten zur Projektdurchführung wurden zwei wissenschaftlichen Mitarbeitern/innen und zur organisatorischen und terminlichen Disposition des Projektablaufs wurden zwei Verwaltungsmitarbeiterinnen auf jeweils zeitlich begrenzten Stellen eingestellt. Die zeitliche Begrenzung der Stellen orientierte sich an der Laufzeit des Projekts. Der für die Projektrealisierung entstehende Verwaltungsaufwand wurde gesondert berücksichtigt.

Der Finanzierungsplan des Projektes wurde zweimal erweitert und das Projekt wurde um drei Viertel Jahre verlängert

10.5 Curriculare Beratung

Die Erhebung des Weiterbildungs- und Beratungsbedarfs, die Aufstellung von Weiterbildungs- und Organisationsentwicklungsplänen sowie die fachliche Begleitung der Maßnahmedurchführung bedarf der praxisnahen Beratung durch Experten/innen aus den beteiligten Klein- und Mittelunternehmen (KMU) und darüber hinaus. Hierzu kommen die Führungskräfte aus den betrieblichen Abteilungen für Personalwesen und für Aus- und Weiterbildung bzw. die Weiterbildungsbeauftragten in erster Linie in Frage, aber auch Fachführungskräfte aus verschiedenen betrieblichen Segmenten zur Bearbeitung von Fachfragen. Zur curricularen Beratung des Projekts ist also eine ständige Beratung durch die leitenden Akteure der KMU's erforderlich unter Hinzuziehung von temporär benötigten zusätzlichen Sachverständigen. Die kooperierenden KMU's sind demnach aktive Partner, deren Expertenwissen zur Problemlösung in das Netzwerk eingebracht werden sollte.

10.6 Wissenschaftliche Beratung

Zur vertieften Bearbeitung von Einzelfragen, zur wissenschaftlich fundierten Erhebung von Daten (z.B. zur Projektevaluation etc.) können Aufträge erteilt werden zur Erstellung von Gutachten, Exposés und Referenzen im Vergleich zu bestehenden Einrichtungen bzw. zu anderen Projekten..

10.7 Projektdurchführung

• Ausarbeitung des Projektkonzepts: Das Projekt beinhaltet die Erarbeitung innovativer Konzepte und Methoden im Bereich der sozialen Qualifizierung zur internen und externen Flexibilisierung von Klein- und Mittelunternehmen (KMU), zur Förderung des Technologietransfers in Zusammenarbeit mit regionalen Hochschulen und wissenschaftlichen Einrichtungen, zur Beschleunigung des Einsatzes moderner Kommunikations- und Informationstechniken, wie Internet und Intranet, sowie von Multimediadienstleistungen und zur Vermittlung multikultureller Kompetenzen.

• Abstimmung des Projekts mit regionalen KMU's: Solche Konzepte können nicht einfach vorgegeben werden, sondern müssen partizipativ mit den betroffenen, leitenden Mitarbeitern/innen aus den regionalen KMU erarbeitet werden. Die zu erarbeitenden Konzepte werden einmal durch die Mitarbeit von Experten/innen aus den verschiedenen Bereichen der KMU's an die betrieblichen Bedarfe angepasst (Curriculare Beratung), und zum anderen erfolgt eine Rückkopplung an die regionalspezifischen Strukturen durch die Kontrollfunktion des Projektbeirats, in dem Vertreter/innen sowohl der KMU's als auch der Sozialpartner eingebunden sind.

• Abstimmung des Projekts mit transnationalen Partnern: Die Projekt-Aktivitäten werden ganz analog zur regionalen Abstimmung mit den transnationalen Partnern auf gemeinsame Belange hin abgestimmt. Dabei soll ein gemeinsames Projektziel zur Ausarbeitung transnationaler Qualifizierungskonzepte – Ziele, Inhalte und Methoden – definiert und realisiert werden. Hierzu werden Vereinbarungen über die Arbeitsteiligkeit und die Kostenverteilung der gemeinsamen Teilprojekte abgeschlossen sowie über eine diesbezügliche gemeinsame Dokumentation der Ergebnisse. Die transnationale Kooperation ist also ein konzeptioneller Baustein zur Durchführung von gemeinsamen transnationalen curricularen Beratungen und Symposien sowie von Ausbilderseminaren.

- Verbesserung der Weiterbildungsinfrastruktur: Zur Entwicklung regionalspezifischer, zwischenbetrieblicher Weiterbildungspläne sind geeignete Qualifizierungsmaßnahmen für das betriebliche Weiterbildungspersonal durchzuführen. Diese sollen gezielt auf Qualifizierungsprozesse für Mitarbeiter/innen vorbereitet werden, deren Arbeitsplätze vom industriellen Wandel besonders betroffen sind. Durch geeignete Kooperationsstrukturen für die Akteure in einem regionalen Weiterbildungsnetzwerk können die Voraussetzungen geschaffen werden, dass die intersektorale und überbetriebliche Mobilität der Arbeitnehmer/innen erhöht und auf zukunftsträchtige Arbeitsplatzanforderungen hin ausgerichtet wird. Hierzu sind detaillierte Qualifizierungspläne für Gruppen von Mitarbeitern/innen bzw. für einzelne Mitarbeiter/innen im Rahmen von zwischenbetrieblichen Weiterbildungsplänen zu entwickeln.

Ein wichtiger Bestandteil der Verbesserung der Weiterbildungsinfrastruktur ist die Förderung der Akzeptanz lebens- und arbeitsbegleitenden Lernens für den betrieblichen Alltag. Hier sind vor allem die Führungskräfte – von der Geschäftsleitung bis zur Fachführungsebene – gefordert und durch geeignete Maßnahmen zu unterstützen. Herausforderungen durch neue Technologien, durch sich ändernde Produktionsformen und -techniken, durch neue Informations- und Kommunikationstechniken, durch die Einführung eines Qualitätsmanagements, durch Kooperationsnotwendigkeiten mit in- und ausländischen Partnern zur Festigung der Wettbewerbsfähigkeit u.a.m. zu meistern durch die Auswahl und Durchführung geeigneter Qualifizierungsmaßnahmen, zählen zu den Top-Führungsaufgaben. Dieses macht die Implementierung entsprechender Weiterbildungs(infra)strukturen auf allen Unternehmensebenen absolut notwendig.

- Durchführung von Veranstaltungsreihen: Zur Realisierung des Projektziels der Entwicklung und Verankerung eines „Regionalen Weiterbildungs- und Beratungsnetzwerks" sind nach Maßgabe der zu erarbeitenden Weiterbildungspläne vielfältige Veranstaltungsreihen zu konzipieren.

- Planung und Durchführung von Symposien (Workshops): Zweck der Symposien ist eine besondere Form der Projektberatung. Das entwickelte „Projektexposé", je ein Zwischenstands- und ein Schlussbericht des Projekts über Verlauf und Ergebnisse werden einer ausgewählten „Fachwelt" zur Beurteilung vorgestellt. Ein somit hergestellter Außenbezug soll das Projekt in einen interregionalen und ggf. internationalen

Beurteilungsrahmen stellen. Durch die Dokumentation der Ergebnisse der Symposien bzw. Workshops wird eine nachprüfbare Transparenz des Projektgeschehens erzeugt. Mit dem Schlussbericht und dem diesbezüglichen Symposium wird auch eine abschließende

• Auswertung des Projektverlaufs verbunden.

Literaturhinweise

[1] **Wesely, Wolfgang,** Beschäftigungspolitische Perspektiven im Wandel der Produktionssysteme, in: Problemfelder der Berufs- und Wirtschaftspädagogik, hrsg. von Karl-Heinz Sommer, Stuttgarter Beiträge zur Berufs- und Wirtschaftspädagogik Band 19, Deugro Verlag, Esslingen 1995, S.36 - 70 sowie Zitate darin

[2] **Heinelt, Hubert; Rudnick, Alexander,** Expo 2000 – Mögliche Beschäftigungseffekte und Qualifizierungsbedarfe in der Region, Gutachten im Auftrag der Landeshauptstadt Hannover und des Kommunalverbandes Großraum Hannover, Hannover 1996

[3] **Bredemeier; Brandt; Beckmann; Kastning,** Multimedia in der Hannover Region, Studie des Norddeutschen Landesbank im Auftrag des Kommunalverbandes Großraum Hannover, Hannover 1996

[4] **Dostal, Werner,** Die Informatisierung der Arbeitswelt – Multimedia, offene Arbeitsformen und Telearbeit, in: MittAB 4/95, S.527 - 543

Negroponte, Nicholas, Total digital, Die Welt zwischen 0 und 1 oder Die Zukunft der Kommunikation, München 1995

[5] **Club of Rome** (hrsg. v. **Aurelio Peccei**), Zukunftschance Lernen, Wien 1979

Lothar Schäffner

Zukunftssicherung durch die lernende Organisation
Die Chancen der mittelständischen Unternehmen

Das lernende Unternehmen

Die Zukunft der Unternehmen wird in erster Linie dadurch bestimmt, wie sie in der Lage sind, die Veränderungen, die in zunehmender Geschwindigkeit und in zunehmendem Umfang auf uns zukommen, zu bewältigen. Eine Lösungsformel die so gekennzeichnete Zukunft zu bewältigen heißt: Lernendes Unternehmen.

Ein lernendes Unternehmen zeichnet sich also durch seine Anpassungsfähigkeit aus, wobei Anpassungsfähigkeit nicht gleich gesetzt werden kann mit reagieren; sie schließt Antizipation und die Vorwegnahme von Aktionen auf zu erwartende neue Anforderungen ein. Insofern ist ein lernendes Unternehmen zu einem Teil auch aktiver Mitgestalter von Veränderungen. Entscheidend dabei ist, dass die einzelnen Organisationseinheiten in der Lage sind, selbststeuernd zu agieren. Ein von oben zentral verordnetes Handeln würde die notwendige Geschwindigkeit und Flexibilität minimieren.

Agenten des organisationalen Lernens bleiben nach wie vor die Menschen. Dabei darf nicht vergessen werden, dass Lernen kein Vorgang ist, der nach mechanistischen Mustern verläuft. Veränderungen handelnd zu gestalten bedarf auch einer inneren Verarbeitung. Eine solche Verarbeitung spiegelt sich dann auch in der Veränderung der Deutungsmuster der Umwelt wider der, wie Senge es formulieren würde, in einer Veränderung der mentalen Modelle.
Mentale Modelle selbst zum Thema zu machen und damit seine eigene Auffassung zu begründen und auch zu analysieren, sind damit zentrale Voraussetzungen für ein gemeinsames Lernen. Damit werden das Geben und das Einholen von Feedback und die persönliche Reflexion zu bedeutenden Instrumenten für ein erfolgreiches Lernen.
Das im Rahmen von Interaktionstrainings bekannte „Johari-Fenster" bildet vor dem Hintergrund der zwei Dimensionen „was ich von mir weiß" und „was andere von mir wissen" für die Interaktion zwischen Menschen folgende vier Dimensionen ab:

Was ich von
mir weiß   **+**

Verborgenes/ Fassade	Arena
Unbewusstes	Blinder Fleck

-

- Was andere von mir wissen   **+**[1]

Meines Erachtens lässt sich dieses Modell bzw. die Aussagen, die sich aus diesem über die Interaktion zwischen Individuen ableiten lassen, auch auf ein gesamtes Unternehmen als Organisationsgebilde übertragen. Reife Interaktionsbeziehungen zeichnen sich durch eine vergrößerte Arena aus. Sie wird im Umfang und damit auch in der Bedeutung gegenüber den anderen drei Quadranten dominant. Der Weg dorthin führt über die Verkleinerung der drei anderen Felder.

Das Verborgene bzw. die Fassade wird verkleinert durch Offenheit,
der Blinde Fleck durch Feedback,
das Unbewusste durch Reflexion.

Die Größe der vier Felder im Vergleich zueinander – ermittelt über eine Einschätzung durch die Mitarbeiter in einem Unternehmen – kann symbolisch die Lernkultur in einem Unternehmen darstellen. Je größer die Arena entwickelt ist, desto eher kann man von einem Lernenden Unternehmen sprechen.

Grundbedingungen für ein Lernendes Unternehmen

Wenn wir davon ausgehen, dass Organisationslernen auf individuellem Lernen beruht, ist es

1. *Zunächst einmal erforderlich, Anregungen zu geben, die zu individuellem Lernen anregen und Bedingungen zu schaffen, die ein solches Lernen fördern*
2. *Muss die Bereitschaft entwickelt werden, dass Menschen Lernerfahrungen abgeben und*
3. *Muss eine Kraft vorhanden sein, die das abgegebene Wissen auf die anderen abstrahlt.*

Die Bereitschaft, Lernerfahrungen abzugeben, und die Kraft, solche auf andere auszustrahlen, sind auf der Ebene der **Unternehmenskultur** anzusiedeln. Anregungen zum Lernen werden eher von der Ebene der **Unternehmensgestaltung** durch die Unternehmensleitung aus wirksam. Dabei werden solche Lernanstöße in erster Linie über die Zielsetzung und die Strategie vermittelt.

Personal Mastery als Lernziel

Lernfördernde Bedingungen sind solche, die die Schnittmenge von Arbeit und persönlicher Entwicklung im Arbeitsalltag vergrößern, d.h. – in der Begrifflichkeit von Peter M. Senge – dazu beitragen, dass sich **Personal Mastery** entwickelt.

Personal Mastery bezeichnet „die Disziplin der Selbstführung und der Persönlichkeitsentwicklung (...). Menschen, die einen hohen Grad an Personal Mastery erlangen, erweitern beständig ihre Fähigkeit, die Ergebnisse zu erzielen, die sie wahrhaft anstreben. Ihr kontinuierliches Streben nach Selbstschulung und Selbstführung prägt den Geist der lernenden Organisation." Hauptfeind der Personal Mastery ist das Gefühl der Machtlosigkeit. Diesem Hindernis müssen die Führungskräfte dadurch entgegen treten, dass sie „konsequent ein Unternehmensklima fördern, in dem die Prinzipien der Personal Mastery zu etwas Selbstverständlichem werden. Das bedeutet, dass man eine Unternehmensumwelt schafft, in der die Mitarbeiter gefahrlos Visionen entwickeln und erforschen können, in der die Verpflichtung zur Wahrheit die Norm ist und in der das Infragestellen des Status quo erwartet wird – insbesondere wenn zu diesem Status quo gehört, dass man bestimmte unangenehme Aspekte der gegenwärtigen Realität ausblendet." Wahrheit ist hier nicht auf ihre ethische Bedeutung allein zurück zu führen, sie entspricht auch einem ökonomischen Kalkül. Nur wer offen mit Problemen umgeht und sich nicht um Verschleierungstaktiken oder der Suche nach einem anderen Schuldigen bemühen muss, leistet einen Beitrag dazu, dass Störungen behoben werden können und der mit diesen Störungen verbundenen Schaden eingegrenzt wird.
Eine solche Haltung kann durch eine **herausfordernde Zielsetzung und eine überzeugende Strategie** unterstützt werden

Lernanregungen durch Unternehmensziele und Unternehmensstrategien

Ungeachtet dessen, wie Ziele formuliert werden, ob durch Vereinbarung oder Vorgabe und wie Strategien entschieden werden, durch gemeinsame Entwicklung oder durch Setzung, entscheidend ist zunächst einmal, dass sie von allen Mitarbeitern verstanden werden. Zweifellos verstärkt ein kooperatives, partizipatives Vorgehen das Verstehen, dennoch muss man einräumen, dass dies nicht immer der Fall sein kann, sondern dass Entscheidungen auch auf der Ebene der Unternehmensleitung alleine getroffen werden müssen.

Wichtig ist, dass die Mitarbeiter hinter den Entscheidungen einen Sinn erkennen und sie nicht als Ausfluss einer irgendwie gearteten Veränderungswut identifizieren und auf ein Deutungsmuster zurückführen, das folgendermaßen lauten könnte: „Die da oben wissen nicht was sie wollen, heute sagen sie dies, morgen wohl das Gegenteil."
Die Kunst der Unternehmensführung liegt, zum einen darin, die Menschen im Unternehmen in Bewegung zu halten, und zum anderen, was meines Erachtens noch wichtiger ist, diese Bewegung in eine gemeinsame Richtung zu lenken. Voraussetzung, einer gemeinsamen Richtung zu folgen, ist die Offenlegung der Absicht, die damit verfolgt wird. Dies ist nicht über die Verbreitung von entsprechenden Informationen mit Hilfe von Rundschreiben und Aushängen am „Schwarzen Brett" möglich, sondern durch Kommunikation.

Von Kommunikation reden wir dann, wenn sie die klassischen Gesprächsregeln zur Grundlage hat. Diese zielen darauf, Codieren und Decodieren als die zentralen Aspekte des Miteinander Redens möglichst in Deckung zu bringen. Das heißt, die Unternehmensführung muss sich um eine Sprache bemühen, die die Mitarbeiter im gesamten Unternehmen verstehen. Ob dies gelungen ist, wird man nur erfahren, wenn man sich nach dem Prinzip des aktiven Zuhören, um eine Rückmeldung bemüht, inwieweit dies überall der Intention entsprechend verstanden worden ist.

Die Mitarbeiter hinter einem Ziel zu vereinen, dürfte weniger schwierig sein, vor allem wenn diese Ziele Wettbewerbscharakter haben.
Zum größten Automobillieferant der Welt zu werden, zu den vier größten Reifenherstellern der Welt zu gehören, haben als Ziele eine Ausstrahlung, denen sich Mitarbeiter kaum entziehen können.
Schwieriger wird es bei der Vermittlung der Wege sein, die dazu beschritten werden müssen. Über das Wie streitet man sich eher als über das Was. So ist z.B. die Strategie, über Globalisierung und über globale Zukäufe die gesteckten Ziele zu erreichen, weniger elektrisierend als das Ziel, die Marktführerschaft erobern zu wollen. Dies gilt vor allem für Strategien, die nicht auf Expansion setzen, sondern auf eine Verdichtung der Expertenkompetenz. Trifft z.B. ein Autozulieferer, der komplette Sitze herstellt, die Entscheidung, in Zukunft nur noch Komponenten herzustellen, die in die

Sitze (später nicht sichtbar) von anderen Unternehmen eingebaut werden, verlangt dies nach umfangreichen Erläuterungen, zumal mit dem kompletten Sitz den Mitarbeitern das Identifikationsobjekt, das man auch im Freundeskreis zeigen kann, verloren geht.

Ähnliches gilt auch für Veränderungen in der Produktpalette. Geht ein traditioneller Reifenhersteller den Weg zu einem Systemlieferanten (vom Reifen über die Achse bis hin zum gesamten Fahrwerk) bedarf auch dies einer Vermittlungsform, die bei den Mitarbeitern den Eindruck vermeiden hilft, das traditionelle Produkt, das immer noch den Löwenanteil des Umsatzes darstellt, sei nun nichts mehr wert.

Erst wenn das Ziel klar ist und Sinn und Zweck einer Strategie verstanden sind, kann auf der nächsten Stufe das Potenzial an Herausforderungen herausgehoben werden, das wiederum Anlass zum Lernen ist.

In der klassischen Lernzieltheorie nach Mager heißt es: Wer nicht klar sagen kann, wohin er will, braucht sich nicht zu wundern, wenn er ganz woanders ankommt. Die Klarheit der Unternehmensziele bestimmt auch die Lernziele der Mitarbeiter: So hat das Ziel, die Kostenführerschaft zu erreichen, andere Lernkonsequenzen als das der Qualitätsführerschaft und eine strategische Ausrichtung in Richtung Globalisierung andere als die, die auf die Besetzung einer „noblen" Nische abzielt.

Ziel und Strategie als Quelle für Mitarbeiter-Motivation und Anstoß zum Lernen bekommt dann eine besondere, weil emotionalisierte Wirkung, wenn diese in einer Vision gründen und auch über diese vermittelt werden. Visionen sind Bilder, die einen idealen „Endzustand" herstellen. Es handelt sich um „Rama-Bilder", die nicht ohne Kitsch eine heile Welt zeigen, oder, wie ein amerikanischer Trainerkollege es formulierte, voll sind von „motherhood and cheesecake" Die Entwicklung und Kommunikation von Visionen wird in Büchern, die sich mit Führung im Allgemeinen und Change-Management im Besonderen auseinandersetzen als das zentrale „Wundermittel" bezeichnet. Auch Peter M. Senge verweist auf die gemeinsame Vision als eine der Kerndisziplinen für den Aufbau einer lernenden Organisation.

Ausgangspunkt für eine gemeinsame Vision sind persönliche Visionen, so wie wir sie alle im Kopf haben, wenn es um bildhafte Vorstellungen über unsere eigene Zukunft oder die unserer Kinder geht. Das eigene Haus im Blick, den Auftritt im Arztkittel oder in der Rechtsanwaltsrobe sind wohl geläufige Bildmuster.

Diese Muster zu gemeinsamen Visionen innerhalb einer Familie zu machen, erscheint ebenso üblich. Gemeinsame Visionen in einer formalen Organisation, zu entfalten, die von allen Mitgliedern dieser Organisation geteilt werden, erscheint weniger leicht vorstellbar. Wenn dies gelingt, erzeugen sie jedoch „ein Gefühl von Gemeinschaft, das die Organisation durchdringt und die unterschiedlichsten Aktionen zusammenhält." Der Weg zur einer gemeinsamen Vision führt über die individuellen Visionen. Senge benutzt hier das Hologramm als Metapher. Anders als ein Foto, das, wenn es zerschnitten wird jeweils nur ein Teil des Bildes zeigt, zeigt jedes Teil eines Hologramms das vollständige Bild. Wenn nun die einzelnen Teile zusammengefügt werden, ändert sich das Bild nicht, aber es wird intensiver und lebendiger. Die Bedeutung von Visionen als Kraft die Mitarbeiter in einem Unternehmen beflügelt, wird seit längerem in der Managementliteratur beschworen. Wie solche im wahrsten Sinn des Wortes aussehen, wird allerdings nur dürftig vermittelt. Wenn der Versuch unternommen wird, dies zu leisten, werden bereits abgegriffene Beispiele herangezogen, wie die von John F. Kennedy 1961 formulierte Prophezeiung, dass Amerika am Ende des Jahrzehnts einen Mann auf dem Mond haben werde. Sind Visionen nicht mehr als ein moderner Begriff für Charisma?

Charismatische Führer verursachen vor dem Hintergrund leidvoller historischer Erfahrungen jedoch auch Angst, vor allem dann, wenn das Hinterherlaufen hinter solchen Führern der Kompensation eigener, nicht verwirklichbarer Visionen dient.
Wenn sich gemeinsame Visionen, wie es Senge darstellt, aus persönlichen Visionen entwickeln, so entsteht die Kraft aus deren Schnittmenge.

Je weiter sich die Visionen der Unternehmensleitung von denen der Mitarbeiter entfernt, d.h., je weiter sie von deren Erfahrungshorizont abrücken, desto schwieriger wird es, eine solche Schnittmenge herzustellen. Was bedeutet es z.B. für einen Facharbeiter von Daimler, der in einem Dorf in der Nähe von Sindelfingen lebt, wenn Daimler sich zum Global Player aufschwingt? Hat es ihm nicht genügt, sich zum „regionalen Facharbeiter-Adel" zählen zu können, weil er ja „beim Daimler schafft"? Vielleicht hilft es ihm ja zunächst, zu den Größten zu gehören, ein Bedürfnis, das sich zu einem großen Teil in frühkindlichen Omnipotenzvorstellungen gründet. Und dieses Gefühl ist schnell verflogen, wenn es sich herausstellt, dass das Mittel, Größter zu werden, über die Fusion mit Chrysler vielleicht doch nicht so richtig war, wenn aus dem größten Automobilkonzern plötzlich selbst ein Übernahmekandidat zu werden droht. Was bleibt ist das resignative Deutungsmuster, denen da oben, die zudem weit weg sind, ausgeliefert zu sein. Die Gefahr, dass dies sich so abzeichnet, wächst mit der Größe des Unternehmens und mit der Distanz zwischen den Führungsetagen und dem Rest der Mitarbeiter. Ihr kann nur mit einem hohen Aufwand von „Übersetzungsarbeit" über die einzelnen Ebenen hinweg begegnet werden.

Die kleinen und mittelständischen Unternehmen haben hier einen wesentlichen Vorteil. Sie sind eher in der Lage, persönliche und unternehmensweite Visionen miteinander in Verbindung zu bringen, weil eben dieser Übersetzungsaufwand kleiner ist. Sie sind weniger in Gefahr, den persönlichen Vorstellungshorizont der Mitarbeiter zu überreizen als in größeren Unternehmen, es sei denn man beschränkt sich auf relativ schlichte Anreize, wie *größer, schneller.*

Besser als Erfolgskriterium bedeutet dagegen einen Qualitätssprung, der einen Motivationsaspekt anspricht, der langfristig den Unternehmenserfolg in der Schnittmenge von persönlichen und unternehmerischen Visionen besser abbildet als z.B. Größe.

Identitätsfördernde Maßnahmen

Die Verbindung zwischen unternehmerischen und persönlichen Visionen scheint mir wesentliche Voraussetzung dafür zu sein, dass Mitarbeiter sich mit ihrem Unternehmen identifizieren. Die Identifizierung mit einer Organisation gelingt umso eher, je mehr ich in dieser Organisation der sein kann, der ich auch außerhalb dieser bin und je weniger ich gezwungen bin, mich innerhalb der Grenzen dieser Organisation zu „verbiegen".

Über diese Grundvoraussetzung hinaus sind sichtbare und spürbare identifikationsfördernde Maßnahmen Anstöße für persönliches Lernen für die Organisation. Identitätsfördernde Maßnahmen beruhen auf Symbolen, die den Mitarbeitern zeigen, dass ihnen auch außerhalb ihrer funktionalen Leistungsfähigkeit Wertschätzung entgegen gebracht wird. Zu solchen Maßnahmen zählt meines Erachtens nicht die Wahl zum Mitarbeiter des Monats oder die Belohnung durch Incentives, wie z.B. eine Reise in die Karibik. Es sind andere Maßnahmen, wie z.B. ein gemeinsames Sommerfest, oder wie selbst erlebt, das gemeinsame Betrachten der Sonnenfinsternis im Jahre 2000 auf dem Parkplatz mit Sekt und Kanapees. Ein Weiteres: In einem mittelständischen Unternehmen der Brillenglas-Herstellung haben die beiden Inhaber einen Abteilungsleiter der Produktion, der mehrere Jahrzehnte in dem Unternehmen tätig war, anlässlich seines Eintritts in den Ruhestand zusammen mit den Ehefrauen zu einer Opernreise nach Wien eingeladen. Diese Geste hat in das gesamte Unternehmen ausgestrahlt.

Für solche ein Unternehmen lohnt es, sich einzusetzen, und dazu gehört auch die Bereitschaft und die Mühe des Lernens.

Unternehmenskultur

Mit der Beschreibung solcher identitätsfördernden Maßnahmen haben wir schon einen Schritt in das Feld der Unternehmenskultur gemacht. Unternehmenskultur bezeichnet die im Alltag gelebten Werte und Normen. Solche Werte und Normen werden u. a. sichtbar in der Kleiderordnung, im Umgang mit firmeneigenen Titeln, dem internen Angebot an Dienstleistungen, wie z.b. in dem Kantinenessen und dem räumlichen Ambiente, in der Arbeitszeitregelung, im Zugang zu den Vorgesetzten, in der Ausprägung eines Abteilungsegoismus etc. Es sind gerade diese gelebten Symbole, die das Individuum veranlassen, Wissen abzugeben und die auch den Boden dafür bereiten, diese Lernerfahrungen wieder an andere auszustrahlen.
Im Einzelnen sind es folgende Kulturelemente, die das Abgeben und das Ausstrahlen wesentlich bestimmen

Systemdenken
Kommunikation
Teamarbeit
Organisationsentwicklung
Organisationsstruktur
Führung

Systemdenken

Die Pflege eines Abteilungsegoismus ist ebenso ein Lernhindernis wie der individuelle Egoismus. Informationen und Lernerfahrungen weiterzugeben, wird häufig als Machtverlust interpretiert, dem durch „Mauern" und Schweigen begegnet werden soll. Die einzelnen Abteilungen werden in eine Monokausalkette eingereiht, und bei Problemen wird nach dem Schuldigen gesucht. Die Klärung der Schuldfrage ist eine rückwärts gerichtete Sichtweise, die von dem eigentlich erforderlichen Blick nach vorne ablenkt. Verschaffe ich mir objektiv zu Recht oder zu Unrecht das Gefühl, nicht schuldig zu sein, bereite ich mir ein Ruhekissen, auf dem sich zukunftsgerichtete Verbesserungen trefflich verschlafen lassen.

Systemdenken ist auch ein Gebot bei Maßnahmen, die nicht erst der Beseitigung von Problemen dienen, sondern konstruktiv und kreativ zur Zukunftsgestaltung ergriffen werden. Die Wirkung des eigenen Handelns auf das gesamte Netzwerk auf die anderen Systemelemente zu bedenken oder noch besser mit den anderen mittelbar oder auch unmittelbar Betroffenen kommunikativ zu überprüfen, transferiert Systemdenken in gelebte Kultur. Solch ein in dem Berufsalltag tatsächlich erlebtes Systemdenken wird bei dem einzelnen Mitarbeiter die Bereitschaft erhöhen, Lernerfahrungen abzugeben und nach ebensolchen zu fragen.

Kommunikation

Der weit verbreitete Schrei nach mehr Information wird, wenn man ihn genauer hinterfragt, zum Schrei nach mehr Kommunikation. Es geht, wie oben schon dargestellt, darum, den anderen die Möglichkeit zu geben nachzufragen, um die Sinnhaltigkeit bestimmter Maßnahmen begreifen zu können.

Ein weiterer Aspekt der Kommunikation, der das Potenzial zum organisationellen Lernen entscheidend mit prägt, ist die Kommunikation zwischen Hierarchieebenen. Im Feudalismus konnte der Überbringer schlechter Nachrichten geköpft werden, wenngleich ein ökonomisch denkender Feudalherr möglichst wenig davon Gebrauch machte, da ein toter Leibeigener für ihn nicht mehr arbeiten konnte. Hin und wieder konnte es ihm sinnvoll erscheinen, sein Recht, über den Leib seiner Untertanen verfügen zu können, wahrzunehmen, um seine Macht zu demonstrieren. Im Bürgertum soll dieses Recht abgeschafft worden sein, es hat sich jedoch noch nicht überall herum gesprochen. So halten Mitarbeiter in einem Unternehmen aus Angst, geköpft zu werden, schlechte Nachrichten zurück oder sie versuchen diese mit aller List so zu garnieren, dass sie fast schon als positiv erscheinen. Dahinter steckt, wie oben schon angedeutet, die Gefahr, dass die wichtigen Probleme negiert oder verheimlicht werden, was zwangsläufig die Lösung dieser Probleme verhindert. An der Stelle der offenen Herangehensweise an Probleme treten Vertuschungs- und Ablenkmanöver, die die Ressourcen, die eigentlich zur Bearbeitung von sichtbar gewordenen Schwachstellen nötig wären, absorbieren. Die Abwehr des Schadens von der eigenen Person ersetzt das so dringend erforderliche Bemühen, das Unternehmen vor Schaden zu bewahren. Insofern ist eine offene, von Sanktionen befreite Kommunikation eine der zentralen Voraussetzungen für ein lernendes Unternehmen.

Teamarbeit

Das Arbeiten im Team ist ein wichtiges Element eines lernenden Unternehmens, vorausgesetzt, es basiert auf dem Aspekt, der meines Erachtens das Herzstück der Teamarbeit darstellt, und zwar der gemeinsamen gegenseitigen Verantwortung. Wenn ein Team, d.h. alle seine Mitglieder, die Verantwortung dafür tragen, ob das gesetzte Ziel erreicht wurde oder nicht, werden Schuldzuweisungen, das Übersehen von Fehlern oder das Zurückhalten von Informationen obsolet, weil man nach außen nicht mehr die Verantwortung auf einzelne andere abweisen kann. Zur Verdeutlichung: Ein

Produktionsteam äußerte mir gegenüber in einem Team-Workshop die Meinung, ihr Team sei im Augenblick in einer schweren Krise. Auf meine Frage, woran sie das festmachen würden, antworteten sie: Wir sind zurzeit wieder dabei, nach den Schuldigen zu suchen und nicht aus gemeinsamer Verantwortung heraus gemeinsam das Problem zu analysieren und zu lösen. Um solche Krisen zu verhindern, bedarf es einer sensiblen Förderung der Elemente, die die Kohäsion einer Gruppe – d.h. deren Anziehungskraft für deren gegenwärtigen und zukünftigen Mitglieder erhöhen. Dazu gehören:

- Eine überschaubare Teilnehmerzahl und damit die
- Möglichkeit der regelmäßigen Kommunikation
- Autonomie, wenn sie für die Mitglieder wichtig ist,
- sichtbare Ergebnisse und
- erlebte Unterstützung

Gerade die letzten beiden Punkte nennen Kulturaspekte, die in diesem Beitrag bislang noch nicht thematisiert wurden.

Demnach ist im Berufsalltag wichtig, immer wieder Ergebnisse sichtbar zu machen, d.h. den Beitrag des Einzelnen, seines Teams oder seiner Abteilung darzustellen. Dies ist im wesentlichen Aufgabe der Führung, die sich bemühen muss, die Leistungen der Teile nicht in einem nebulösen Gesamtergebnis verschwinden zu lassen, sondern sie messbar, oder wenn dies nicht möglich ist, wenigstens darstellbar zu machen.

Ein eher internes Gruppenphänomen ist die erlebte Unterstützung. Hilfe von anderen selbst erfahren zu haben, ist das beste Motiv, anderen selbst Hilfe zu leisten. Mitglieder eines Teams entwickeln hier einen wirksamen Ehrenkodex, der auch ohne aktive Unterstützung von Seiten der Führungskräfte auskommt. Diese brauchen sich lediglich zurückzuhalten, Mitarbeiter zu sanktionieren, die gerade nicht an ihrem Platze sind oder ihre Arbeit selbst noch nicht zu Ende gebracht haben, weil sie anderen gerade ihre Unterstützung anbieten.

Organisationsentwicklung

Unter Organisationsentwicklung verstehen wir mit Lutz von Rosenstiel einen „längerfristig angelegten organisationsumfassenden Entwicklungs- und Veränderungsprozess von Organisationen und der in ihr tätigen Menschen. Der Prozess beruht auf Lernen aller Betroffenen durch direkte Mitwirkung und praktische Erfahrung. Das Ziel besteht in der gleichzeitigen Verbesserung der Leistungsfähigkeit der Organisation (Effektivität) und der Qualität des Arbeitslebens (Humanität)".

Organisationsentwicklung dient also der Verknüpfung von ökonomischen und humanen Zielen. Voraussetzung, dass die gelingt, ist die Beteiligung der Betroffenen, die innerhalb des Veränderungsprozesses gemeinsam Erfahrungen machen und daraus lernen. Organisationsentwicklung ist damit etwas anderes als eine von einem Entscheidungsträger verordnete Organisationsveränderung, indem z.B. Organigramme verändert oder vom grünen Tisch aus neue Produktions-Lay-outs konstruiert werden. Organisationsentwicklung setzt auf das Expertentum der Betroffenen und beugt Widerständen vor, die auf dem bekannten Muster beruhen: „War ich nicht dabei, bin ich dagegen". Damit trägt sie der Tatsache Rechnung, dass Organisationen nur durch die in ihr tätigen Menschen lebendig und Veränderungen nur über die sie tragenden Menschen wirksam werden.

Insofern ist die Art und Weise, wie man an Veränderungen herangeht, ein wesentliches Kulturgut für die Gestaltung eines lernenden Unternehmens. Wer als Mitarbeiter die Erfahrung macht, dass er bei Veränderungen um seinen Rat gefragt wird und die Sicherheit spürt, dass bei negativen Erfahrungen mit den Veränderungen diese zurückgenommen oder in eine andere Richtung korrigiert wird, wird zum Lernen angeregt sein und die Bereitschaft entwickeln, Lernerfahrungen abzugeben und auch von anderen zu übernehmen.

Damit erhalten OE, Veränderungs- und Lernkultur eine beträchtliche Schnittmenge.

Als eigenes zentrales Element einer Veränderungs- und Lernkultur kann man die Bereitschaft, sich auf etwas Neues einzulassen und Neugier zu zeigen, hervorheben. Dazu kommt noch die Toleranz, Fehler machen zu dürfen, und die Motivation, aus Fehlern zu lernen. Für Führungskräfte gilt es, eine solche Neugier selbst vorzuleben, zur Neugier anzuregen und, wenn sich diese zeigt, auch zu fördern. Nichts fördert die Bereitschaft, Neues entdecken zu wollen, mehr als die Erfahrung, die man bislang gemacht hat, wenn man sich auf Neues eingelassen hat. Sich einlassen bedeutet Kompetenzerweiterung, und Kompetenzerweiterung wiederum erhöht die Neugier.

Organisationsstruktur

Eine lernfördernde Organisationsstruktur muss vor allem das Prinzip der Prozessorientierung vor die der Funktionsorientierung stellen. Nur so kann der Gefahr begegnet werden, Lernen durch „Revierabgrenzungen" zu blockieren. Prozessorientierung macht vor allem auch die Schnittmengen zum Thema und fördert damit die Notwendigkeit und die Fähigkeit, über den Tellerrand zu blicken. Dies wiederum ist Anstoß für umfassende Lernprozesse. Darüber hinaus gilt es, Hierarchien dahin zu überprüfen, ob sie nicht ebenfalls ein Lernhindernis darstellen. Sich selbst steuernde kleinere Einheiten verfügen über ein höheres Lernpotenzial als größere komplexe Gebilde, die durch den höheren Aufwand an Koordination wichtige Ressourcen unnötig verbrauchen.

Führung

Die lernfördernden Elemente, so wie sie hier sowohl für die Ebene der Unternehmensgestaltung als auch für die der Unternehmenskultur beschrieben sind, bedürfen alle eines entsprechenden Führungsverhaltens, das gilt z.b. für die Kommunikation von Visionen und Strategien ebenso wie für die Förderung der Teamarbeit und für die Entwicklung einer Veränderungskultur im Sinne der Prinzipen der Organisationsentwicklung.

Hier soll nun ergänzend auf Aspekte hingewiesen werden, die wir eher im Führungsalltag verorten und zwar in den traditionellen Führungsaufgaben im engeren Sinne.

Zu diesen Aufgaben gehören die Zielvereinbarung, der Soll-Ist-Vergleich, das Steuern, das Delegieren und die Mitarbeiterförderung.

Dabei ist die Aufgabe des Steuerns diejenige, die am meisten Führungskunst erfordert.

Benutzen wir zur Verdeutlichung das Bild von einem Schiff, das gesteuert wird. Der Kapitän, der das Ruder übergibt, kann innerhalb einer Bandbreite zwischen folgenden zwei Extremen agieren: Er bleibt hinter dem Rudergänger stehen und greift bei jeder Ruderbewegung vorsorglich ein, damit ja kein Fehler passiert, oder er geht hinunter in seine Kajüte und legt sich schlafen. Wie er sich konkret verhält, hängt von zwei Faktoren ab, von seiner eigenen psychischen Disposition – d.h. kann er abgeben und anderen vertrauen – und von der äußeren Situation: konkret: Wie gefährlich ist die Schiffspassage und wie reif ist der Rudergänger, die ihm übertragene Aufgabe zu lösen?

Um einschätzen zu können, wie reif ein Mitarbeiter bezüglich einer bestimmten Aufgabe ist, bedarf es einer genauen Beobachtung. Diese darf jedoch nicht auf eine Kontrollfunktion beschränkt sein, sie muss vielmehr auf das Ziel gerichtet sein, den Mitarbeiter so zu entwickeln, dass er in absehbarer Zukunft in der Lage ist, die gestellte Aufgabe alleine bewältigen zu können. Insofern verändert sich die Rolle der Führungskraft von Kontrolleur und Anweiser zu der des Coaches. Coaching darf dabei nicht als moderner aufpolierte Ersatzbegriff für Führung missverstanden werden. Hinter dem Coaching-Begriff steht ein spezifisches Führungsverständnis, das sich aus folgender Definition ableiten lässt:

Coaching bezeichnet die persönliche Betreuung bei der Suche nach individuell spezifischen Strategien, die es dem einzelnen Mitarbeiter ermöglichen, die an ihn gestellten Anforderungen optimal zu erfüllen. Es dient letztendlich der Hilfe zur Selbsthilfe. Die Wirkung von Coaching sollte über den konkreten Fall hinaus im Sinne eines Transfers auf andere Problemlagen wirken. Zentrale Elemente des Coachings sind dabei Briefing und Debriefing.

Briefing vollzieht sich in der Antizipation von Situationen einschließlich der in diesen vermuteten Schwierigkeiten, in der Suche nach Lösungsmöglichkeiten und der Entscheidung für Lösungsansätze, die von dem Mitarbeiter authentisch angewandt werden können. Während das Briefing eine durchaus übliche Form der Vorbereitung auf eine Aufgabe ist, wird das Debriefing häufig vernachlässigt. Nach Abschluss einer Aktion, beschränken sich Führungskräfte sehr häufig auf die Frage: Wie ist es gelaufen? Und wenn darauf eine positive Antwort kommt, ist die Angelegenheit erledigt. Dadurch werden vielfältige Lernchancen vertan. Ein präziseres Nachfragen: Was ist gut gelaufen und warum wohl, was ist nicht so gelaufen, wie erwartet und warum wohl, was wäre sinnvoll gewesen zusätzlich zu tun, liefert Informationen, aus denen die anderen mit lernen können.

Coaching als Führungsprinzip kann allerdings nur wirksam werden, wenn zwischen Führungskraft und Mitarbeiter zum einen Zielkongruenz und zum anderen ein Vertrauensverhältnis besteht. Insofern ist Coaching keine Technik, die man kalkuliert einsetzt, wenn andere Versuche fehlgeschlagen sind. Coaching basiert vielmehr auf folgenden zwei grundlegenden Führungsqualitäten:

Der Überzeugungsfähigkeit (um Zielkongruenz herzustellen) und
Einer wertschätzenden Grundhaltung anderen Menschen gegenüber (um Vertrauen zu gewinnen).

Reichweite des Lernens

Lernen in einem Unternehmen darf sich nicht auf die schlichte monokausale Kette beschränken, die sich auf die Frage reduzieren lässt: „Was muss ich tun, um das gesteckte Ziel zu erreichen?" Die Zielrichtung selbst muss ebenfalls einer Überprüfung zugänglich sein, und darüber hinaus muss die Art und Weise, wie gelernt wird, selbst zum Thema gemacht werden. Erst über diese drei Stufen erreicht das Lernen eine Reichweite, die das Lernen lernen ermöglicht und damit die Voraussetzung für selbstorganisiertes Lernen schafft.

Lernebenen

John Erpenbeck und Volker Heyse haben bei der Entwicklung ihres Instruments zur Kompetenzdiagnose und Entwicklung Kode® auf einem der einführenden charts hervorgehoben, dass Bildung auf folgenden vier Säulen beruhe:

Learning to be
Learning to do
Learning to know
Learning to live together

Diese vier Säulen finden ihre Entsprechung in den vier grundlegenden Kompetenzen, die Menschen – zwar in unterschiedlicher Ausprägung – anwenden, um sich mit ihrer Umwelt aktiv lernend auseinandersetzen zu können. Es sind:

Personale Kompetenz
Aktivitäts- und Handlungskompetenz
Fach- und Methodenkompetenz und
Sozialkompetenz.

Zu wissen, wer man ist und aus welchen Werten und Normen man handelt,
Wissen und Wollen in aktives Handeln umzusetzen,
Wissen zu erweitern und daraus Transfer für die Bewältigung neuer Situationen zu leisten,
mit anderen zusammen arbeiten und sich verständigen zu können,

sind Ebenen, die zusammen den notwenigen Grad an Schnittmenge erzielen, die notwendig ist, um Lernen zu einer ganzheitlichen Entwicklung der einzelnen Persönlichkeiten und darauf aufbauend ein Unternehmen zu einem ganzheitlich lernenden Gebilde zu machen.

Lernbedingungen in kleinen und mittelständischen Unternehmen

Während des Verfassens dieses Beitrages im Dezember 2000 konnte ich bei einer Mitarbeiterbefragung in einem größeren Metallverarbeitenden Automobilzulieferer feststellen, dass sich eine Produktions-Abteilung von denen der anderen produzierenden Abteilungen deutlich abhob. Die Mitarbeiter waren deutlich zufriedener, als es bei den Produktionsarbeitern – auch in anderen Unternehmen – sonst üblich ist.

Die Ursache dafür konnte man schnell ermitteln. Es handelte sich um eine Abteilung, die zur Fertigung für ein neues Produkt eingerichtet wurde und bei deren Etablierung man besonders auf die Entwicklung funktionierender Teamstrukturen auch über die Hierarchieebenen hinweg geachtet hatte.

Leitung und unterstützende Funktionen waren unmittelbar in der Produktion platziert. Die Besonderheit dieser Abteilung signalisiert die besonderen Chancen, die ein kleines und mittelständisches Unternehmen auf dem Wege zu einem lernenden Unternehmen hat. Was ein großes Unternehmen durch bewusste Maßnahmen, so z.b. Schaffung von Segmenten mit ganzheitlicher Kompetenzen und Verantwortung, Zergliederung in cost- und profitcenter, Organisation von unternehmensumfassenden Kommunikationsabläufen, Kaskadensysteme bei unternehmensweiten Organisationsentwicklungsvorhaben usw. tun muss, um handlungs- und darin eingeschlossen auch lernfähige Einheiten zu kreieren, zeichnet ein kleines und mittelständisches Unternehmen von vornherein aus.

Der Anpassungszwang und die Notwendigkeit, sich zu einem lernenden Unternehmen zu entwickeln, ist keinesfalls kleiner als die bei einem Großunternehmen. Die internen Voraussetzungen allerdings sind günstiger, vorausgesetzt, man nutzt diese auch zur Erfüllung der Kriterien, wie sie hier für ein lernendes Unternehmen beschrieben wurden.

Die zunächst einmal rein quantitativ größere Nähe zur Unternehmensleitung macht es möglich, dass deren Ziele nicht über einen langen Weg der Ableitung z.B. über den Unternehmensbereich, die Hauptabteilung, die Abteilung, das Segment, die Produktlinie und das Team, mit all den damit verbundenen Informationsverlusten und -verfälschungen vermittelt werden müssen, sondern direkter überbracht werden können. Dasselbe gilt auch für die Strategien. Visionen können über die kontinuierliche Wahrnehmung der Personen, die diese äußern, eher wirksam werden. Auch identitätsfördernde Maßnahmen wirken über den persönlichen Bezug weit weniger gekünstelt. Die den Berufsalltag prägende Unternehmenskultur kann durch die übersichtliche Anzahl der Personen unmittelbarer Wirkung zeigen. Auch das Denken in Systemzusammenhängen wird durch die Nähe derer, die die anderen Teile im System repräsentieren, erleichtert. Kommunikation, die das gesamte Unternehmen umfasst. bedarf nicht so vieler Kunstgriffe. „Kommunikationssünden", wie die des Vertuschens oder Schönfärbens, werden schneller entlarvt. Der Teamgedanke als ein wichtiges leistungssteigerndes Kulturelement kann leichter auf das gesamte Unternehmen ausgedehnt werden.
Die hier skizzierten Vorteile kommen jedoch nicht „automatisch" zum Tragen, sie müssen von der Unternehmensleitung und den übrigen Führungskräften bewusst genutzt werden.
Hier hilft es, bei den größeren Unternehmen das zu kopieren, was diese an professioneller Führungskompetenz in den vergangenen zwei Jahrzehnten

entwickelt haben. Die Schwierigkeit, komplexe Unternehmen zu führen, hat zu einer gezielten Entwicklung des Personals im Allgemeinen und der von Führungskräften im Besonderen geführt. Damit hat sich gewissermaßen zwangsläufig eine Professionalität entwickelt, die ich bei kleinen und mittelständischen Unternehmen weit weniger sehe. Wenn diese Unternehmen willens und bereit sind, ihre günstigen Rahmenbedingungen mit einer professionellen Führung zu verbinden, um die Chancen zu einer für die Mitarbeiter nachvollziehbaren Zielrichtung und eine das Miteinander fördernden Unternehmenskultur zu nutzen, können sie ein Potenzial entfalten, das sie zu erfolgreich lernenden Unternehmen macht.

Anmerkungen

[1] Das Johari-Fenster ist hier in der Form wiedergegeben, wie ich es in Workshops benutze, die ursprüngliche Fassung und Hinweise auf die Autoren und den Kontext sind bei W. Staehle 1994 dokumentiert.
[2] Senge 1998, S. 213 ff.
[3] Senge 1998, S. 171 ff.
[4] Senge 1998, S. 173
[5] Senge 1998 S. 252
[6] Senge 1998 S. 259 f.
[7] von Rosenstiel u.a. 1987, S. 26

Literatur:

- **Lutz von Rosenstiel u.a.**: Motivation durch Mitwirkung. Stuttgart: Schäffer Verlag, 1987
- **Peter M. Senge**: Die fünfte Disziplin. Kunst und Praxis der lernenden Organisation. 5. Aufl. Stuttgart: Klett-Cotta, 1998
- **Wolfgang H. Staehle**: Management. 7. Aufl. München: Verlag Franz Vahlen, 1994

Jürgen Beneke

Hard facts und soft skills: Systemische Ansätze für eine ganzheitliche Globalisierung

Systemische Ansätze für eine ganzheitliche Globalisierung

"Culture is only a problem when it is a problem"

Neben den „harten" Fakten nehmen die soft skills in der internationalen Zusammenarbeit einen immer höheren Stellenwert ein. Während in früheren Zeiten der Im- und Export von Spezialisten abgewickelt wurde, z.B. von Außenhandelskaufleuten, haben wir es heute mit einer wesentlich anderen Sachlage zu tun. Als Formel ausgedrückt, lässt sich eine Entwicklung „vom Export zur internationalen Kooperation" feststellen. Die Konsequenz daraus ist, dass immer mehr Menschen in eine Arbeitsbeziehung mit Menschen anderer Sprache und Kultur eintreten (wollen oder müssen).

Es werden also nicht mehr nur Produkte hin- und herbewegt, sondern man muss die Bereitschaft des jeweiligen Partners zur Zusammenarbeit wecken und pflegen, sich abstimmen, auftretende Probleme lösen und vieles mehr. Genau darin liegt nun die neue Dimension der internationalen Kooperation. Für die Kommunikation hat dies zur Folge, dass es nicht mehr „nur" um Sachbotschaften geht (Zahlen, Daten, Fakten), sondern vermehrt um Beziehungskommunikation, face-to-face, schriftlich, medial.

Solange dies alles reibungslos läuft, spielt „Kultur" in der Wahrnehmung der Beteiligten keine Rolle, und deswegen lässt sich sagen: Culture is only a problem when it is a problem.

Mit dieser paradoxen Formulierung soll auf die Tatsache aufmerksam gemacht werden, dass so etwas wie Kultur sehr schwer greifbar ist, weil es zu den unbewussten Selbstverständlichkeiten gehört, über die wir solange nicht nachdenken, wie sie problemlos funktionieren – wie etwa das Gehen oder das Atmen. Meist merken wir erst dann etwas von kulturellen Faktoren, wenn etwas „nicht stimmt", und auch dann wissen wir meist nicht, woran genau dies liegt.

Das Gelingen einer grenzüberschreitenden Zusammenarbeit hängt also von zahlreichen Faktoren ab, die man grob in „harte" und „weiche" einteilen kann. Zu den harten Faktoren gehören ökonomische Kenngrößen, steuerliche, rechtliche oder politische Rahmenbedingungen. Auf diese kann man sich relativ gut einstellen. Die weichen Faktoren – das macht gerade das Weiche an ihnen aus – entziehen sich jedoch weitgehend einer präzisen, z.B. quantifizierenden Erfassung. Am besten wären sie noch unter den Stichworten „Kommunikation" und soziale bzw. interkulturelle Kompetenz zu fassen.

Im Wirtschaftsraum Europa sind – aus der Perspektive von KMU's – unterschiedliche Szenarien zu erkennen, die unterschiedliche Muster der Zusammenarbeit erfordern.

Da gibt es als einfachsten Fall den direkten Austausch von Waren und Dienstleistungen über die nationalstaatlichen Grenzen hinweg. Hier haben wir es noch mit relativ gut planbaren Situationen zu tun; denn es handelt sich um eine auf längere Sicht stabile Konstellation, bei der man sich auf *einen* Partner und dessen Sprache und Kultur einstellen kann (z.B. auf Frankreich). Aber auch bereits in dieser Konstellation geht es um mehr als um Export oder Import. So wird man zum Beispiel gut daran tun, die potentiell anderen Konsumentenerwartungen, den eventuell unterschiedlichen symbolischen Nutzen von Produkten, die erwartete Form der Kundenpflege u.ä. in Erfahrung zu bringen. Dieses sind Aspekte eines „interkulturellen" Marketings. Es kommen demnach bereits in dieser Konstellation „weiche" Faktoren ins Spiel.

Wenn sich eine Gruppe von Firmen aus mehreren Ländern zum Zweck gemeinsamer Projekte zusammenfindet, zum Beispiel um gemeinsam ein Angebot zu machen oder ein Produkt zu entwickeln, erreichen wir eine wesentlich höhere Ebene der Komplexität.

Wir tauschen dann nicht mehr nur Güter und Dienstleistzungen aus, wir müssen zusammen arbeiten, und wir haben es nicht mehr mit einer stabilen 1:1 Konstellation zu tun, sondern mit ständig wechselnden, „fluiden" Zusammensetzungen, bei denen heute ein z.B. deutscher Mitarbeiter mit Italienern, Franzosen und Dänen zusammenarbeitet, morgen mit Briten, Polen und Japanern. Damit das notwendige Zusammenspiel zahlreicher unterschiedlicher Sprachen und Kommunikationsstile und den damit zusammenhängenden Arbeitsstilen und Werten gelingen kann, sind Konzepte nötig, die mehr als Sprachtraining im Blick haben. Und – Englisch als internationale Sprache, als lingua franca, allein ist nicht ausreichend, denn die Menschen hören ja nicht auf, Franzosen, Dänen usw. zu sein, wenn sie Englisch – oft mehr schlecht als recht – sprechen.
In der Großindustrie kursiert eine Schätzung, der zufolge 60 – 70 Prozent aller internationalen Joint Ventures an interkulturellen Unverträglichkeiten scheitern. Dies dürfte bei der Zusammenarbeit auf der Ebene von KMU's nicht anders sein, sondern sich eher noch verschärfen, denn man kann hier

nicht in dem Maße auf ausgeklügelte und systematische Personalent-
wicklungs- und Trainingskonzepte zurückgreifen, wie sie der Großindustrie
zur Verfügung stehen. Wenn man diese Schätzung ernstnimmt, müssen sich
(inter)kulturelle Verwerfungen fast zwangsläufig einstellen. Derartige Verwerfungen machen sich in internationalen Projekten in der Regel erst nach
einer längeren Zeit bemerkbar, wenn die euphorischen Erwartungen der
„Flitterwochen" der Ernüchterung gewichen sind, die sich aus den alltäg-
lichen kleinen Reibereien ergibt. Dann kann sich das Klima der Zusammenarbeit rasch dermaßen verschlechtern, dass das Projekt scheitern muss. Zur
Illustration zitiere ich hier ein Fallbeispiel aus unserer Sammlung, an dem
gezeigt werden kann, wie scheinbar kleine Ursachen große Wirkungen haben können:

Ein guter Ratschlag

Karl Oppermann, ein junger deutscher Ingenieur, war von
seiner Firma, einem deutschen Maschinenbauunternehmen,
nach Loughborough in England geschickt worden. Er freute
sich riesig über die neuen Aufgaben, zumal er mit dem Englischen, wie er glaubte, gut zurechtkam.

Er wurde als Entwickler einer Gruppe zugeteilt, die unter der
Leitung eines freundlichen und sehr zugänglichen älteren In-
genieurs, Robert Jones, stand. Die Firma, ein britisches Tra-
ditionsunternehmen, war vor kurzem von den Deutschen ge-
kauft worden, doch Karl hatte nicht den Eindruck, dass die
Stimmung in irgendeiner Weise feindselig gegen ihn war,
obwohl er ein Vertreter der „siegreichen" deutschen Firma
war.

Karl hatte sofort einen guten Draht zu Jones gefunden. Als
Karl sich bei Jones in dessen Büro vorstellte, hatte dieser sich
sehr interessiert mit ihm unterhalten. Auch hatte er gleich zu
Beginn gesagt: "Oh, by the way, do call me Bob – everbody
does, you know." Karl freute sich über diese Geste; Bob bestand also nicht auf der formalen Hierarchie. Auch bei Be-
sprechungen war der Umgangston sehr unverkrampft.

Am Montag, vier Wochen nach seinem Start in Loughborough, hatte Karl einige Ideen vorgestellt, die er entwickelt
hatte. Nach der mündlichen Präsentation sagte Jones
beiläufig: "Oh, by the way, it might be a good idea to put
your thoughts in writing" und murmelte etwas wie "might

come in handy for our investment planning meeting on Friday, with all the big shots, you know."

Karl sah sich darin bestätigt, dass der Umgangsstil hier sehr leger und unverkrampft war.

Am Mittwoch Nachmittag wurde Karl in Bobs Büro gerufen. Der Ton, in dem Bob ihn ansprach, war merklich verärgert: "Where`s the report I asked you to write? I need it for the meeting on Friday, the investment planning, you know."

Karl war völlig verwirrt. Er hatte nie etwas davon gehört, dass er einen „Bericht" schreiben sollte und sagte: "I´m sorry, Bob, but you didn`t ask me to write a report". Bob knurrte: "If you Germans must be told everything twice: I need that report first thing tomorrow morning, so you'd better start writing it *now*." („Wenn man euch Deutschen immer alles zweimal sagen muss: Ich brauch den Bericht morgen, also fang am besten *sofort* mit dem Schreiben an"). Das letzte Wort – now – zerschnitt geradezu die Luft. Karl zog sich sichtlich verstört zurück und machte sich an die Arbeit.

Er sinnierte: „Warum tun die denn erst so freundlich und locker und kehren dann plötzlich den Hierarchen heraus? Warum behandelt er mich plötzlich wie seinen letzten Knecht? Ist die ganze Freundlichkeit nur aufgesetzt und unehrlich? Oder hat er vielleicht etwas gegen Deutsche?"

In diesem Fallbeispiel haben wir es mit fundamentalen Unterschieden im Kommunikationsstil zu tun, mit denen der Deutsche – obwohl er glaubte, gut Englisch zu sprechen – nicht vertraut war. Wo immer möglich, vermeidet man es im britischen Englisch, einen direkten „Befehl" zu geben. Dies hat mit dem Wunsch zu tun, Konfrontationen und Gesichtsverletzungen soweit wie möglich zu vermeiden. Es wird erwartet, dass man weiß: Wenn der Chef etwas „vorschlägt" (it might be a good idea), dann handelt es sich eben nicht um einen Vorschlag, sondern sehr wohl um einen Auftrag, um nicht zu sagen, Befehl. Denn der Chef bleibt auch dann der Chef, wenn er sich mit dem Vornamen ansprechen lässt und sich auch sonst als zugänglich erweist und die formale Hierarchie nicht betont. Es wird also weniger direkt kommuniziert als Deutsche es erwarten würden. Weiter wird deutlich, wie schnell latente Stereotype über die „befehlsgewohnten", hackenschlagenden Deutschen reaktiviert werden können und wie schnell man von einem Individuum (Karl) zu einem angeblich repräsentativen Vertreter einer ganzen

Gruppe werden kann: „Wenn man euch Deutschen („you Germans") immer alles zweimal sagen muss ...."

Es wäre nicht hilfreich, als Erklärung für diese Konfrontation anzuführen, der Deutsche hätte eben „besser Englisch können müssen". Es handelt sich nicht um ein Sprachproblem auf der Ebene von Grammatik und Wortschatz, sondern um den Kommunikationsstil, hier um unterschiedliche Grade an Direktheit. Natürlich wäre es wünschenswert, wenn sowohl der Deutsche davon schon einmal etwas gehört hätte, aber ebenso nützlich wäre es, wenn Muttersprachler des Englischen sich ihrer – oft sehr subtilen und indirekten – Formen des Sprachgebrauchs bewusst wären und im Umgang mit Nichtmuttersprachlern weniger indirekte Sprachformen verwenden würden, ohne in platt unhöfliche Direktheit abzugleiten.

Interkulturelle Handlungskompetenz: nötiger den je

Lange Zeit sind kulturbedingte Probleme in der internationalen Zusammenarbeit entweder ganz geleugnet oder bagatellisiert worden. Man sagte, wer seine „Sache" gut verstehe, einigermaßen sensibel im Umgang mit Menschen sei und über Toleranz verfüge, sei bestens dafür gerüstet, sich auch auf dem internationalen Feld zu bewähren. Aber es hat sich herausgestellt, dass derartige Eigenschaften zwar unverzichtbar sind, jedoch nicht ausreichen. Es gehört eine ganze Menge an Wissen und an Fertigkeiten (skills) dazu, um auf dem internationalen Feld erfolgreich zu agieren Die bloße Tatsache des Kontakts mit anderen Kulturen führt im übrigen nicht automatisch zu einer Verbesserung der Kommunikation: Man kann sehr wohl über viele Jahre „schlecht" kommunizieren, ohne es zu bemerken. Es bedarf vielmehr einer bewussten Anstrengung, die den Weg über Wissen, Bewusstseinsbildung und Reflexion zu einer Verbesserung nimmt.

Kulturelle Faktoren in der internationalen Kommunikation: Vom Stolperstein zur Synergiechance

Nachdem lange Zeit bestritten wurde, dass es kulturbedingte Kommunikationsprobleme überhaupt geben könne, (besonders eifrig wurde dies in Deutschland bestritten), setzte vor einigen Jahren ein Umdenken ein – die international tätigen Menschen hatten einfach zu viele handfeste Erfahrungen mit „unerklärlichen" Unterschieden im Kommunikationsstil und im Verhalten gemacht.

Nun wurden also kulturbedingte Unterschiede „zugegeben" und „zugelassen". Aber sie wurden zunächst im wesentlichen als Behinderung und Erschwernis der internationalen Zusammenarbeit, als Stolperstein, verstanden.

Heute nun versucht man, Unterschiede nicht mehr nur negativ, als Rei-
bungsverlust, zu sehen, sondern ist bemüht, ihnen eine positive Seite abzu-
gewinnen. Der hierfür häufig verwendete Begriff heißt diversity management (eine gute deutsche Entsprechung fehlt noch). Es geht im wesentlichen
darum, zu ermitteln, in welcher Hinsicht und in welchen Bereichen Menschen in ihrem Kommunikationsverhalten unterschiedlich orientiert sind
und wie man diese Unterschiede nicht nur erkennt und anerkennt, sondern
die Zusammenarbeit so gestaltet, dass sich ein Optimum ergibt. Ein Vergleich, der sich in diesem Zusammenhang aufdrängt, ist der mit einer Fuß-
ballmannschaft. Ein guter Trainer wird die besonderen Begabungen, aber
ebenso die Schwächen, aller ihm anvertrauten Spieler kennen und die
Mannschaft so aufstellen, dass jeder einzelne in der Position spielt, in der er
am meisten zum Gesamterfolg des Teams beitragen kann. Es geht also um
die wichtige Frage, wie kulturelle Unterschiede als Synergiechance nutzbar
gemacht werden können.

Aber das zu erreichen, ist in der Praxis alles andere als einfach. Ein Beispiel
für kulturbedingte Arbeitsteilung, das nicht funktioniert hat, ist das folgende:

Die perfekte Synergie?

Das folgende Zitat entstammt einem deutsch-französischen
Gemeinschaftsprojekt auf dem Gebiet der Luft- und Raum-
fahrt. Deutsche und französische Entwicklungsingenieure ar-
beiteten in sogenannten integrierten Teams an der Entwicklung von Systemkomponenten.

Die Kapitalanteile waren zu diesem Zeitpunkt zu 60 % in
französischer, zu 40 % in deutscher Hand.

Die Workshares waren nach langwierigen Verhandlungen definiert worden, und den Deutschen fiel auf, dass die Franzosen es verstanden hatten, sich die besonders „intelligenten"
Shares zu sichern, in denen es um ein hohes Innovations-
potential ging, etwa die Elektronik (Hightech), während den
deutschen Ingenieuren eher „Mediumtech" blieb (Kabine,
Getriebe). Dies erklärten die Deutschen sich mit der Machtverteilung als Ergebnis der Verteilung der Besitzanteile: „ Es
ist eben eine 60 zu 40-Geschichte".

Die Franzosen bewerteten die Chancen für eine erfolgreiche
Zusammenarbeit so:

Die Zusammenarbeit mit den Deutschen ist optimal. Wir Franzosen sind – wie ja jeder weiß – die Kreativen, die die brillianten Ideen liefern. Die Stärke der Deutschen liegt in der Prototypenentwicklung und in der Entwicklung zur Serienreife und zum marktfähigen Produkt.

Es stellte sich heraus, dass die Zusammenarbeit äußerst schwierig, ja praktisch unmöglich wurde.

Hier wurde zwar an der Oberfläche nach dem Synergiemodell vorgegangen: Jeder möge das tun, wofür er oder sie besonders begabt ist. Nur es waren eben in dieser Situation die Franzosen, die von sich aus die Rolle des interkulturellen Team-Moderators übernommen hatten, ohne sich um die emotionale Wertigkeit ihrer Aussage zu kümmern. Selbst wenn es so sein sollte, wie es die Franzosen darstellen – und Kenner deutsch-französischer Projekte tendieren ebenfalls zu dieser Auffassung – dann war doch die Art des Umgangs damit kontraproduktiv, weil sie außer acht ließ, wie hoch Kreativität im Selbstverständnis deutscher Entwicklungsingenieure rangiert und wie deutlich sie ja auch durch die bekannten Erfolge deutscher Ingenieure belegt ist. Sie fühlten sich als bloße Handwerker – wenn auch „solide" Handwerker – abqualifiziert. Das Ergebnis dieser Einschätzung war, dass die gesamte psychische Energie nicht mehr in die gemeinsame Entwicklung neuer Ideen gesteckt wurde, sondern es nur noch darum ging, den Franzosen zu beweisen, dass ihre Ideen nicht funktionieren konnten. Statt dass Synergie erreicht wurde, kam es zu einem klassischen Nullsummenspiel: Ich bin genau so „gut" wie du „schlecht" bist, in Summe: Null.

Beispiele für kulturelle Orientierungen, die sich auf die internationale Kooperation auswirken:

- Sachorientierung oder Personenorientierung, „Freundschaft" und „Bestechlichkeit"

Die Frage, was wichtiger ist, eine Beziehung zu der Person, mit der man es zu tun hat oder „die Sache", gehört zu den wichtigsten Unterschieden in der wirtschaftsbezogenen Kommunikation. So sagt man, zum Entsetzen rechtschaffener Europäer oder US-Amerikaner, in Asien gerne: Geschäfte kann man nur mit Freunden machen. Gemeint ist damit, dass eine verlässliche, persönliche Beziehung mehr bedeutet als die letzte Dezimalstelle hinter dem Komma. Dies gilt übrigens nicht nur in Asien, sondern ähnlich auch in manchen europäischen Länder (den Mittelmeerländern z.B.).

Einladungen, Geschenke, Aufmerksamkeiten, intensive Kommunikation, ein ausgeprägtes Interesse daran, die Person kennen zu lernen, gehen damit einher.

Im Folgenden wird anhand asiatischer Beispiele ausgeführt, wie sich eine derartige Orientierung in der internationalen Zusammenarbeit auswirkt. Dies wird hier zwar am Beispiel asiatischer Kulturen entwickelt, ist aber auf die europäische Situation übertragbar und natürlich auch für KMU's anwendbar, die sich nach Asien öffnen wollen.

Beginnen wir mit der Kontaktanbahnung. So mancher erste Kontaktversuch zwischen potentiellen Partnern in der internationalen Arena ist schon missglückt. Die betroffenen Firmen oder Personen reden allerdings meist nicht gerne darüber, weil so etwas als eigene oder fremde „Inkompetenz" wahrgenommen wird, die man lieber verschweigt oder eher bei anderen Firmen als bei der eigenen vermutet. Lernen kann man allerdings nur aus der Aufklärung der nicht offen zutage liegenden Ursachen. Bei dem Versuch einer Aufarbeitung tun sich die Betroffenen jedoch meist schwer, was durchaus nachvollziehbar ist, da die Ursachen zumeist im Verborgenen liegen. Nicht selten führen die Akteure das Scheitern oder den Abbruch der Beziehung auf persönliche Defizite der jeweils anderen Seite oder auf relativ triviale sprachliche Gründe zurück. Kulturelle Ursachen werden hingegen eher selten angenommen, weder für das Verhalten des anderen noch gar für das eigene. Sich selber als Produkt einer ganz bestimmten Kultur mit einer ganz spezifischen Art zu kommunizieren zu begreifen, fällt nicht leicht. Die dazu nötige Fähigkeit zur distanzierten Selbstwahrnehmung ist relativ schwer zu erwerben, obwohl sie für produktive interkulturelle Kontakte unerlässlich ist.

Zwei weit verbreiteten Missverständnissen soll jedoch gleich vorgebeugt werden. Erstens: Wer kulturelle Unterschiede anerkennt statt deren Existenz zu bestreiten, sagt damit nicht, dass jedes Mitglied einer Gruppe sich in jedem konkreten Einzelfall wie „nach dem Lehrbuch" verhält und damit vollständig berechenbar wäre. Es geht immer nur um gewisse Tendenzen, von denen im Einzelfall ein konkreter Herr Müller, Mr. Nababan oder Monsieur Dumas abweichen können. Und zweitens soll festgehalten werden, dass die Feststellung von Unterschieden nicht mit einer wertenden oder gar abwertenden Einstellung verbunden ist. In Dingen der Kultur gibt es kein „besser" oder „schlechter", sondern eben nur „anders".

Kenntnisse über verhaltenssteuernde Regeln können im Geschäftsleben sehr wertvoll sein, weil die Parteien besser einschätzen können, was sie zu erwarten haben und – wohl noch wichtiger – weil derartige Kenntnisse die Verhaltenssicherheit beträchtlich erhöhen: Man weiß, was man erwarten kann und ist deshalb in der Lage, sich auf vorhersehbare Missverständnisse und Reibungspunkte von vornherein einzustellen.

- „Geschäfte kann man nur mit Freunden machen": Geschenke und Einladungen

Beginnen wir mit einer Beobachtung, die so oder ähnlich immer wieder von deutschen Geschäftsleuten zu Protokoll gegeben wird, die Überreichung von Geschenken beim ersten Besuch eines potentiellen Geschäftspartners: Sind Japaner zu Besuch im Unternehmen, so wird man meist mit diversen Geschenken „überrascht". Wie lässt sich das „Mitbringselmanagement" der Japaner erklären? *(Originalfassung einer Anfrage an den Verfasser)*

Deutsche Geschäftsleute sind auf diese Überreichung von Geschenken – wohlgemerkt beim ersten Kontakt und unter völlig Fremden – in aller Regel nicht vorbereitet, und es kommt nicht selten zu krassen Fehldeutungen des fremden Verhaltens. Derartige Fehldeutungen belasten die nachfolgende Kommunikation erheblich, ja machen sie unter Umständen sogar unmöglich.

Geschenke gehören – wie Einladungen – zum großen Gebiet des Austauschverhaltens; in allen Kulturen treten Menschen zueinander in Beziehung. Sie treffen sich, laden sich ein, tauschen Ansichten und Gedanken aus. Auch der Austausch vom Geschenken gehört seit alters her dazu. Insofern zählt das Überreichen von Geschenken zu den universellen Basisphänomen jeder Interaktion zwischen Gruppen. Die jeweilige Ausprägung des Schenkens und Beschenktwerdens folgt jedoch sehr unterschiedlichen und kulturabhängigen Regeln.

Fragen, die sich im Zusammenhang mit Schenken stellen, sind unter anderem:

- Wer schenkt wem was in welcher Phase der Beziehung und zu welchem Anlass?
- Wer ergreift die Initiative?
- Muss man entsprechende „Gegengeschenke" bereit halten?
- Muss das Geschenk die Hierarchiestufe des Beschenkten widerspiegeln?

Was ist der soziale Sinn des Schenkens im allgemeinen und welche Unterschiede gibt es in den verschiedenen Geschäftskulturen?

Für viele Asiaten, aber auch Geschäftsleute aus dem Mittleren Osten, gilt der Satz: „Geschäfte kann man nur mit Freunden machen".

Für die meisten „Westler" (vor allem US-Amerikaner sowie Mittel- und Nordeuropäer) gilt dagegen:

- Geschäftliches und Privates sind strikt zu trennen
- Geschenke gehören, ebenso wie Freundschaft, klar in den Bereich des Privaten.

Im Westen *kann* sich eine Freundschaft aus einer geschäftlichen Beziehung ergeben, aber erst am Ende einer längeren Kette von Begegnungen. Freundschaft sollte jedoch auch dann in keinem Falle geschäftliche Entscheidungen beeinflussen.

Betrachten wir nun den „Sinn" des Geschenke-Machens; hier gilt wie überall im Bereich des menschlichen Verhaltens, dass man dessen Sinn in der Regel nicht ohne weiteres erkennen kann, denn dieser liegt – wie stets bei kulturgeprägten Verhaltensmustern – nicht an der Oberfläche offen zutage, sondern ist verborgen in überlieferten und als selbstverständlich angenommenen Vorstellungen von dem, was „normal" und „angemessen" ist, den sogenannten Normalitätserwartungen. Diese können jedoch von Gruppe zu Gruppe und Kultur zu Kultur sehr unterschiedlich sein. Der Sinn eines beobachteten Verhaltens, hier also des Schenkens, lässt sich also nur aus der jeweils kulturinternen Perspektive – wenn überhaupt – erschließen.

Für die Vertreter asiatischer Business Cultures nun gilt im Zusammenhang mit dem Geschenke-Machen:

- Geschäftsbeziehungen sind in erster Linie Beziehungen zwischen Personen (Wichtigkeit der Beziehungskommunikation)
- Geschäftsbeziehungen dienen dem wohlverstandenen Interesse aller beteiligten Parteien
- Sie sind nicht auf sofortigen und einmaligen Nutzen, sondern auf längere Sicht angelegt
- Bei einem „Freund" (durchaus auch im Sinne von Geschäftsfreund) geht es nicht um den Bruchteil eines Prozents, sondern um die Verlässlichkeit und Tragfähigkeit der (Geschäfts)-Beziehung
- Freundschaft ist ein zweischneidiges Schwert (chinesisches Sprichwort). Das Konzept „Freundschaft" variiert kulturspezifisch sehr stark; in Asien ist mit „Freundschaft" eine große Anzahl von Verpflichtungen verbunden, z.B. dass man sich um die Kinder des Geschäftsfreunds kümmert und ihnen ein Studium ermöglicht oder

dass man seinen Freunden beträchtlich Rabatte einräumt, durchaus bis unter die Grenze dessen, was rein ökonomisch vertretbar ist. Allerdings ist das System auf eine mittelfristige Ausgewogenheit angelegt.

Darf man „gleich zur Sache kommen"? Die Notwendigkeit der „explorativen Vorlaufkommunikation"

Am Beginn einer auf längere Sicht angelegten Beziehung muss im asiatischen Modell ein Kennenlernen, ein „Ausloten" und die allmähliche Herausbildung einer persönlichen Beziehung stehen. Diese Beziehung lässt sich nicht erzwingen, sondern braucht Gelegenheit und Zeit. Die als notwendig erachtete Kommunikation, und damit Zeit, die zur Verfügung stehen muss, bevor man „zur Sache kommen" kann, soll hier als *explorative Vorlaufkommunikation* bezeichnet werden. Der Aufbau einer persönlichen Beziehung, wenn sie denn grundsätzlich für nötig erachtet wird, ist in diesem Modell ein Ritual, das nur schwer verkürzt werden kann. In bestimmten Situationen und abhängig von der Bedeutung, die dem Kontakt zugemessen wird, kann die Erkundung, die Exploration des künftigen Partners sehr viel Zeit in Anspruch nehmen, ein bis zwei Tage, manchmal sogar eine ganze Woche. Es hat vielen Westlern geschadet, wenn sie versucht haben, diesen Prozess zu verkürzen. „Mr. Nababan, leider geht mein Flugzeug schon morgen früh, also können wir jetzt bitte zur Sache kommen" ist keine gute Begründung für die Verkürzung der Vorlaufkommunikation!

Als „Vorlauf" verstehen wir hier die Phase in der Kommunikation, die dem Zur-Sache-Kommen („getting down to business") vorausgeht und vorausgehen muss. Die Kulturen der Welt haben klare, wenn auch oft sehr unterschiedliche Vorstellungen davon, wie viel Vorlaufkommunikation angemessen ist. Dies wird aller Voraussicht nach trotz der Rücksicht auf enge Terminsetzungen und auf internationale Flugpläne auch in Zukunft so bleiben, und international tätige westliche Geschäftsleute tun gut daran, ein entsprechendes Zeitbudget einzuplanen. Umgekehrt kann man „Nicht-Westlern" den Rat geben, die für ihre Verhältnisse unangemessen kurze explorative Vorlaufkommunikation im Westen nicht als ungehörig, sondern eben auch als kulturbedingt zu verstehen.

Ungewollte Tabuverletzungen

Als Ergebnis der Notwendigkeit zur Auslotung des anderen kann es zu - ungewollten - Tabuverletzungen kommen. Wenn beispielsweise Angehörige asiatischer Kulturen Fragen stellen wie: „Glauben Sie an Gott?" oder „Warum haben Sie keine Kinder?", zucken Westler zusammen, weil für sie die Grenzen des Erlaubten überschritten sind. Dabei signalisieren derartige „intime" Fragen aus der Innensicht der asiatischen Kulturen nichts anderes als ein auf Langfristigkeit angelegtes Interesse am anderen, das also – so schwer es auch fallen mag – eigentlich als Kompliment verstanden werden sollte.

Wechselseitige Abhängigkeit oder Autonomie?

Nach dem hier skizzierten asiatischen Modell unterscheidet sich eine Geschäftsbeziehung von einem Verkauf auf der Straße vor allem dadurch, dass die Herstellung einer persönlichen Beziehung als notwendig angesehen wird. Genau so wichtig wie die persönliche Beziehung für das Gelingen einer Geschäftsbeziehung ist im asiatischen Modell (entsprechendes gilt auch für die Geschäftskulturen des Mittleren Ostens und Lateinamerikas) die Etablierung eines *Systems wechselseitiger Abhängigkeit*, und zwar als *Voraussetzung für jegliche weitere Kommunikation*. Daher muss dieses System *zu Beginn* einer Geschäftsbeziehung eingerichtet werden, und nicht, wie im Westen, erst am Ende einer Kette von Begegnungen (wenn überhaupt!).

Wechselseitige Abhängigkeiten sind natürlich auch im Westen bekannt, wie schon die alte lateinische Weisheit des „do ut des" („Gib, damit dir gegeben werde") deutlich macht. Dieses Prinzip lässt sich auch mit dem Sprichwort ausdrücken: „Eine Hand wäscht die andere". Bei dieser Umformulierung hören „Westler" jedoch die ethischen Alarmglocken laut schrillen. Es muss nämlich alles vermieden werden, was nach Bestechung aussieht oder aussehen könnte. Einladungen oder Geschenke gelten in Geschäftsbeziehungen als unerwünschte Einflussnahme, ja als Bestechungsversuch.

Ein wichtiger Faktor ist dabei die Handlungsrolle der Beteiligten: Ein „Einkäufer", der vor Vertragsabschluß eine Gefälligkeit (z.B. eine Essenseinladung) vom „Verkäufer" annimmt, kann bereits als bestechlich angesehen werden, und der Verkäufer, der auch nur den Versuch unternimmt, den Einkäufer einzuladen, macht sich im Westen des aktiven Bestechungsversuchs schuldig.

Insbesondere US-amerikanische Firmen haben ausführliche und explizite Regelwerke für diese Thematik entwickelt, die unter dem Stichwort *business ethics* firmieren, und sie legen großen Wert darauf, diese weltweit und kulturübergreifend anzuwenden. Das hier knapp skizzierte westliche Modell ist das einer rigorosen, *kategorischen Ethik*, die keinerlei Ausnahmen zulässt. Dem steht in zahlreichen anderen Geschäftskulturen eine flexible und *situative Ethik* des „Es-kommt-auf-die-Umstände-an" gegenüber.

In diesem Zusammenhang stellt sich natürlich die Frage nach den – fließenden – Übergängen zwischen Freundschaftsdienst, Gefälligkeit, Bakschisch, Vermittlungsprovision, Geschenk und letztlich Bestechung, die sich entweder nach westlichem Verständnis kategorisch oder nach dem asiatischen Modell nur situativ und damit eben nicht kategorisch entscheiden lässt. Beide Lösungen sind jedoch kulturabhängig und nicht universell, ein Tatbestand, den zu akzeptieren beiden Seiten schwerfällt.

Es ist zu betonen, dass man sich nach dem asiatischen Modell **freiwillig** in Abhängigkeit begibt, indem man ein „Geschenk" annimmt, aber genau daraus entsteht eine stark bindende Kraft. Beide Seiten wissen natürlich, dass man den Bogen nicht überspannen darf, aber sie wissen auch, dass jede angenommene Leistung eine Gegenleistung erforderlich macht. Es handelt sich demnach um einen dynamischen Prozess, aus dem man eigentlich nicht mehr „aussteigen" kann. Oder anders ausgedrückt: Wer von mir ein Geschenk entgegennimmt, ist ernsthaft an einer längerfristig angelegten Geschäftsbeziehung interessiert.

Es stehen sich somit zwei im Prinzip *unvereinbare Werte* als Handlungsorientierung gegenüber:

- kategorisches westliches Autonomiestreben („ich bin nicht bestechlich oder käuflich")
- das in Asien (und nicht nur dort) verbreitete feingesponnene System wechselseitiger (und freiwillig eingegangener!) Abhängigkeiten, in dem beide Seiten durch Leistung und Gegenleistung nahezu unlösbar miteinander verbunden sind.

Während in der westlich geprägten Geschäftskultur die Karten bei jeder Transaktion neu gemischt werden und von Fall zu Fall auf der Basis ökonomischer Rationalität entschieden wird („Das müssen Sie schon verstehen, Herr Müller!", sagt man, wenn Müller die etwas ungünstigeren Konditionen bietet und deshalb den Auftrag nicht bekommt), greift in Asien und bei den in dieser Hinsicht ähnlichen Kulturen eher das Prinzip der wechselseitigen Abhängigkeit, das auf eine mittel- bis langfristigen Perspektive angelegt ist.

Dieser Prozess der Herstellung einer wechselseitigen Abhängigkeit erfordert eine oft zeit- und kostenintensive Investition in die gemeinsame Zukunft. Zunächst muss der Partner intensiv vor allem im Hinblick auf seine Zuverlässigkeit und seine Wertvorstellungen „ausgelotet" (daher reden wir von explorativer Kommunikation). Wenn dann Klarheit darüber besteht, dass man zueinander passt und dauerhafte gemeinsame Interessen hat, muss die einmal begonnene Beziehung durch einen fortgesetzten Austausch von

Signalen gepflegt werden, ebenfalls eine langfristige Investition. Zu den „Signalen des Beginns" gehören unter anderem und ganz wesentlich Geschenke, ebenso wie zur Bestätigung der Qualität der Beziehung. Dabei ist es geboten, sich genau an die Art, die Qualität und den Wert (materiell, aber vor allem symbolisch) der gemachten und erhaltenen Geschenke zu erinnern. Dieses Erinnern ist psychische Arbeit, es entspricht der beiderseits erwiesenen Wertschätzung.

Um hierbei keine Fehler zu machen, nehmen Japaner sich zum Beispiel ihr Notebook zu Hilfe und machen sich sehr genaue Aufzeichnungen über die verteilten Geschenke und die Reaktion des Beschenkten.

Das gekonnte asiatische „Geschenke-Management" hat noch zahlreiche weitere Facetten, die hier nur knapp angedeutet werden können. Die Geschenke, die man mitbringt, müssen den Rang oder die Hierarchiestufe der Beschenkten widerspiegeln. Daher benötigen die – angehenden – Geschäftspartner sehr klare Angaben über eben diese Rangunterschiede, die sie jedoch von ihren westlichen, z.B. deutschen Partnern in der Regel nicht zur Verfügung gestellt bekommen. Jeder Versuch, nach westlicher demokratischer Tradition die natürlich in jeder Organisation vorhanden Rangunterschiede zu verwischen, erschwert asiatischen Partnern die Kommunikation. Man könnte den Geschäftspartnern z.B. in diskreter Weise das Protokoll erleichtern, indem man ihnen Aufstellungen zukommen lässt, aus denen die Hierarchie aller Beteiligten klar hervorgeht. Ein Mittel, Hierarchie zum Ausdruck zu bringen, sind aussagefähige (!) Visitenkarten, die die Funktion der Person innerhalb der Organisation ausdrücken (z.B. Vice-President Sales) und die auf unverständliche Titel wie Dipl.-Kfm., Dipl.-Oec. oder Dipl.-Ing. (FH) verzichten. Im übrigen sollten Visitenkarten sowohl in der Landessprache als auch in Englisch vorliegen.

Weil im asiatischen System die Geschenke die Hierarchie widerspiegeln müssen, sollten sie nicht öffentlich überreicht werden, noch dazu mit der Aufforderung, sie doch bitte auszupacken. Es empfiehlt sich, Geschenke diskret und geschmackvoll verpackt zu überreichen. Falls man doch einmal die richtige Hierarchiestufe verfehlt haben sollte, entsteht daraus kein Gesichtsverlust, weil weder der Empfänger noch der Schenkende öffentlich bloßgestellt werden.

Deutschen fällt es bei Geschäftskontakten oft schwer, Rangunterschiede bei ausländischen Geschäftspartnern richtig zu erkennen. Dies kann sich noch verstärken, wenn gedolmetscht werden muss. Deutsche und andere „Westler" wenden sich dann intuitiv an den Dolmetscher, weil im Deutschen in der Regel derjenige am meisten redet, der am meisten „zu sagen" hat (er ist der „Wortführer" der Delegation). Es ist natürlich ein handwerklicher Fehler, der nur den Unerfahrenen unterläuft, sich zu sehr auf den Dolmetscher auszurichten. In Asien kann es sich bei der Verteilung der wahren Macht ganz anders verhalten als im Westen: Mächtig sind oft diejenigen, die am längsten schweigen. Das Reden überlassen sie den rangniederen Mitarbeitern (z.B. den Spezialisten).

Die Überbietungsspirale als Gefahr

Ein Problem des Geschenke-Machens, mit dem „Westler" z.b. im Umgang mit Japanern zu tun haben, ist, dass die Kommunikation sich verschlechtert, ohne das es klar erkennbare Gründe dafür gibt. Wenn man nicht sehr genau acht gibt, fällt möglicherweise das Gegengeschenk etwas oder gar deutlich zu wertvoll aus, so dass der Partner beim nächsten Mal – um sich keine Blöße zu geben – ein noch wertvolleres Geschenk machen muss und so weiter. Aus dieser Überbietungsspirale (in der kulturanthropologischen Literatur als Potlatch bekannt) können sich asiatische Partner dann nur noch durch den Abbruch der Beziehung befreien. Diese Fluchtreaktion erklärt sich daraus, dass das offene Ansprechen derartiger Fragen aus Gründen des Kommunikationsstils so gut wie unmöglich ist.

In der Fachliteratur bezeichnet man einen Stil, in dem sehr viele wichtige Botschaften indirekt ausgedrückt werden, etwa durch Vermeidung des Themas oder durch non-verbale Signale, als High Context-Stil; der Anteil der durch den Kontext ausgedrückten Botschaften ist hoch, wichtige Aspekte der Botschaft müssen aus den indirekten Signalen und dem ganzen Kontext erschlossen werden und können eben deshalb nicht offen angesprochen werden.

Man sollte ebenfalls beachten, dass Geschenke zu machen eine Art Machtkampf darstellt und eine Form der Selbstinszenierung. Dies wird näherungsweise unter anderem deutlich, wenn man sich erinnert, dass der Vorgang der Gegeneinladung und das Überreichen eines Gegengeschenks im Deutschen auch als „sich revanchieren" bezeichnet wird und damit – zumindest sprachlich – in die Nähe einer kriegerischen Auseinandersetzung gerückt wird.

Kontaktaufnahme mit deutschen Firmenvertretern

In einem Seminar zur Vorbereitung deutscher Firmenvertreter auf ihren Auslandseinsatz hatte ich den Teilnehmern u.a. die Aufgabe gestellt, eine Liste mit Empfehlungen für den „richtigen Umgang" mit deutschen Geschäftspartnern zusammen zu stellen. Einen ganz hohen Stellenwert hatten in den Auflistungen der Teilnehmer folgende Hinweise:

Sie sollten ihre Reisevorbereitungen möglichst selbständig vornehmen, das heißt ohne Hilfe durch Firmenvertreter.

Sie sollten selbständig zum ersten Termin erscheinen, z.B. mit einem Taxi.

Sie sollen absolut pünktlich sein.

Zunächst einmal belegt diese Liste, dass derartige Sammlungen von Empfehlungen meistens ziemlich unergiebig sind. Dies liegt daran, dass die Angehörigen einer Kultur im allgemeinen wenig über ihre eigenen Regeln wissen. Aber an diesem Beispiel wird auch klar: Deutsche legen großen Wert darauf, dass der andere ein autonomes Wesen ist, dass nicht auf die Fürsorge und Hilfsbereitschaft des noch unbekannten Partners angewiesen ist. Denn Fürsorge anzunehmen, bedeutet ja, ähnlich wie bei dem oben erwähnten Geschenk, sich in Abhängigkeit zu begeben. Man will genau diese Spirale der gegenseitigen Abhängigkeit gar nicht erst in Gang setzen, vor allem wohl, um selber autonom bleiben zu können.

Protokollarische Erwartungen

Es stoßen also auch hier wieder unvereinbare Prinzipen aufeinander. Damit hängen auch die unterschiedlichen „protokollarischen" Erwartungen zusammen. Innerhalb von Kulturen, in denen Respekt und Ehrerbietung eine wichtige Rolle spielen, erweist man einem anreisenden künftigen Geschäftspartner z.B. die Ehre, ihn und die Delegation vom Flughafen abzuholen und sich persönlich um das Wohlergehen aller zu kümmern. Dazu gehört z.B. auch ein erstes, informelles Treffen im Hotel, nachdem man persönlich darauf geachtet hat, dass die Gäste (die eben als „Gäste" verstanden werden und nicht als bloße Geschäftspartner) gut untergekommen sind.

Ganz wichtig dabei ist, dass die Ranghöhe des Gastes sich in der Ranghöhe der Empfangsdelegation widerspiegelt.

Es muss nach Möglichkeit Symmetrie hergestellt werden, und das bedeutet, dass der Geschäftsführer selber und nicht etwa ein abkommandierter rangniedriger Mitarbeiter, der Fahrer des Dienstwagens oder gar ein Taxifahrer sich um die Gäste kümmert. Die ranghohen Vertreter der gastgebenden Seite sollten am Flughafen, am Bahnhof oder spätestens im Hotel präsent sein. Zu den protokollarischen Regeln gehört natürlich auch, dass man weiß, wann es Zeit ist, sich zurückzuziehen und wie und auch wann und auf welche Weise man die Gäste zum Ort des ersten Gesprächs transportiert.

Ein Firmenwagen mit Fahrer oder eine dafür angemietete repräsentative neutrale Limousine wären keine schlechte Lösung. Fahnenschmuck (z.b. als Tischdekoration) könnte empfehlenswert sein und manches andere. Dieses „Ehre erweisen" bereitet den Boden für die kommenden Sachgespräche und ist Teil der „explorativen Vorlaufkommunikation". Deutsche lehnen diese Art von Betreuung nicht nur dann innerlich ab, wenn sie dazu ihr „heiliges" Wochenende opfern müssen, sondern vor allem aus den genannten prinzipiellen Gründen.

Für die andere Seite in diesem Prozess gilt sozusagen spiegelbildlich, dass das eventuelle Ausbleiben oder die starke Reduktion des „Ehre-Erweisens" nicht als beabsichtigte Missachtung oder Geringschätzung verstanden werden sollte, sondern als Ausdruck einer kulturbedingten anderen Art, an Geschäftskontakte heranzugehen.

Wie soll man mit kulturellen Unterschieden umgehen?

Ein universell gültiges „normales Verhalten" gibt es nicht. Auch die eigenen Regeln sind kulturbedingt und nicht universell gültig. Wenn stark ausgeprägte Unterschiede im Verhalten der anderen Seite festgestellt werden, sollten deshalb nicht sofort persönliche Defizite oder absichtliche Kränkung oder Feindseligkeit unterstellt werden. Besser ist es, eine offene Haltung einzunehmen und nach Regelhaftigkeiten, nach wiederkehrenden Mustern zu suchen.

Die Suche nach den noch unbekannten Regeln der anderen Seite kann dadurch erleichtert werden, dass man sich fragt, ob das beobachtete Verhalten auch *innerhalb* der anderen Gruppe üblich ist. Wenn dem so ist, dann ist kein feindseliges Verhalten der anderen Seite anzunehmen, sondern eben ein kulturell anderes Muster als das eigene. Falls die eigenen und die Regeln des anderen nicht miteinander vereinbar sind, sollten vorsichtig gemeinsame Regeln des Umgangs ausgehandelt werden, allerdings immer eingedenk der Tatsache, dass beispielsweise Angehörige von High-Context-Kulturen nicht gewohnt sind, „offene", „klärende" oder „konfliktorientierte" Gespräche zu führen, sondern Konflikte eher durch Vermeidung des Themas als durch „Aussprache" lösen.

Gibt es eine Systematik in kulturbedingten Unterschieden oder muss man „die ganze Welt" auswendig lernen? – Der Unterschied zwischen enzyklopädischem und strategischem Wissen.
Bücher mit Listen von „Gebrauchsanweisungen" für einzelne Kulturräume gibt es mittlerweile in großer Zahl auf den internationalen Flughäfen zu kaufen, und sie finden reißenden Absatz. Ähnlich verbreitet sind Sammlun-

gen von Anekdoten und Fallbeispielen. Aber niemand, der Listen dieser Art benutzt, darf hoffen, damit alle und alles im Griff zu haben.

Das Auswendiglernen von Verhaltensanweisungen für die „Kulturen der Welt" wäre ein *enzyklopädischer Ansatz*, und man kann sofort erkennen, dass er nicht weit tragen kann.

Besser ist es daher, einen *strategischen Ansatz* zu wählen, sich also die grundlegenden Prinzipien der kulturellen Variation klar zu machen und das genaue Hinsehen zu üben. Die systematische Beobachtung gerade des eigenen Kommunikationsverhaltens hat dabei einen hohen Stellenwert. Man kann sich als Deutscher zum Beispiel ganz genau ansehen, wie im Deutschen die explorative Vorlaufkommunikation abläuft, welche Rolle der Small Talk spielt, wie es mit Humor in Geschäftssituationen bestellt ist, wie eine erste Begegnung mit einem neuen potentiellen Geschäftspartner abläuft, was der Standardfall einer Begrüßung ist (wer holt wen wo ab, wie begrüßt man sich usw.) und welche Varianten es gibt. Dies alles trägt dazu bei, die eigenen Regeln besser kennen zu lernen. Neben der Schulung der Beobachtungsfähigkeit geht es um Mustererkennung. Die Identifizierung des oben skizzierten Unterschieds zwischen dem Streben nach Autonomie (westliches Modell) und nach wechselseitiger Abhängigkeit (asiatisches Modell) sind zum strategischen Wissen zu zählen, weil sich dieses auch auf unbekannte Kulturen und Situationen übertragen lässt und man daher nicht in der Anhäufung von Einzeltatsachen stecken bleibt.

Thesen zur interkulturellen Zusammenarbeit

Im folgenden möchte ich drei Thesen zur interkulturellen Zusammenarbeit präsentieren, von denen ich die dritte kommentieren möchte.

These 1: In Zukunft werden nur multikulturelle Unternehmen im globalen Wettbewerb überleben (außer sie beschränken sich von vornherein auf einen regionalen oder einen Nischenmarkt).

These 2: Multikulturelle Teams *können* sehr viel besser als monokulturelle sein, aber nur, wenn sie gut gemanagt werden, sonst können sie sogar sehr viel schlechter sein.

These 3: Es gibt keine universal einsetzbaren, kulturunabhängigen Organisationsmodelle

In der sich globalisierenden Wirtschaft wird es stets auch um (kulturelle) Identität und Loyalität gehen. Man fragt sich zum Bespiel: Wohin gehen die Arbeitsplätze, in „meine" Region oder in eine ganz andere?

Da spielen Unterschiede in Motivation (zum Beispiel bei den Anreizsystemen) und in den Führungsmethoden eine wichtige Rolle. Dies sei kurz am Beispiel des „Management by dotted lines" angerissen.

Um Zuge der großen Fusionen der zurückliegenden Jahre sind oft neue Organisationsmodelle eingeführt worden, zum Beispiel die sogenannte funktionale Matrixorganisation. Dies bedeutet, dass ein Mitarbeiter einen disziplinarischen Vorgesetzten an einem Standort, z.b. in Deutschland, hat, z.b. einen Gebietsleiter, an den er berichtet, und zugleich einen „funktionalen" Vorgesetzen ganz woanders, z.b. innerhalb eines Projekts oder eben in einer Funktion wie Marketing oder Forschung und Entwicklung. Der oder die „funktionale" Vorgesetzte ist dabei vielleicht in Brüssel oder Paris angesiedelt, wenn er denn überhaupt irgendwo längere Zeit verweilt, weil so jemand typischerweise sehr viel auf Reisen ist. Daraus ergeben sich dann „doppelte Berichtslinien"; im Jargon der Betroffenen wird eine funktionale Matrixorganisation als gerne als „management by dotted lines" bezeichnet, weil in den Organigrammen die funktionale Zuordnung häufig in Form einer gestrichelten Linie dargestellt wird.

Die funktionale Matrix ist ein Import aus den USA; ob sich dieses Modell in Europa (oder Asien) ohne größere Schwierigkeiten und ohne Anpassung an lokale oder regionale Besonderheiten umsetzen lassen wird und vor allem, ob es funktionieren wird, ist eine weitgehend offene Frage, die sehr viel mit „Kultur" zu tun hat. Das Problem Matrix-Organisation liegt für viele Europäer darin, dass man sich gewissermaßen hin- und hergerissen, ja geradezu zerrissen, fühlt zwischen oft unterschiedlichen Erwartungen der beiden jeweiligen Vorgesetzten. So weiß man eventuell wenig bis gar nichts über das jeweilige Rollenverständnis eines französischen funktionalen Vorgesetzten. Was macht nach dessen Ansicht einen „guten" Mitarbeiter aus? Ist eher Loyalität zum Chef gefragt oder kritisches Mitdenken? Der französische Vorgesetzte wird Elemente seiner business culture in die neue Situation übertragen, beispielsweise einen eher patriarchalischen Führungsstil, der bei deutschen Mitarbeitern auf Unverständnis und Ablehnung stoßen könnte. Es kann zu wechselseitigen Fehleinschätzungen und großen Spannungen kommen, wenn die jeweiligen „Ausgangskulturen" – in unserem Fall die französische und die deutsche – nicht berücksichtigt werden. In den USA setzt der Erfolg der Matrix ein völlig anderes Führungsmodell mit erheblichen Unterschieden im Rollenverständnis von Mitarbeiter und Vorgesetzten, dem erlaubten Grad an individuellem Opportunismus, unterschiedlicher Loyalität zur Unternehmung und vieles andere voraus. Zum gegenwärtigen Zeitpunkt ist jedenfalls die Verunsicherung auf allen Seiten groß.

Einige weitere kulturabhängige Problembereiche in der Zusammenarbeit

Die Wirtschaftsprozesse der Zukunft werden von den Menschen verlangen, größere Widersprüche und geringere Planbarkeit auszuhalten und produktiv damit umzugehen.

- Konkurrenten werden gleichzeitig Verbündete sein (z.b. im Rahmen strategischer Allianzen)
- Es wird diffuse Loyalitäten geben, z.b. bei Virtuellen Organisationen
- Distance Management wird zunehmen und damit Zielvereinbarung und Motivation auf Distanz
- Die unbekannte Psychische Distanz zu ausländischen Märkten kann hinderlich sein
- Personalauswahl für internationale Aufgaben erfordert besondere Methoden
- Cross-cultural teams: Teamprozesse unter den Bedingungen der Multikulturalität sind schwerer steuerbar
- Intercultural marketing
- Kulturelle Disposition und Vorbereitetheit deutscher Führungskräfte

Deutsche Führungskräfte werden mit abnehmender Planbarkeit und zunehmender Unschärfe und Uneindeutigkeit leben müssen. Die dazu gehörige „Ambiguitätstoleranz" gehört nicht zur kulturellen Grundausstattung und muss deshalb trainiert und entwickelt werden.
Es folgen einige Stichworte für nachhaltige und systemische Konzepte zur Internationalisierung.

Personalauswahl und interkulturelle Handlungskompetenz

Auch heute noch fehlt eine schlüssige, nachhaltige und systemische Konzeption für die internationale Personalentwicklung. Personalentscheidungen wie z.B. Entsendungen werden immer noch fast nach den Kriterien wie fachliche Kompetenz, Verfügbarkeit und Mobilitätsbereitschaft getroffen, nicht nach der grundsätzlichen bzw. spezifischen interkulturellen Handlungs- und Führungskompetenz.

Vision und Strategie: Woher kommen wir? Wohin wollen wir? Mit wem?

Globaliserungsstrategien werden kaum systematisch entwickelt und umgesetzt. Hierfür bieten sich sogenannte Globalisierungs-Audits™ an (siehe weiter unten).

Auslandsvorbereitung und Internationales Teamtraining

werden häufig nur als isolierte Einzelaktionen durchgeführt, als nice to have-Element, nicht als obligatorisches Modul einer Organisationsentwicklung.

Ansätze zur Herausbildung einer transnationalen Unternehmenskultur haben sich noch nicht durchgesetzt

Online Intervention bei Bedarf:
Möglichkeiten netzbasierter Interventionsformen befinden sich noch in den Anfängen, ebenso wie

Prozessbegleitung bei der Internationalisierung/Globalisierung

und Konzepte für eine interkulturell lernende Organisation

Die Vision einer interkulturell lernenden Organisation ist dann realisierbar, wenn die weiter unten genannten Elemente von Organisationsentwicklung und Training nicht als isolierte Einzelmaßnahmen behandelt werden, sondern sich zu einem systemischen Konzept fügen, das zu einer nachhaltigen Internationalisierung der Unternehmenskultur führt.

Auf der Ebene des Unternehmens geht es um die Entwicklung eines nachhaltigen und ganzheitlichen Konzepts für die internationale Personalentwicklung und um kultursensible Strategien für Produktion und Marketing

Auf der Ebene des Individuums geht es um die Entwicklung einer interkulturellen Handlungskompetenz. Um diese zu erreichen, sollen die Mitarbeiter erkennen, worin diese besteht, wo sie selbst im Hinblick diese Kompetenz stehen und was sie selbst dazu tun können, eine derartige interkulturelle Handlungskompetenz zu erreichen.

Um diese Ziele realisieren zu können, wurden von der Forschungsstelle für Interkulturelle Kommunikation der Universität Hildesheim eine Reihe von **Werkzeugen** entwickelt. Während eines Trainings dienen diese Tools als roter Faden, nach dem Training zum Selbstmanagement und zur Systematisierung der Erfahrungen.

Die Konzepte sind *modular* angelegt.

Je nach Bedarf und verfügbarer Zeit werden auf der Grundlage eines *Globalisierungs-Audits™* ein oder mehrere Bausteine zu einem Programm zusammen gestellt.

Hauptaufgabe des *Globalisierungs-Audit™* ist die Ermittlung des „Reifegrades" der Organisation im Hinblick auf das Thema Internationalisierung bzw. Globalisierung. Auf der Basis der ermittelten Vorstellungen werden Strategien für die gewollte Internationalisierung bzw. Globalisierung festgelegt.

Das Audit kann zugleich als Bedarfsanalysen vor Beginn von Trainings- und Organisationsentwicklungsmaßnahmen dienen, aufgrund dessen die Module zusammengestellt werden.

Das *Globalisierungs-Audit™* klärt, welche Personen in welchen Handlungsrollen mit welchen anderen Personen und über welche Themen kommunizieren und wo die wahrgenommenen und/oder erwartbaren Reibungspunkte liegen. Sinnvoll ist, wenn immer möglich, auch eine Einbeziehung der jeweiligen „Gegenseite", also etwa der Franzosen oder Chinesen, die mit Deutschen zusammenarbeiten werden usw. (Eigenbild- und Fremdbildermittlung).

Das modulare Prinzip erlaubt auch die Auswahl einzelner Bausteine für kleinere Gruppen in der Form des *Einzel- oder Kleingruppencoaching.*

Die oben angesprochenen Tools sind

- **Das KulturLogbuch™**: Eine Anleitung zur Systematisierung interkultureller Erfahrungen, verbunden mit Online-Coaching und Intervention

- **Die 14 Kulturdimensionen™** Orientierungsmatrix zur Beschreibung der Eigen- und Fremdkultur

- **Die Interkulturelle Hotline™** (zur Krisenintervention, per e-mail, Fax oder Telefon) Ziel: rasche Klärung eventueller Probleme und Hinweise zu alternativen Strategien

Für Trainingsmaßnahmen können Firmen je nach Bedarfslage ein Programm aus folgenden Modulen zusammenstellen:

Gemeinsame Lernziele für die Module

- Oberstes Lernziel ist die Herausbildung **interkultureller Handlungskompetenz**
- Erkennen der kulturellen Bedingtheit eigenen und fremden Verhaltens
- Erkennen der eigenen kulturbedingten Stärken und Schwächen
- Befähigung zur Synergie: Aushandeln von Kommunikationsregeln für interkulturelle Situationen
- Herausbildung größerer Verhaltensdisponibilität
- Erkennen von eigenen und fremden Stereotypen (Eigenbild und Fremdbild)

Die Gewichtung der einzelnen Teile ändert sich mit der Zusammensetzung der Gruppe und variiert auch entsprechend der zur Verfügung stehenden Zeit. Manche Teile werden von Fall zu Fall auch wegfallen.

Module

- **Grundsensibilisierung für die internationale Kommunikation** (2,5-tägiges Seminar)

- **Vorbereitung auf spezifische Regionen und Kommunikationssituationen** (z.B. typische Schnittstellenprobleme zwischen Deutschen und Japanern, nur in Verbindung mit Modul 1 Grundsensibilisierung)

  Das Interkulturelle Assessment Centre™: Personalauswahl für internationale Aufgaben: Das Interkulturelle Assessment Centre™ (*noch in der Feinabstimmung*) (Dauer: nach Vereinbarung)

  ENA™: Ermittlung und Nutzung von Auslandserfahrungen (**ENA™** dient der Systematisierung der Auslandserfahrungen durch Debriefing- und Re-Integrations-Workshops).

  In dieser Veranstaltung werden die Erfahrungen der auslandserfahrenen Mitglieder der Firma systematisiert und in Handlungsempfehlungen umgesetzt. Zugleich dienen sie der Stabilisierung der Einzelpersonen beim „Wiedereingliederungsschock".

  Sie sind in Verbindung mit dem Interkulturellen Assessment Centre™ und dem KulturLogbuch™ Elemente eines umfassenden *Interkulturellen Organisationslernens.*

Kurzeinweisung in bestimmte Problembereiche des internationalen Kontakts
(z.B. Messestandspersonal: „Die ersten 10 Sekunden des Kundenkontakts"; „Kulturbedingte Unterschiede erkennen und nutzen", „Was erwarten Japaner, US-Amerikaner etc. von Ihnen?", „Wie erkenne ich ein echtes Interesse?", „Wie muss ich / darf ich nachfassen – und wann?")
(1-2 Tage)

Vorbereitung auf längerfristige Auslandstätigkeit (z.B. Japan oder China)
Workshop 2,5 bis 3-tägig, aus Modul 1 und Regionalmodul

Internationales Team-Training

In diesem Modul geht es um die Herausbildung einer internationalen Teamkultur, die die einzelnen Stärken und Schwächen der Teammitglieder ermittelt und zu einem optimalen Mix zusammenführt. Die Teilnehmer arbeiten in einer realitätsnahen Simulation gemeinsam an komplexen Aufgaben und lernen so ihren eigenen Stil kennen.
Dazu werden Beobachter gewählt, die eine besondere Beobachterschulung erhalten und besonders auf den **Prozess der Kommunikation** achten. Anschließend erarbeiten die Teilnehmer Konzepte und Verfahren zur Herstellung einer „Vereinbarungskultur" („negotiated culture"), die für die Dauer der Interaktion zwischen Mitgliedern unterschiedlicher Herkunftskulturen gelten soll.
Zur Festigung des Zusammenhalts werden **„starke Symbole der Gruppenkohäsion"** entwickelt und eingesetzt.

Die Teilnehmer werden so in die Lage versetzt, transnationale Teams zu bilden, die mehr sind als die Übernahme einer Einzelkultur, etwa der Mehrheitskultur oder der Stammhauskultur.

(Ehe-) Partnertraining: stand alone oder integriert
Die besonderen Schwierigkeiten mitreisender Partnerinnen oder Partner (Rollenklärung, Umgang mit „Personal"; „sinnvolle" Gestaltung des Alltags ohne Arbeitserlaubnis, Partnerin /Partner als Support-System im Ausland u.a.

Verhandlungsschulung: stand alone oder integriert
Kennenlernen des eigenen Verhandlungsstils
Kennenlernen des Verhandlungsstils wichtiger Partner
kultursensible „Win-Win"-Verhandlungsführung

Doing Business in Germany: Cultural Synergies
Dieses Seminar hat das Generalthema „Leben und Arbeiten in Deutschland" (für ausländische Mitarbeiter, die nach Deutschland versetzt werden) und kann für kulturell homogene wie auch für kulturell gemischte Gruppen angeboten werden. Dabei wird auf die kulturellen Prägungen der Herkunftskulturen und den optimalen „Mix" eingegangen. Dauer: 2 - 3 Tage.
(Entsprechend hierzu lassen sich Seminare vom Typ **„Doing business in .. /Britain, France, etc."**) anbieten.

Auf diese Weise werden kundennahe Lösungen möglich, statt dass auf Standardprogramme zurückgegriffen werden müsste.
Wichtig ist, dass das Management sich selbst in die geplanten Maßnahmen einbezieht und möglichst den Anfang macht. Auf diese Weise wird die Akzeptanz der Trainingsmaßnahme deutlich erhöht.

Francis Jarman

A Short Introduction to Intercultural Communication

There is nothing new about being interested in or puzzled by other cultures, but until modern times there was very little real intercultural communication. People didn't travel much, and ethnic minorities – those that weren't enslaved or massacred – tended to keep nervously to themselves. Contact with strangers on their own ground was a dangerous, disturbing business, better avoided; and dealing with strangers on terms of equality was a concept that was probably beyond the range of comprehension of most people. *Ethnocentrism* of the crudest kind was normal and acceptable, although seldom expressed as drastically as by the British imperialist Cecil Rhodes in 1877, when he declared that the English were the finest race in the world and that 'the more of the world we inhabit the better it is'. (1) Above all, it was assumed that no concessions need be made to the other culture. When Selwyn Lloyd was appointed as British Foreign Secretary, it is claimed that the following exchange occurred between Lloyd and Winston Churchill:

Lloyd. I think there must be some mistake, I've never been to a foreign country, I don't speak any foreign languages, I don't like foreigners.
*Churchill.*Young man, these all seem to me to be positive advantages.

Instead of intelligent interaction with strangers, there was *stereotyping*. Generally this took the form of abusing the aliens for being 'other'; or imagining them to be 'exotic' (meaning that they did fascinating, forbidden things); or projecting admired virtues onto them and then using them as a touchstone for whatever it was that you didn't like about your own society. Over the centuries, the commonest views were negative. Those who couldn't speak Greek were automatically (and literally) barbarians – or 'ba-ba-ba' speakers. The Greeks were not to be trusted, 'even when bearing gifts'. (2) 'Under the sun lives not more beastly and unreasonable people [than the Scots].' (3) 'The only good Indian is a dead Indian.' (4) 'All Frenchmen are thieves.' (5) And so on. Stereotyping itself need not be harmful; indeed, it is an essential part of our efforts to order the mass of information with which our senses are bombarded. But if they are to be useful the stereotypes, like dogs, need to be trained to behave. (6) Generalisation must be based on observation and reliable information, and revised when it becomes necessary. It is now vitally important that we 'get it right' interculturally. The world is changing at immense speed, demanding of us – as never before – effective intercultural communication in many different fields, yet our ability to interact has been left far behind by the medial and infrastructural changes that make communication possible. In our intercultural helpless-ness, we're like children playing with a fragile and expensive piece of ma-chinery. 'In the post-Cold War world, for the first time in history, global politics has become multipolar *and* multicivilizational', (7) but as these 'civilizations' (or cultures) confront one other, armed with monstrous weap-ons, we can't afford to make mistakes. We need to become experts in inter-cultural communication – fast.

There is, it could be argued, no such subject or academic discipline. Inter-cultural communication is indeed both *eclectic* and *holistic*, drawing on any sources of knowledge that help to serve its purposes: the social sciences, the creative arts, linguistics, history, geography, biography, philosophy, relig-ion. The fact that it can't be contained solely within any one traditional scholarly discipline has been something of a disadvantage in Europe, where many university departments seem to operate on the principle of the fable of the blind men and the elephant (each of the blind men making assumptions about the whole elephant on the basis of the small part that he could feel); (8) less so in America, from where most of the impulses in intercul-tural communication have come, and where interdisciplinary cooperation is better established. In Germany, much of the running has been made not by the great universities but by smaller institutes or organisations, working to a pragmatic brief either in or in close cooperation with German industry. (9) It is here that the necessity has been felt most acutely to look for construc-tive explanations for communication failure in the dealings between repre-sentatives of different cultures, and for ways to oil the wheels of coopera-tion in business.

Intercultural communication is of the real world. Although the process of systematisation (10) that is already going on may one day lead to a Grand Theory, the immediate need is for solutions to everyday intercultural prob-lems, and the categories and theories already developed within intercultural communication have a substantial contribution to make to this. Take the following little case study as an example.

An American and a Japanese get married. The early years of their marriage are marked by frequent quarrels and misunderstandings, many of which culminate in an exchange of reproaches along these lines:

Japanese. You didn't understand what I wanted, did you?
American. How could I? You didn't explain anything at all!
Japanese. You should have known what to do automatically!
American. I'm not a mind-reader! I'm not telepathic! How can you expect me to know these things?

Japanese. Well, if you were a Japanese you would!
American. Then why didn't you marry a Japanese?!
Japanese. Well, why can't you be a better partner? Why must you be so selfish?

But the American partner looked for explanations. Could it be that the Japanese are culturally so different that communication with them doesn't work easily? As this particular marriage progressed and the partners learned more about each other's culture the problems between them actually got worse rather than better. Or are the Japanese genuinely telepathic? The American began investigating the concept of *haragei*, or 'belly language', a method by which one Japanese can understand what another Japanese is trying to communicate 'by closely observing posture, facial expressions, the length and timing of silences, and the various "meaningless" sounds uttered by the other person'. (11) Could this ever be mastered by a non-Japanese? It was a depressing thought.

The answer that the American eventually found, which was a 'solution' at least in the sense that it made it easier to understand and adjust to the Japanese, derived from the *High and Low Context Theory* of Edward T. Hall. (12) According to this, cultures differ as to whether knowledge within them is understood implicitly or has to be 'spelt out' in word or sign. America is a very low-context culture – a lot has to be verbalised. The reasons for this might include the culturally heterogeneous nature of American society; the sparseness of original settlement in some areas, with the settlers having irregular contact with each other and always needing to be 'brought up to date'; the need in a young society to improvise institutions and structures; and so on. Japan, in contrast, is very high-context – a cramped, ancient culture, conservative and homogeneous, in which constant explanation is neither necessary nor desirable. In this case, the Japanese probably did not really expect the American to pick up every cue immediately: what was missing was an attitude of quiet understanding on the part of the American, and an atmosphere of domestic harmony; the American's relentless probing to find out what was wrong, so as to be able to 'sort things out', only made the initial misunderstanding worse.

So, what is a *culture*? We are not thinking here of culture (solely) in the 'high culture' sense of opera, art and ballet. There are literally dozens of definitions of culture, but perhaps it might be enough for the moment to say that a culture contains the patterns of life held by a group and passed on from generation to generation, especially in the form of concepts, behaviour and artefacts. An easy way to demonstrate the existence of culture in this sense is to ask the members of a group to quickly sketch such objects as a house, a car, a family, and so on. If the group is reasonably homogeneous, the results are likely to be similar, for instance the house will probably be a detached, two-storey building, even though very few people in the group may actually live in such a house; the car will normally be a family saloon, seen from the side and travelling from right to left; and the family (if it is a group of Europeans) will almost certainly be a nuclear family of father, mother and children. Different cultures have different ways of seeing, e.g. in Western cultures there are lots of right-angles, although these occur very seldom in nature (13) – the angularity perhaps expressing a way of looking at nature as something to be ordered and imposed upon.

Our culture provides a framework that helps us to make sense of and to cope with our environment, providing an identity and also the opportunity for social bonding by means of *in-* and *out-groups*. When members of one culture visit or go to live in another, they may suffer from what is known as *culture shock*, (14) a roller-coaster of emotions that can take them through a 'honeymoon phase', a phase of rejection, a period of recovery, and a final phase of readjustment to the original culture upon return. The worst crisis may be triggered off by a sudden perceptual shock, or *culture bump*, like discovering, for example, that the alien culture makes no provision for toilet-paper. One strategy is to try to stay within a *culture bubble* of familiar behaviour, avoiding the 'natives' and keeping to the company of other tourists and expatriates; but those who make no effort to adjust may attract aggression from the host culture: alien behaviour and values will only be tolerated for a limited period, and then the strangers will be expected to 'join' or be perceived as a threat to the social order. If they join, they will go through a process of *acculturation*, from tourist perhaps even to naturalised citizen.

Intercultural study is a *hermeneutic* activity (Dilthey: 'Die Natur erklären wir, das Seelenleben verstehen wir') and as such subject to all kinds of dangers and errors. These will be subsumed here under the title of 'dangerous assumptions'. For example:

1. We assume that behaviour can be *explained* and we evolve schemata for doing so. But behaviour is a surface phenomenon – we don't see the *deep structures*. Our interpretation is from the outside and may be wrong. Our cultural patterns may be quite unlike theirs.

2. We assume that behaviour is always *caused* by something. It is an axiom of Western thought that everything has a cause (*causality principle*), and

this is usually applied mechanistically (cause/effect). But *thought* or *knowledge systems* are more complex than is usually recognised, and even in the West much of our behaviour is governed by routine or superstition rather than by scientific principles. In traditional ('primitive') or in Asian societies the intellectual systems may be quite different to ours. In dealing with them, we have to learn to think in different categories, remembering, for instance, that in India orange-painted trees and stones may be deeply sacred objects, or that in China and Southeast Asia many everyday activities are governed by the needs of *feng-shui* ('wind and water', the Chinese geomantic tradition).

3. We assume that what *looks* similar *is* similar: the *similarity trap*. For this reason, relations between members of cultures at a great *cultural distance* from each other may be more straightforward than those between members of cultures that are superficially similar. Intercultural misunderstandings can be caused by the cultural equivalent of linguistic *faux-amis*. (15) Behaviour may be almost identical in different cultures, but evaluated differently within them. For a young woman to wear a skimpy bikini on the beach is normal behaviour in, say, Rio de Janeiro; it would be seen as an example of individualism or 'fashion' in some of the more conservative European countries, rather than as normal; and it would be shocking, *taboo behaviour* in many Islamic cultures.

4. We assume that the *explicit* meaning of a particular signal is its only meaning, and miss the *implicit* content. Thus at least in Western Europe the invitation 'Come in and make yourself at home' shouldn't necessarily be taken literally.

5. We assume that the signal that *arrives* is the signal that was *sent* – that what you think the other person is trying to convey is what they indeed meant you to understand. This is a particularly treacherous assumption.

6. We assume that the Other *shares our categories* – but this is generally untrue, another example of *ethnocentric bias*. Thus television advertisements for household appliances tend to do badly in Latin America, where wielding vacuum cleaners etc. is servants' work: 'Either you *have* one [a servant] or you *are* one!' And medical diagnostic work with small children from devout Muslim or Jewish families has sometimes gone wrong because the wrong materials were used – picture cards of 'unclean' pigs or dogs that produced a negative or uncomprehending response, or dolls that were rejected by Muslim children because the Koran forbids the making of images of living creatures.

7. We assume that intercultural problems occur because one side has misunderstood something, but they are frequently the result of a *two-way process* of misunderstanding. Thus the soft French handshake may be seen by Germans as unmasculine, dishonest – and the hard German handshake as brutal and aggressive by the French.

8. We assume that perception is something *objective* that we do, but it is an *interactive* phenomenon, and the process of perception is a more useful object of study than the clearly-defined observing self on the one hand and some supposedly knowable object of perception on the other. We have learnt to see in particular patterns, and we look for a whole rather than for the parts (*Gestalt psychology*). We are locked into one or another way of looking – we may see a candlestick, or two faces, but we can't see both candlestick and faces at the same time. What we think we know governs how we see ('Beauty is in the eye of the beholder') and we see what we expect to see. Often, a distinction is made between *etic* and *emic* approaches (approaches from the outside and from inside respectively), the former tending toward analysis, comparison and quantification, the latter being more holistic, hermeneutic and phenomenological.

9. We assume that *the Other* is someone we can learn about, but what we really learn about is *ourselves*. We define ourselves in terms of the Other, of what we are not (in- and out-groups), but in addition to that the process of learning to 'see ourselves as others see us' (16) is a major step towards self-criticism and personal maturity. And: awareness of the transactional nature of perception sensitises us to social and political processes of stereotyping and demonisation.

10. We assume that stereotypical cultural behaviour is *fixed* and unchanging, but this is not the case: it was formerly the French and not the Germans who had the reputation of being bellicose, and the English were known in earlier times as great gesticulators, and as being eager and liberal in kissing, quite unlike the French...

11. We tend to assume that a *plausible* attribution is correct – and then stop looking any further.

12. We tend to assume *the worst* about the Other and overemphasise negative elements – the so-called *principle of negativity*.

Intercultural differences can be traced on different levels: language; paralanguage; nonverbal communication; and concepts and values (for reasons of space, this highly complex fourth level will not be discussed here). On the linguistic level, it seems likely that there should be a connection between language and thought – 'Die Grenzen meiner Sprache bedeuten die Grenzen meiner Welt' (17) – an idea known as *linguistic relativity*, or as the *Sapir-Whorf Hypothesis*, after the anthropologist Edward Sapir and the linguist Benjamin Lee Whorf. Our perception of 'reality' is supposedly restricted by what our language lets us say, e.g. there are different colour spectra in different languages. Vietnamese has six words for 'black'. Navaho distinguishes between the black of darkness and the blackness of objects, e.g. coal. In Welsh, 3 words cover 4 English/German/French colours: *glas* is 'blue' but also some 'green' (the rest is *gwrdd*) and some 'grey', the rest of 'grey' being covered by the word for 'brown', *llwyd*. The associations of colours are often determined culturally – grey is a depressing colour in the West but a cheerful one among many American Indians, in each case because of its association with rainclouds, perhaps, which are more appreciated in dry zones than in wet ones! (18) Whorf researched the Hopi in the southwest of the U.S.A., and found that their language de-emphasised time. The Inuit (popularly known as the 'Eskimos') are also a favourite culture with linguistic relativists, with (reputedly) an enormous number of words for snow – although this is now thought to derive from a misunderstanding by Whorf. Whether language *prevents* the perception of difference is a difficult question, but there is clearly a tendency for language and cultural perception to be linked, causing misunderstandings by outsiders. Thus during the Vietnam War the Americans frequently got their censuses wrong, because they would ask Vietnamese peasants how many children they had and get an *actual* rather than an *abstract* answer (i.e. the number present in the village, excluding those who happened to be somewhere else).

It is also necessary to avoid *cross-linguistic interference*, which can occur when something is harmless in one language but confusing or offensive in another. When American men talk about their *pants*, they mean their trousers, but to British ears it sounds as though they are talking about their underwear. My own worst moment came during a lesson on 'clothes' that I taught at a British language school to a class that contained a large number of Arab girls: after pointing to my shirt, tie, belt, and trousers, I announced (with an appropriate gesture) that I was going to show them my 'zip' – not realising that *zubb* is Arabic for 'penis'. Similar problems can arise in the world of international product marketing. I suggest that the English-speaking world may not really be ready yet for the French soft drink *Pschitt*, the Japanese coffee-creamer *Creap* and isotonic drink *Sweat*, the Italian hot drink *Slurp*, the Malaysian cold drink *Slurpy*, the Finnish car-lock defreezer *Super Piss*, the Danish liquorice *Spunk*, or the S. E. Asian underwear brand

Pansy. Vick is *Wick* in Germany, for reasons that German-speakers will appreciate. *Wehrmacht Original* footwear is on sale in various European countries, but presumably not in Germany.

Politeness is an important factor to be taken into account in intercultural linguistics. In many cultures 'yes' or 'no' as an answer is rude, because it asserts the ignorance of the interlocutor. Many languages have complex politeness distinctions, with different levels of social status being expressed by means of different registers (Bali) or by different pronouns (Thailand). English, for instance, does without the distinction of politeness or formality created by *Sie/du* or *vous/tu*. Some languages have different vocabularies for men and women (Japanese) or for adults and children (consider the use of 'adult' and 'grownup' in English). Foreigners, however, will nearly always seem ridiculous or offensive when they try to speak your language. Use of linguistic *channel-markers* differs between cultures: we use a lot on the telephone, but fewer in speech (where nods etc. may replace them); the Japanese use lots (*hai, hai*) and may misinterpret their greater scarcity in American usage as evidence of a lack of interest. *Directness/Indirectness* may differ between cultures but can also be a male/female distinction.

Paralanguage includes such phenomena as pitch (why do British women have such high-pitched voices?), intonation, loudness (why are Americans so loud?), pauses, and misunderstandings over *turn-taking rules*, e.g. native Americans have very long pauses and so are constantly 'overridden' by European-Americans.

When you meet someone for the first time, how do you decide whether you like them? According to research done in the 1960s and early 1970s, (19) the decision depends about 7% on verbal liking (i.e. what someone says), 38% on vocal liking (i.e. how they say it), but 55% on facial liking (i.e. what they look like). We decide whether we like someone within just a few seconds, but *'fuzzy signals'* in different areas like smiling or gestures can make the process dangerously unreliable. There are two serious and closely related problems: *body language* differs from culture to culture, and is therefore not universally identical; and, secondly, body language is not at all easy to 'read', or interpret. As a notorious example, there was the football match between Greece and England at which the opposing fans entertained each other with vivid hand gestures. In the Greek press next day it was explained that the England fans had been predicting a 2-0 victory for their team; the British newspapers, however, claimed that the Greeks had been prophesying a 5-0 win for Greece. Far from it! Both sets of fans were doing their best to be insulting, the English with the 'two-finger salute', the Greeks with the *moutza*, a motion of the hand with fingers outspread that is apparently derived from the public humiliation of prisoners in earlier times (they would be dragged through the streets and have filth thrust into their faces by the mob). This was a genuine two-way misunderstanding, but problems of attribution can also be used as a weapon: it is said that for years the North Koreans secretly insulted their American counterparts at Panmunjom in the Demilitarized Zone by handing over documents at the briefing sessions with only one hand, not both (as Korean etiquette requires). (20) Alternatively, in 1968 captured American sailors from the *U.S.S. Pueblo* denied their forced confessions of spying by surreptitiously giving the 'one-finger salute' (*'Stinkefinger'*) on the group photo that the North Koreans took for propaganda purposes. More innocent intercultural misunderstanding can arise when a culture has a broader *recognition distribution* for a signal than *production distribution*, e.g. it uses handclapping for applause only, and so interprets any instance of handclapping as applause – a different culture might use handclapping to express either applause or boredom, and so its slow boredom-handclap could easily be misunderstood. (21)

Are there any *universal forms* of nonverbal communication? There is disagreement here between the supporters of the 'nurture' (learned) and 'nature' (inherited) schools of human behaviour, but work done with children who were born blind and deaf tends to support the arguments of the latter, who claim that embracing/kissing, smiling, embarrassment, flirting, and anger are all internationally recognisable signals. It is also asserted that there are at least six 'universal emotions': anger, disgust, fear, happiness, sadness, surprise, and – perhaps a seventh – contempt, but cultural differences in the management of facial emotions (*display rules*) can mask these. (22) Some cultures are notorious for their requirement that emotions should be suppressed rather than displayed – Japan, for instance, or middle-class England, with its belief in keeping a 'stiff upper lip' – and different display rules will often govern the behaviour of men and women (with us, 'Big boys don't cry', but in some Islamic cultures, for instance, men are expected to be more ostentatiously emotional than women).

Nonverbal communication can be divided into *object language*, meaning the signals sent by such things as the favoured make of car (Volvo, Alfa Romeo or Trabant?), clothes, personal adornment (which can include make-up, body-piercing, or eye-manipulation by means of coloured contact-lenses), fat cigars, spectacles, furniture, and so on; *environmental language*, which refers to the creation of mood through the awareness of colour, lighting, architecture, or space; and communicative body language, also known as *kinesics*. (23) Kinesics in turn can be broken down into a number of component categories, including

posture, meaning the way that you sit or stand: this can signal boredom, attentiveness, contempt, openness or defensiveness. It has been pointed out that people who are enjoying each other's company will often sub- or semi-consciously adopt the same position of sitting or standing, a phenomenon that is known as *postural echo*;

gait, meaning the way that you walk. A correlation has been noted between the likelihood of being mugged and the potential victim's gait (i.e. their way of walking encourages or discourages the potential attacker by signaling either fearfulness or self-confidence);

tempo: including the signals that you may send by rushing about hectically (or dynamically, depending on the particular situation and the particular culture) or moving around lazily (alternatively: moving with relaxed purposefulness);

facial expression: an enormous area of potential confusion and misunderstanding. Just one example: Japanese people may smile (even laugh) when they feel uneasy and embarrassed;

gaze and eye management, or *oculesics*: in many cultures, e.g. in Central America or among the Zulu of South Africa, it is forbidden to look somebody whom you should respect direct in the eye, whereas in Western Europe and the U.S.A. this is taken as proof of honesty and uprightness (a situation that has caused U.S. policemen and judges to form a bad impression of respectful Mexican-American suspects, and African schoolchildren to form a bad impression of Westerners who come to teach them and who permit such disrespectful behaviour); (24)

physical appearance: although this may be unintentional and difficult to avoid, different aspects of physical appearance may send distinct signals within a particular culture. These include hair colour – certain qualities are often associated in Western countries with blonde hair ('dumb blonde') or red ('Rotes Haar und Sommersprossen/Sind des Teufels Artgenossen'); phrenology – 'high-' and 'lowbrow' are synonyms for 'intellectual' and 'unintellectual'; height – expressions like 'a tall dark stranger' or 'Gardemaß' tend to have positive associations; and even physical bulk – big is beautiful in Tonga;

sensorics: signals received by the less obvious senses, including *olfactics*, or smell (attitudes to perfume or the smell of sweat can vary considerably between cultures), and *thermics*, or body warmth experienced by touch (hot sweaty hands or cold ones may be interpreted differently in different cultures);

haptics, or touch: its different forms can be *ritualised, sexual, affiliative*, or *aggressive*; the British and WASP Americans (25) are sometimes said to suffer from an Anglo-Saxon 'touch taboo'. Certain areas of the body will be held to be taboo, but this varies from culture to culture: Buddhist cultures tend to tabooize touching of the head; touching the genitals is taboo in most cultures;

distancing or *immediacy behaviour*: this includes the idea that there are different degrees of interpersonal distance, and that these will likely vary from culture to culture. Edward T. Hall's zones for the U.S.A. are *intimate distance* = 0-18 inches; *personal distance* = 1.5-4 feet; *social distance* = 4-12 feet; and *public distance* = 12-25 feet. (26) Country people may expect a larger intimate/personal area, and so salesmen in Britain were advised to give country people more room when greeting them etc. and this apparently paid off;

and *gesture* (sign language), perhaps the most fascinating area of kinesics.

Gestures may *change* over time, and should be considered in context and combination, and not in 'kineme' isolation. Thus the English novelist E. M. Forster noted how Cambridge undergraduates in 1900 walked arm-in-arm but used surnames, whereas those of 1960 never walked arm-in-arm but used Christian names all the time.

The distribution of gestures has been studied by Morris and others; it may sometimes be possible to trace a *gesture barrier* like that crossing Italy at the Massico Mountains between Rome and Naples, which marks the use/non-use of gestures like the 'chin flick' and the 'head toss' (meaning 'no', and used rather than a head-shake) and which incidentally delineates the furthest extent of Greek colonisation in Italy. A gesture may occupy a *gestural niche*, blocking the spread of a more widely popular gesture, e.g. the existence of the 'two-finger salute' in Britain and the *moutza* in Greece as sexual insults have blocked the spread in these countries of the common 'forearm jerk' (except, in Greece, as a joke gesture), while on the other hand the 'V for victory'/hippy peace sign is given the wrong (abusive) way round in many European countries where the British 'two-finger salute' has been kept out by the 'forearm jerk'. The same gesture with two *different meanings* may exist within a cultural zone, e.g. the raised thumb as 'O.K.' or as abusive 'Sit on this!' gesture in Australia (here, context and the degree of aggressive movement involved reveal which is meant). And, finally, there may be a *choice of gestures* all with essentially the same meaning but used by different groups, e.g. the political salutes used in Albania by supporters of different factions over the last 60-70 years: Zogists (i.e. monarchists), with a flat hand held across the chest; fascists, with a straight, raised right arm; Nazis and their supporters, with the straight arm held out horizontally; Communists, with the clenched fist; post-Communist democrats, with the 'V for victory'/hippy peace sign; and anarcho-nihilistic rebels, who give a two-finger-plus-thumb salute (the three digits provocatively representing the Trinity of the Serbians, Albania's traditional enemy).

Finally, what qualities are needed to ensure successful intercultural communication? The University of Hildesheim Research Centre for Intercultural Communication has produced a profile of intercultural competence, listing the necessary skills and attributes in descending order of importance. The *Hildesheim Model* looks like this:

1. Most important of all: the awareness that your perceptions are influenced by your *cultural background and socialisation.*

2. The ability to clarify your own *values and beliefs.*

3. A *realistic view of yourself* (i.e. your self-image, or 'avowed identity', should be reasonably close to the image that others have of you, your 'ascribed identity').

4. You should have access to a *wide range of behavioural roles.*

5. *Metacultural procedural competence*: or being able to work out rules for intercultural communication.

6. *Avoidance* of rash, *too quick attributions.*

7. An ability to *empathise.*

8. Avoidance of *ethnocentrism.*

9. Tolerance of *ambiguity.*

10. *Coping* Strategies, e.g. the ability to negotiate meaning (i.e. clarification), and to do 'repairs' to the intercultural process.

In addition, it is essential to be *motivated*, and to have a good *knowledge of the culture* in question. The businessman father of a friend of mine did well trading with companies in pre-Revolutionary Iran. What was his secret? It certainly helped that his knowledge of Iran and interest in its traditional culture gave him an advantage over his business rivals. Where they gratefully accepted the unenthusiastic offer by their Iranian hosts of, say, a programme of visits to the nightclubs of Teheran, he would ask instead: 'Couldn't we go on a trip to Isfahan?' And doors began to open that might otherwise have remained shut.

Notes

(1) Another sample of Rhodes's world-view: 'Have you never realised that you might have been a Chinaman or a Hottentot or that most degraded of men, a Mashona? But you are not, you are an Englishman and have thus drawn the greatest prize in the lottery of life.'

(2) 'Timeo Danaos et dona ferentes' (Virgil, Aeneid, II, 49).

(3) Ralph Sadler, Henry VIII's English ambassador to Scotland, quoted in Paul Johnson, The Offshore Islanders (1972). Harmondsworth: Penguin, 1975, p.148.

(4) Attributed to Philip Henry Sheridan, 1869.

(5) A punning Italian comment on Napoleon's thieving of Italian art-treasures: 'Tutti francesi sono ladri – non tutti, ma buonaparte' (All Frenchmen are thieves – or, if not all, the better part).

(6) Adapted from a comment by Salvador de Madariaga on 'prejudices'.

(7) Samuel P. Huntington, The Clash of Civilizations and the Remaking of World Order (1996). London etc.: Touchstone, 1998, p.21.

(8) An additional problem in Germany has been the tendency to organise university departments around a scholarly method (or Wissenschaft) rather than a field of study.

(9) Including, for instance, the University of Hildesheim Research Centre for Intercultural Communication, under the direction of Professor Dr. Jürgen Beneke, with which the present writer is also associated.

(10) See, for example, Jürgen Beneke, Orientierungsmatrix: Die 14 Kulturdimensionen. Hildesheim: Forschungsstelle für Interkulturelle Kommunikation, 1998.

(11) Howard Rheingold, They Have a Word For It: A Lighthearted Lexicon of Untranslatable Words and Phrases. Los Angeles: Tarcher, 1988, p.54.

(12) Edward T. Hall, Beyond Culture. New York: Anchor Books / Doubleday, 1976.

(13) Gerhard Maletzke, Interkulturelle Kommunikation. Opladen: Westdeutscher Verlag, 1996, p.49.

(14) Probably first defined in Kalervo Oberg, Culture shock and the problem of adjustment to new cultural environments. Washington, DC: Foreign Service Institute of the Department of State, 1958.

(15) 'False friends', like 'become' (werden) and bekommen ('get'), or 'fabric' (Stoff) and Fabrik ('factory').

(16) 'O wad some Pow'r the giftie gie us/To see oursels as others see us!/It wad frae mony a blunder free us,/And foolish notion' (Robert Burns, To a Louse, 1785) – a text that should be made compulsory learning for everyone involved in intercultural communication!

(17) Ludwig Wittgenstein, Tractatus Logico-philosophicus (1921), 5.6.

(18) Maletzke, op.cit., p.51.

(19) See, for example, Albert Mehrabian, Nonverbal Communication. Chicago: Aldine-Atherton, 1972, and other publications by Mehrabian and his colleagues.

(20) Oskar Weggel, Die Asiaten. Munich: Beck, 1989, p.310.

(21) Peter Collett, Meetings and Misunderstandings. In: S. Bochner (ed.), Cultures in Contact. Oxford: Pergamon, 1982, pp.81-98.

(22) David Matsumoto, Harald G. Wallbott & Klaus R. Scherer, Emotions in Intercultural Communication. In: M. Asante & W. Gudykunst (eds.), Handbook of International and Intercultural Communication. Newbury Park, Calif.: Sage, 1989, pp.225-246.

(23) The term was coined by R.L. Birdwhistell (Kinesics and Context. Philadelphia: University of Pennsylvania Press, 1970). By analogy with 'morpheme' and 'phoneme' in linguistics, the smallest single communicative body movement is a 'kineme'.

(24) The works of Desmond Morris are a mine of fascinating examples of body language, for instance, on oculesics, the Chinese jade-dealers who formerly wore sunglasses to hide the giveaway dilation of their pupils at the sight of a good piece of jade; the Renaissance women in Italy who took the poison belladonna as a cosmetic to expand their pupils; or the notorious Casanovas who respond with pupil dilation (i.e. interest) only to non-dilating females (i.e. uninterested ones, who are therefore emotionally unthreatening). See, for example, Desmond Morris, Manwatching. London: Jonathan Cape, 1977; Bodywatching. London: Jonathan Cape, 1985; Bodytalk. New York: Crown, 1994; and (with Peter Collett, Peter Marsh & Marie O'Shaughnessy) Gestures. London: Jonathan Cape, 1979.

(25) WASP = White Anglo-Saxon Protestant.

(26) Edward T. Hall, The Hidden Dimension (1966). New York: Anchor Books/Doubleday, 1990, pp.113f.

Christoph Hübner

Vom Facharbeiter zum Prozessgestalter[1]
Die Bedeutung technologischer und arbeitsorganisatorischer Innovationen für das berufliche Weiterbildungsangebot

Neue Formen der Arbeitsorganisation (NFAO) generieren einen neuen Typus der modernen Industriearbeit, die im Unterschied zum tayloristischen Arbeitsprozess teamförmig und projektbezogen strukturiert ist. Neue Strukturen der Betriebs- und Arbeitsorganisation machen sich in fach-, bereichs- und hierarchieübergreifenden Kooperationsformen geltend. In diesem Prozess konturiert sich ein neues Mitarbeiterbild. Der Mitarbeiter muss als Impulsgeber verstanden werden, der verantwortungsbewusst und selbständig in den Arbeitsprozess eingreifen kann. Dadurch wird ein Innovationsprozess in Gang gesetzt, der umfassende qualifikatorische wie betriebsorganisatorische Umwälzungen impliziert.

Seit den 70er Jahren findet immer mehr eine Abkehr vom Leitbild hochtechnisierter, computerintegrierter und tayloristisch organisierter Fabriken statt. Mit dem Einzug neuer Organisationsformen von Arbeit und Technik (NFAO), die den beschleunigten Innovationszyklen mit dem Implikat neuer Qualitätsanforderungen und steigenden Ansprüchen an die Arbeit Rechnung tragen sollen, werden Grenzen der tayloristischen Arbeitsteilung sichtbar. Auf der Seite der Beschäftigten wurde in den 60er und 70er Jahren wachsender Widerstand gegen routinisierte, dequalifizierende und leistungsverdichtete Arbeit praktiziert. Das gestiegene Ausbildungsniveau der Beschäftigten und die fortschreitende Demokratisierung der Gesellschaft in den Phasen der wirtschaftlichen Prosperität führten seit Mitte der siebziger Jahre zu verschiedenen Bundes- und Länderinitiativen, die sich der Humanisierung der Arbeit verschrieben hatten. Es wurden ansatzweise neue Organisationsformen von Arbeit entwickelt und versuchsweise erprobt.

Zu einem Paradigmenwechsel im Sinne einer Reprofessionalisierung der Produktionsarbeit kam es jedoch erst angesichts veränderter wirtschaftlicher Rahmenbedingungen. Flexiblere Marktanforderungen und unternehmerische Diversifizierungsstrategien brechen sich an bürokratisierten und hierarchisierten Organisationsstrukturen. Schnellere Innovationszyklen untergraben die institutionelle Trennung von Fertigung und Entwicklung, höhere Qualitätsanforderungen passen nicht zu einer Arbeitsorganisation, die mit der Trennung von kontrollierenden und ausführenden Tätigkeiten einhergeht. Und schließlich scheitern Kostensenkungsstrategien oft an hohen Gemeinkostenanteilen und teuren Materialbeständen. Gegenwärtig ist ein

Reorganisationsprozess in weiten Teilen der Großindustrie aber auch in KMU zu verzeichnen, demzufolge eine prozessorientierte Produktion, von Transparenz und Funktionsintegration geprägt, sich neuer Informationstechnologien bedient und das hierarchische System der Arbeitsteilung revidiert und ein radikal geändertes Qualifikationstableau auf die Tagesordnung setzt.

In der neueren sozialwissenschaftlichen Forschung gilt mittlerweile als gesichert, dass es zu den Grundvoraussetzungen der Verwirklichung betrieblicher Reorganisationskonzepte gehört, den Mitarbeitern vielfältigere Arbeitsinhalte und Aufgabenzuschnitte sowie größere Entscheidungskompetenzen zu übertragen, wozu umfassende Qualifizierungs- und Weiterbildungsmaßnahmen erforderlich sind. Es ist deswegen im Folgenden zu untersuchen, wie weit der Erwerb neuer arbeits- und fachbezogener, aber auch überfachlicher Qualifikationen zugleich mit der Verwirklichung sozialer Lernziele einhergehen muss. Kommunikations- und Kooperationsfähigkeit werden als zentrale Schlüsselqualifikationen eine große Bedeutung bekommen.

Mit Blick auf eine objektiv nachvollziehbare Entwicklung sozialverträglicher Arbeitssysteme erscheint es notwendig, über die forcierte Förderung der Fachkompetenz hinaus, zu eruieren, ob und wie die Betroffenen unter Partizipationsgesichtspunkten verstärkt zur interkollegialen Kommunikation und Kooperation zu befähigen sind.

Betriebliche Reorganisation und Ansätze ganzheitlicher Qualifizierung

Neue Technologien und neue Formen der Arbeitsorganisation sind das Resultat einer sich ständig modernisierenden Arbeitswelt. Um auf diese Innovationen adäquat reagieren zu können, ist es notwendig, die sich ändernden Aufgaben der Produktionsfacharbeiter einer näheren Betrachtung zu unterziehen. Denn durch den Einsatz neuer Technologien wird ein entschieden modifiziertes Kompetenzprofil an sie herangetragen, das die traditionelle berufspädagogische Debatte bislang nicht zu antizipieren imstande war.

Uli Kowohl formuliert die Problemlage folgendermaßen:
„Die Beziehungen zwischen Technikentwicklung, Arbeitsorganisation und Arbeitsanforderungen sind weder deterministisch noch zufällig, sondern lassen sich nur als komplexes Verhältnis von Marktanforderungen, Fertigungstechnik, Arbeitsorganisation und den innerbetrieblichen Interessenkonstellationen (Mikropolitik) fassen. Der Zusammenhang von Arbeitsfähigkeit und Technikentwicklung lässt sich darüber hinaus nur hinreichend

analysieren, wenn auch der Zusammenhang von betrieblicher (Produkt- und Prozess-) Innovation und Qualifikationsanforderungen untersucht wird."[2]

Die These lautet: der ganze Arbeitsprozess steht vor einem grundlegenden Wandel, dem sich alle (Hierarchieebenen) stellen müssen. Dies impliziert ganz neue Qualifikationsanforderungen an die Mitarbeiter.

„Produktionstechnische Qualifikationen (im direkten Sinne) sind in den letzten zehn Jahren unter einen verstärkten Veränderungsdruck geraten, weil neue Marktanforderungen sowohl den Einsatz neuer Techniken, als auch zunehmend neue Produktionskonzepte erfordern, die sich von klassischen, arbeitsteiligen arbeitsorganisatorischen Formen absetzen und mittels ganzheitlicher Arbeitszuschnitte und zunehmender Verantwortung der Produktionsarbeiter für die Produkte flexible Fertigungs- und Arbeitsstrukturen schaffen."[3]

Dass die Qualifikationsstruktur des Industriearbeiters modifiziert werden muss, wenn sich die technische Struktur des Arbeits- und Produktionsprozesses infolge von Rationalisierungsmaßnahmen nachhaltig ändert, gehört zum Standardwissen neuerer empirischer Forschung.

Die stattfindenden Reorganisationsansätze in den Betrieben nach einem neuen Konzeptleitbild zu strukturieren, nämlich dem der Partizipation, ist als Tendenz zu beobachten. Hier deutet sich ein grundsätzlicher Wandel betrieblicher Erfolgsparameter an, der qualifikationstheoretisch wie praktisch von nicht zu unterschätzender Bedeutung ist, kann doch hinter der Perspektive partizipativer Reorganisation ein ganzheitlicher Arbeits- und damit auch Qualifikationsansatz vermutet werden.

„Das Leitbild der neuen Fabrik fußt auf einer Unternehmenskultur, die in ihrer Ausgestaltung auf dem Prinzip der Partizipation auf allen betrieblichen Ebenen beruht."[4]

Welche qualifikatorischen Konsequenzen eine derartige „Unternehmenskultur" zeitigt, deutet sich bei Brödner an:

„Job rotation (Aufgabenwechsel) und job enlargement (Aufgabenerweiterung) erfordern ein Mehr an fachlichen Qualifikationen auf gleichem Niveau (z. B. die Fähigkeit zur Beherrschung einer zweiten oder mehrerer Maschinen oder mehrerer gleichwertiger Sachbearbeiterfunktionen), job enrichment (Aufgabenanreicherung) erfordert höhere Qualifikationen (etwa bei der Übernahme von Programmiertätigkeiten durch Werkstattbeschäftigte, bei Modellen integrierter Sachbearbeitung oder bei Detail-Konstrukteuren, denen wieder ganzheitliche Konstruktionsaufgaben übertragen werden). Um objektorientiert arbeiten und ihre eigene Tätigkeit flexibel in den Gesamtprozess einordnen zu können, müssen die Beschäftigten die Funk-

tion von Produktions- und Verwaltungsbereichen kennen, die der eigenen
Tätigkeit vor- und nachgelagert sind und darüber hinaus ein Bild vom Pro-
duktionsablauf im Gesamtunternehmen haben. Dieser Überblick über die
Produktionszusammenhänge wird durch den Objektbezug der Tätigkeit
gleichzeitig wesentlich vereinfacht."[5]

Die Betonung des Objektbezuges, auf den die betrieblichen Tätigkeiten
zunehmend ausgerichtet werden, markiert bei Brödner den qualitativen
Wechsel von tayloristisch organisierter Arbeit mit ihren Massenproduk-
tionskennziffern, repetitiven Teilarbeiten und rigiden Über- und Unterord-
nungssystemen zu ganzheitlich organisierten kooperativen Arbeitsvollzügen
in Teams oder Arbeitsgruppen. Dass die abgefragten Qualifikationen sich
erweitern oder als höher zu bewerten sind, ist angesichts der aufgezeigten
Tendenz, derzufolge eine zentrale Qualifikation nötig wird, die die Beschäftigten im reorganisierten Betrieb befähigt, konkrete Teilarbeitsschritte
objektorientiert und flexibel in den Gesamtprozess einzubringen, eher
zweitrangig.

„Für die meisten Unternehmen stellt die Qualifizierung von Mitarbeitern
und Führungskräften ein Problem dar, weil die bislang verbreiteten Konzepte der betrieblichen Aus- und Weiterbildung lediglich auf den Erwerb
betrieblicher Fertigkeiten und die Vermittlung von fachlichen Kenntnissen
abzielen, die für die Ausübung der Arbeitstätigkeit von Bedeutung sind.
Qualifizierungen im Rahmen von Reorganisationsmaßnahmen müssen jedoch Mitarbeiter und Führungskräfte zusätzlich in die Lage versetzen,
Probleme zu erkennen, zu analysieren und die erarbeiteten Lösungen in die
Praxis umzusetzen. Außerdem müssen die Mitarbeiter befähigt und moti-
viert werden, im betrieblichen Alltag besser miteinander zu kommunizieren,
zu kooperieren und Konflikte konstruktiv zu lösen. Qualifizierungskonzepte
dürfen daher nicht nur die fachliche Kompetenz erweitern, sondern müssen
auch die Methoden- und Sozialkompetenz fördern und sich zeitgemäßer
Methoden und Werkzeuge des Qualitätsmanagements bedienen."[6]

In dieser Summierung künftig verstärkt nachgefragter beruflicher Fähigkeiten und Fertigkeiten wird augenfällig, mit welchen qualitativen Sprüngen
die berufliche Qualifikation und Sozialisation konfrontiert wird. Die Frage
ist, wie sich die neue Qualität als Summe verschiedener hierarchisch struk-
turierter Befähigungen näher definieren lässt. Es scheint daher weniger nötig, auf klassische Definitionsversuche dieses in der Berufspädagogik längst
kontrovers diskutierten Verhältnisses einzugehen, sondern es ist der Inte-
grationsprozess von fachlichen und überfachlichen Befähigungen in der mo-
dernisierten Arbeitswelt näher zu bestimmen und es sind die Strukturen

beruflicher Weiterbildung daraufhin zu untersuchen, inwieweit sie den Modernisierungsansätzen ihrerseits Genüge leisten.

NFAO erfordern einen Paradigmenwechsel in der beruflichen Aus- und Weiterbildung. Tradierte Strukturen des klassischen Fächerkanons des Dualen Systems müssen neuen fachübergreifenden Ausbildungsmodellen weichen. In den Arbeitsprozess weitgehend integrierte Lernformen und strukturelle Leitbilder für betriebliche Reorganisationsprozesse müssen proaktiv statt reaktiv entwickelt werden. Voraussetzung ist eine selbstkritische Reflexion und Reorganisation der Bildungsträgerstrukturen. Die Institutionen müssen sich selbst qualifizieren, um vom passiven Service-Dienstleister zum aktiven Organisator eines modernen Qualifikationserwerbs zu werden.

Der schnelle technologische, wirtschaftliche und gesellschaftliche Wandlungsprozess, vor allem die fortschreitende Computerisierung aller Lebenssphären und die enorme Mediatisierung der Gesellschaft führen zu einem strukturellen Problem der beruflichen Weiterbildung. Je schneller der technologische Wandel und die Wirkungen einer globalisierten Wirtschaft voranschreiten, desto kürzer werden die Verfallszeiten beruflichen Wissens und desto reformbedürftiger erscheinen die vorfindlichen Weiterbildungsangebote und -aktivitäten zu sein. Ein reaktives Weiterbildungsangebot reicht in Zeiten des verschärften Wettbewerbdrucks und der wachsenden internationalen Konkurrenz allerdings nicht aus. Das Ideal wäre die Schaffung proaktiver Weiterbildungsstrukturen, die es erlauben, antizipierte Bedarfe curricular flexibel zu decken und den Betrieben damit letztlich auf den enger werdenden Märkten zu einer größeren Konkurrenzfähigkeit zu verhelfen.

Neue Produktions- und Arbeitsformen, die zunehmend auch in Klein- und Mittelbetrieben Platz greifen, erfordern einen neuen Mitarbeitertypus, darüber sind sich die Weiterbildungsexperten einig.
„Weiterbildungsmaßnahmen im Zusammenhang mit der Einführung von Gruppenarbeit dienen deshalb nur zu einem Teil der praktischen Vermittlung neuer Wissensinhalte oder Fähigkeiten. Der zweite unverzichtbare Teil zielt auf die Gewöhnung der Mitarbeiter an ihre neue, genau zugemessene und deshalb bloß illusionierte Subjekthaftigkeit."[7]
Verstärkt wird diese Forderung nach einem neuen Mitarbeitertypus darüber, dass in den letzten Jahren ein zunehmender Wandel unternehmerischer Leitbilder eingesetzt hat. Technik und Technikentwicklung wie z.B. CAD- und CIM-Strategien haben an Bedeutung verloren, weil sie nur unflexibel einzusetzen sind. Stattdessen ist die Wichtigkeit von sozialkommunikativen und pädagogischen Aspekten, die sogenannte „Ausbeutung der Humanres-

sourcen" für das Gelingen unternehmerischer Gesamtstrategien in den Vordergrund gerückt.

Der zentrale Gedanke, der in der betrieblichen Weiterbildung reflektiert wird, befasst sich damit, die Arbeit dahingehend zu reorganisieren, dass Technikdominanz und spezielle, damit verbundene Fertigungsverfahren abgebaut werden. Stattdessen sollen Gruppen- und Teamkonzepte realisiert werden, die das tayloristische top-down Management durch bottom-up Maßnahmen ersetzen oder zumindest ergänzen.

Um der neuen wirtschaftlichen Lage gerecht zu werden, bedarf es also gänzlich neuer Weiterbildungsziele, -organisationsformen und -inhalte. Wie diese zu konzipieren und zu realisieren sind, ist Inhalt der aktuellen Diskussion und zahlreicher Modellprojekte auf bildungspolitischer und betrieblicher Ebene.

Im Fokus der traditionellen betrieblichen Bildungsarbeit stand das individuelle Bildungssubjekt mit seinen durch betriebliche Anforderungsprofile definierten Lernerfordernissen. Ein solches Verständnis von Bildungsarbeit erscheint für tayloristische Strukturen durchaus adäquat, für die neuen Produktions- und Arbeitsformen jedoch eher kontraproduktiv. Die Weiterbildung hat einen Wandel vollzogen, indem sie nicht mehr punktuelle Anpassungsmaßnahmen im Kontext neuer Technikgenerationen und Ablaufstrukturen vornimmt, sondern vielmehr die Voraussetzung für das Arbeiten in betrieblichen Modernisierungsprozessen schaffen muss. Diese sind in erster Linie charakterisiert durch neue Formen der Betriebs- und Arbeitsorganisation, die sich durch flache Hierarchien, horizontale Vernetzung, Gruppenarbeit, Funktionsintegration am Arbeitsplatz und unternehmensübergreifende Vernetzung auszeichnen. Die Mitarbeiter müssen sowohl mit Methoden- als auch mit Sozialkompetenz ausgestattet sein und im Unternehmen Innovationen anstoßen können.
Fasst man die wichtigsten Kriterien zusammen, unter denen Weiterbildungseinrichtungen Qualifizierungskonzepte erarbeiten, die sich auf Reorganisationsprojekte in den Betrieben beziehen und die Qualifizierungspraxis im Hinblick auf zukünftig relevante Strukturen beeinflussen, so kommt man zu folgenden Resultaten:

Gruppe 1: Fachorientierung:
- individuelle Akkumulation von Fachkompetenzen contra Fachspezialisierung
- Anreicherung der Fachqualifikation durch EDV
- Generalisierung von Facharbeiterqualifikationen

- überfachliche Orientierung „Hybridfacharbeiter", z.b. der „Mechatroniker"
- bereichsübergreifende Strukturen, z.b. der „technische Betriebswirt"

Gruppe 2: Orientierung an Schlüsselqualifikationen:
- Kooperations- und Teamfähigkeit als zentrale personale Kompetenzen
- Differenzierung und Anreicherung von Kernkompetenzen, z.b. Problemlösungskompetenzen
- Betonung psychologischer, personaler Fähigkeiten, z.b. Durchsetzungsvermögen
- Ich-Stärke und Autonomieverhalten

Gruppe 3: Orientierungswechsel der Qualifizierung:
- Kundenorientierung als Leitbegriff von Qualifizierung
- Digitalisierungstendenz; EDV als zentraler Qualifizierungsanker
- Aufgabenorientierung statt Berufsbildorientierung
- Betonung prozessorientierter Qualifizierung
- Management-Coaching-Consulting

Abgesehen von wenigen Ausnahmen die eher auf pragmatische, vom jeweiligen Fall und Bedarf abhängige Qualifizierungsstrategien setzen, definieren sich die drei Gruppen qualifizierungsstrategisch im Spannungsfeld zwischen Fachqualifikation und überfachlicher personaler Qualifizierung, wenn sie ihre innovativen Orientierungen darlegen.

Auffällig ist zwar, dass das traditionelle Qualifizierungsmodell einer berufsbildorientierten Aus- und Weiterbildung, ergänzt um personale Kompetenzen, von einem Großteil der Einrichtungen als weitgehend überholt angesehen wird, dass aber eine neue Qualifizierungsstrategie sich doch nur relativ zögerlich herauszukristallisieren beginnt.

Es werden zwar die signifikanten Tendenzen bestätigt, die zur Aufweichung starrer Berufsbildstrukturen führen. Es werden überfachliche und polyvalente Qualifikationen ins berufspädagogische Blickfeld gerückt. Und es wird das Gebot der Flexibilität der Arbeit auf dem Hintergrund neuer technischer Entwicklungen wie der Computerisierung des Industriebetriebes berücksichtigt. Schließlich wird auch die Bedeutung von Schlüsselqualifikationen wie etwa ausgewiesene Kooperationsfähigkeit und Problemlösungskompetenz den künftigen Arbeitstrukturen mit Notwendigkeit zugeordnet. Der Schritt zum ganzheitlichen Qualifikationsmodell, in dem Prozessqualifikationen eine Einheit mit Fach- und Schlüsselkompetenzen bilden und im Prozess reorganisierter Arbeit erworben und befestigt werden, wird jedoch nicht explizit vollzogen.

Strukturen künftiger Kompetenzentwicklung

Die unterschiedlichen Ebenen von beruflicher Qualifikation, ihre fachliche und überfachliche Dimensionierung, ihr Zusammenhang im betrieblichen Prozess wird besonders auf der Prozessebene erkennbar. Facharbeit bildet zwar nach wie vor die „Mitte" beruflicher Qualifikation, aber um sie herum gruppieren sich das „Fach" modifizierende qualifikatorische Elemente und prozessunabhängige Fähigkeiten. Die Tendenz geht in Richtung einer multifunktionalen Prozessqualifikation, die sich im Unterschied zur traditionellen Facharbeiterqualifikation durch fachübergreifende, erfahrungsgeleitete und wissensbasierte Qualifikationen auszeichnet. Sie ist nicht mehr „nur" auf die fachgerechte Bewältigung von arbeitsplatzbezogenen Aufgabenstellungen verpflichtet, sondern in flexiblen Tätigkeitsstrukturen stärker dem übergeordneten Kriterium des Betriebserfolgs verantwortlich. Diese Qualifikationsentwicklung impliziert Qualifizierungsmaßnahmen auf allen betrieblichen Hierarchieebenen.

Die im Rahmen der Einführung von NFAO gemachten Erfahrungen lassen einen neuen, auf die Überwindung tayloristischer Strukturen angelegten, ganzheitlichen Qualifikationsbegriff erkennen.
Im Folgenden soll ein Überblick über die einzelnen Qualifikationselemente und ihr Zusammenhang im Prozess der betrieblichen Reorganisation die Vielschichtigkeit eines ganzheitlichen Qualifikationsverständnisses dokumentieren.

Die Fachebene

Es ist zwar festzuhalten, dass der Facharbeiter weiterhin in klassischen Tätigkeitsstrukturen beschäftigt bleibt, doch sind einige qualitative Modifikationen zu verzeichnen. In gruppen- und teamförmigen Arbeitsstrukturen wird er einen qualifizierten Überblick über andere Tätigkeitsbereiche gewinnen müssen und andererseits, von seiner sog. „DIN-Programmierung" befreit, wird er seine eigentlichen Funktionen verrichten können. Im Zuge technischer Innovationen ändern sich tendenziell aber auch Aufgaben und Funktionen von Facharbeit, die eine Erweiterung des Fachwissens notwendig machen. Es kommt künftig weniger auf formale als vielmehr auf sog. „de-facto"-Qualifikationen an, die vor allem produktionstechnikorientiert sind.

In der Kontinuität handwerklichen Geschicks im Umgang mit Arbeitsmitteln und Werkstoffen kommt es weiterhin auf individuelles Fachkönnen an, wobei aber charakteristisch sein dürfte, dass der Facharbeiter zunehmend in

Teamstrukturen eingebunden wird, in denen er sich kooperativ betätigen muss.

Der vielfach beobachtete Übergang der Betriebe zu arbeitsorganisatorischen Veränderungen, die Jobrotation, Jobenrichment und Gruppenarbeit verlangen, erfordert mehr und höheres fachliches Können, so dass sich auch aus dieser Perspektive die These von ansteigenden Kompetenzanforderungen im Zuge neuer Formen der Arbeitsorganisation erhärten lässt. Häufig findet in diesem Zusammenhang eine Reaktivierung von Fachwissen auf höherem Niveau statt, um die persönliche Einsatzflexibilität zu erhöhen.

Im Sinne eines richtig verstandenen „Jobenlargements" oder „Jobenrichments" erhalten die in Gruppenarbeit Tätigen eine tendenziell ganzheitliche Arbeitsaufgabe, für die sie als Gruppe gegenüber der nächst höheren Instanz verantwortlich sind und die sie in einem vereinbarten Rahmen selbst steuern können.

Mitarbeiter führen Qualitätskontrollen durch. Dabei haben sie die Möglichkeit, direkt an Ort und Stelle die Konsequenzen aus der Ergebniskontrolle zu ziehen.

Sie erlangen dadurch einen erweiterten Planungsspielraum. Innerbetriebliche Kundenbeziehungen sind die Voraussetzung für diese Erweiterung der Entscheidungsmöglichkeiten. Dabei ist es nützlich, wenn in die Gruppe auch Elemente der Arbeitsvorbereitung integriert werden.

Die Festlegung der Erholungspausen, die Urlaubsplanung und die Schichteinteilung wird in die Kompetenz der Gruppe verlagert.

Die Gruppe erhält Einfluss auf die Personalplanung, da sie i.d.R. in Personaleinsatzentscheidungen einbezogen wird.

Die Gruppe verteilt die einzelnen Aufgaben untereinander auf die einzelnen Gruppenmitglieder. Jobrotation ist hierbei ein wichtiges Element, da die Gruppe flexibler ist, wenn die Mitarbeiter in der Lage sind, viele Arbeitsaufgaben zu erledigen.

Eine Zunahme indirekter Tätigkeiten auf Facharbeiterniveau zeichnet sich deutlich ab. Das betrifft vor allem Einrichtungstätigkeiten, Werkzeugeinstellung und -versorgung, die Erstellung und Optimierung von Steuerungsprogrammen, Fehlerdiagnose, Wartung und Instandhaltung. Bei Gruppenarbeitsprozessen ist auffällig, dass es verstärkt zu einer Integration von direkten und indirekten Aufgaben kommt, so dass gewissermaßen von einer Tendenz zur Universalisierung oder Generalisierung von Facharbeiterfertigkeiten gesprochen werden kann.

In diesem Zusammenhang kann eine wachsende Bedeutung von betrieblichem Erfahrungswissen oder „erfahrungsgeleitetem Arbeitshandeln" verzeichnet werden. Eine Aufwertung geringer qualifizierter Mitarbeiter in der betrieblichen Hierarchie und Wertschätzung wird dadurch induziert. Das Erfahrungswissen der Betriebswerker kann als wichtige Ressource zur Effizienzsteigerung betrachtet werden, wenn es systematisch für Innovationsprozesse genutzt wird, deren betriebswirtschaftliche und technische Dimensionierung und Logik sich erst in der betrieblichen Praxis vollständig erschließen lässt.

Die traditionelle Trennung zwischen betriebswirtschaftlich-kaufmännischem und produktionstechnischem Bereich wird partiell zugunsten bereichsübergreifender Tätigkeitsstrukturen mit den entsprechenden Qualifikationsanforderungen überwunden. Hierfür werden im Technikerbereich verstärkt Marketing-Kenntnisse und Kostenrechnung sowie andere kaufmännische Aspekte der betrieblichen Abläufe virulent. Umgekehrt müssen kaufmännische Angestellte an diesen Schnittstellen technisches Know-how und Prozesskenntnisse erwerben. Durch diese Entwicklung dürfte wesentlich die Meisterebene tangiert werden, insofern Meister in der betrieblichen Hierarchie im Mittelfeld zwischen technischen Produktionsbereichen und kaufmännischen Abteilungen beschäftigt sind

Die Prozessebene

Im Zuge der Umstellung der Arbeitsorganisation werden hierarchisch abwärts gerichtete Funktionsverlagerungen immer häufiger Praxis. Dabei werden Verantwortungs- und Anforderungselemente aus dem Bereich der mittleren Führungsebene an untere Funktionsebenen delegiert. Hierzu gehören disponierende, planende und organisatorische Tätigkeiten, die als kooperative Qualifikationen auf der Fachebene verlangt werden. Zu den einzelnen Elementen disponierender Tätigkeiten gehören Terminplanung, Urlaubsregelungen, Schichtplangestaltung, arbeitsorganisatorische Regelungen etc. Man kann also von Ansätzen einer Reintegration planender und ausführender Arbeiten sprechen, die eine entsprechende Weiterqualifizierung erfordern und die auf eine generelle Erweiterung von dezentralen Steuerungs- und Planungsfähigkeiten hinauslaufen. Wir können deshalb von einer zunehmenden qualifikatorischen Bedeutung der Prozessebene sprechen.

Das Prozess- und Systemwissen wird in der Bedeutung für künftige Arbeitsprozesse aufgewertet, da arbeitsplatzübergreifende, auf den Gesamtbetrieb bezogene Problemlösungs- und Methodenkompetenzen vermehrt verlangt werden.

Systemmanagement wird zur Hauptaufgabe, mit dem Ziel, höchstmögliche Verfügbarkeit der Fertigungsmittel in möglichst kurzer Auftragsdurchlaufzeit zu garantieren. Das setzt eine fertigungsnahe Arbeitsvorbereitung voraus, die technologisch dispositive Feinplanungskompetenzen mit den entsprechenden Qualifikationen zur Arbeitsblockterminierung, des Informationsaustauschs etc. verlangt. Es wird jedenfalls, das lässt sich bereits absehen, das Prinzip einer zunehmenden Koppelung von unmittelbaren Produktionstätigkeiten und flexibel planenden und steuernden Funktionen in dezentralen Dispositionsstellen vorherrschen. Die Produktivität der Arbeit wird nicht mehr vorrangig durch maschinelle Mittel zur schnelleren, anstrengenden und repetitiven Teilarbeit gesteigert, sondern durch intelligente, qualifizierte, flexibel organisierte ganzheitlich orientierte Arbeit erhöht. Fertigungsorganisatorische Kenntnisse, die in Produktions- und organisatorische Zusammenhänge eingebracht werden, um diese zu optimieren, stellen den Kern der künftigen Prozessarbeit dar, die in Kooperation von requalifizierten Facharbeitern verschiedener Qualifikationsstufen sowie Technikern und Ingenieuren verrichtet wird.

Eine ausgeprägte Methodenkompetenz wird dabei umso wichtiger, als die Mitarbeiter in reorganisierten Betrieben mit der Aufgabe konfrontiert werden, konkrete Problem analysieren und Lösungswege antizipieren zu müssen. Das erfordert einerseits die Kenntnis spezieller Arbeitstechniken, als auch einen Überblick über Problemlösungsmethoden, die eine höhere Form funktioneller Handlungsfähigkeit erzeugen. Der effektive Gebrauch von Betriebswissen und begrenztem Prozesswissen über funktionelle Produktionsprinzipien und Fertigungsverfahren gehört ebenfalls in diese Kategorie von Qualifikation.

Ein Prozess der Hochspezialisierung z.B. im Datenhandling und technische innovationsorientierte Spezialisierung bei neuen Techniken (Medienbereich) geht mit einem Prozess der Aneignung von interdisziplinären Ingenieurs- und Technikwissen einher, wobei davon nicht nur die Technikerebene tangiert wird, sondern ebenfalls die Facharbeiter, die sich in komplexen technischen und technologischen Problemhorizonten bewegen müssen.

Die personale Ebene

Dass im Reorganisationsprozess fachunabhängige funktionale Wissenselemente eine größere Bedeutung erlangen, liegt auf der Hand: Arbeitsschutz, Umweltschutz, präventive Gesundheitsförderung, Energiebewusstsein und Arbeitsrecht werden zu extrafunktionalen, aber obligatorischen personalen Qualifikationen, wenn eine zielgerichtete Effektivierung der Produktion nicht nur nach gültigen Rechtsmaßstäben und -vorschriften (z.B. EU-Recht), sondern vor allem mit und durch Verbesserungen der Arbeits- und Arbeitsumweltbedingungen in einer flexiblen Aufbau- und Ablauforganisation realisiert werden soll. Daneben kann man von integrativen Wissenselementen sprechen, die sich wesentlich aus der Markt- und Kundenausrichtung von Reorganisierungsmaßnahmen ableiten lassen und sich auf ökonomisch-soziale Zusammenhänge beziehen. Schließlich darf auch die Notwendigkeit verstärkter Sprachenkompetenz nicht vergessen werden, auf die eine auf globalisierte Märkte ausgerichtete Industriestruktur nicht verzichten kann.

Auf die Wahrnehmung von mehr Verantwortung, auf die Fähigkeit zur Teamarbeit sowie auf autonomieorientierte Handlungs- und Sozialkompetenzen, organisatorische Fähigkeiten, Problemlösetechniken und Kommunikationsfähigkeiten, kurz, auf die sogenannten Schlüsselqualifikationen kommt es auch auf den unteren Hierarchieebenen immer mehr an.[8] Ausgeprägte Sozialkompetenzen wie sprachliche Artikulation und Ausdrucksvermögen sowie Kommunikationsfähigkeit mit technischen Mitteln rücken angesichts globalisierter Märkte und vernetzter internationaler Kapitalgesellschaften immer mehr in den Qualifizierungsmittelpunkt, wobei die Betonung persönlichkeitsbezogener Qualifikationen nicht zu übersehen ist. Hierzu gehört die verstärkte Befähigung zur Eigenkontrolle aber auch zur individuellen Stressbewältigung.
Mitarbeiter und Führungskräfte müssen gleichermaßen ihre Interessen erkennen und äußern können, Konflikte transparent machen, Durchsetzungs- und Konfliktregelungsstrategien erarbeiten, festlegen und anwenden können. Die Entfaltung von unternehmerischen Potentialen ist dabei nicht mehr an bestimmte Lerninhalte gebunden, sondern verlangt dem Arbeitnehmer in relativ abstraktem Sinne die Fähigkeit zu sachlicher und kooperativer Auseinandersetzung und Verständigung, zu Kritik und verantwortungsbewusster Urteilsbildung, zu Mitwirkung und Mitbestimmung ab.
Insofern soll hier der Begriff „Partizipationskompetenz" als Orientierungsbegriff zur Definition künftiger Qualifikationsanforderungen vorgeschlagen werden. Ein solcher Begriff erscheint auf den ersten Blick zwar plakativ und abstrakt, unter dem Gesichtspunkt der individuellen Persönlichkeitsentwicklung kann er jedoch den Anforderungen, wie sie sich aus den neuen Formen der Arbeitsorganisation herauskristallisieren, annäherungsweise gerecht werden.

Der Kompetenzentwicklungsbaum

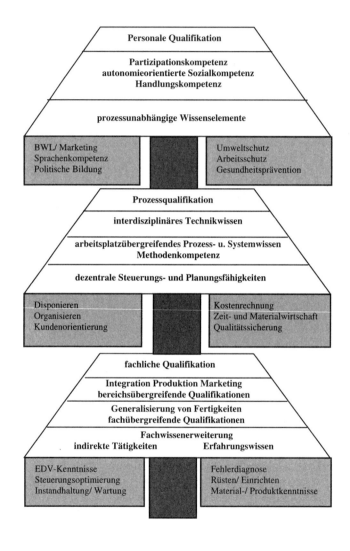

Vom Facharbeiter zum Prozessgestalter – Zusammenfassung

Der mit diesem „Kompetenzentwicklungsbaum" gebotene schematische Überblick künftig verstärkt nachgefragter Qualifikationselemente in ihrem prozessualen Zusammenhang von Reorganisationsprojekten soll einerseits Einblick in die tatsächliche Vielschichtigkeit beruflicher Qualifizierung liefern und zum anderen deren prinzipielle Einheit von differenzierten Kooperationsfertigkeiten und Kooperationsfähigkeiten betonen. Die Forderung nach einheitlicher Qualifizierung industriellen Fachpersonals soll kein berufspädagogisches Postulat bleiben, das als dauerndes, aber nie erreichtes Ideal einer Weiterbildungspraxis, die ihre Vorgaben rein pragmatisch aus praktischen Erfordernissen des Bildungsalltags bezieht, notwendigerweise ein tristes Leben fristen muss. Im Gegenteil, das vorgestellte Modell einer in Teileelemente verästelten, aber im Prinzip einheitlichen kooperativen Kompetenzentwicklung, die die fachlichen, überfachlichen, prozessualen wie personalen Ebenen von beruflicher Qualifikation als Einheit einer relativ umfassenden Partizipationskompetenz zu verstehen sucht, will den strukturellen Veränderungen in der Arbeitswelt in vollem Maße Rechnung tragen. Dabei liegt die Betonung der Notwendigkeit übergreifender Qualifikationsstrukturen zugunsten einer sich stärker ausprägenden funktionellen und generellen Handlungskompetenz und personalen Qualifikation auf der damit verbundenen Flexibilität, also der Fähigkeit von Facharbeitern, sich auf verändernde betriebliche Situationen und Arbeitsanforderungen flexibel einzustellen.

Zusammenfassend lässt sich auf der Ebene der fachlichen Qualifikation wie auf der Prozessebene trotz aller differenzierten fachlichen und überfachlichen Ausrichtung der Inhalte eine allgemeine Kernqualifikation ausmachen, die wir als Fähigkeit zur produktiven Kooperation beschreiben wollen. Die Betonung kooperativer Fähigkeiten findet sich u.E. in der Fachdebatte zur künftigen Qualifikationsentwicklung auf der Facharbeiterebene bisher fast ausschließlich auf der personalen Ebene unter der Kategorie „Schlüsselqualifikation Kooperationsfähigkeit" und verbleibt notwendigerweise in der sehr abstrakten Dimension der allgemeinen personalen Befähigungen.

Unsere Analysen aber weisen daraufhin, dass die Schlüsselqualifikation Kooperationsfähigkeit auf der Fach- und Prozessebene eine weitaus konkretere Bedeutung und Dimension erfährt, weil es sich eben nicht nur um personale Qualifikationen, sondern um sehr klar definierte prozessbedingte

Befähigungen handelt, die sich in einer reorganisierten betrieblichen Wirklichkeit tagtäglich in konkretem Bezug auf die Kooperationspartner des Teams oder der Gruppe bewähren und betätigen müssen, um als erwünschte Produktivkraft zu wirken.

Dem unstrittigen Arbeitsmarktgebot der berufsfachlichen Flexibilität wird in vollem Maße Rechnung getragen. Die Betonung einer funktionellen Handlungskompetenz impliziert die Fähigkeit und Bereitschaft, sich auf verändernde situative Bedingungen im Betrieb einzustellen. Dabei spielen kognitive Anforderungen neben physisch-sensumotorischen und perzeptiv-psychologischen Faktoren eine größere Rolle.

Eine ganzheitliche Qualifikation ist auf die optimale Nutzung menschlicher Arbeitskraft gerichtet. Das bedeutet, der Mitarbeiter soll lernen, in Abhängigkeit von wechselnden technischen Arbeitsdeterminanten traditionelle Arbeitsroutinen zu überwinden und zur selbständigen und flexiblen Problemlösung auf dezentraler Entscheidungsebene beizutragen.

Die Qualifikationsinhalte von Prozessarbeit sind, wie nicht nur unsere Untersuchungsergebnisse bestätigen, prinzipiell auf die Überwindung von arbeitsteiligen Arbeitsstrukturen und die Praktizierung einer ganzheitlich kooperativen Handlungsstruktur gerichtet, um die betrieblichen Arbeitsprozesse neu zu organisieren und anforderungsgerecht zu realisieren.

Es empfiehlt sich deshalb, das herkömmliche berufspädagogische Konzept der Facharbeiterausbildung (duales Aus- und Weiterbildungssystem) gründlich zu überdenken und vor dem Hintergrund künftig verstärkt erforderlicher Prozessqualifikationen zu modifizieren. Je eindeutiger und konsequenter die alte tayloristische Arbeitsteilung im Betrieb überflüssig gemacht wird und neuen Gruppenarbeitsstrukturen Platz macht, desto konsequenter müssen Weiterbildungsanstrengungen auf andere, den Reorganisationsbedingungen angepasste Qualifizierungskonzepte zurückgreifen können.

Modulares Qualifizierungsprogramm „betriebliche Modernisierung" mit Schwerpunkt-Zielgruppe ältere Arbeitnehmer

Im Rahmen des EU-kofinanzierten Landesförderungsprogramms QUATRO hat das **baw** ein modulares Qualifizierungsprogramm für ältere Arbeitnehmer in zukunftsorientierten Klein- und Mittelbetrieben entwickelt.

In Anknüpfung an die **baw**-Projektstudie „Technik-Arbeit-Weiterbildung/ Reorganisationstendenzen in NRW" (TAW-Studie) (siehe Fußnote 1) wurde ein erster Ansatz zu einem Qualifizierungsprogramm entwickelt, das versucht die wesentlichen Qualifizierungselemente zu erfassen und methodisch-didaktisch zu strukturieren, die im Kontext betrieblicher Reorganisationsmaßnahmen relevant werden. In Rücksicht darauf, dass Prozessqualifikationen bisher weitgehend noch ein didaktisches und curriculares Leerfeld darstellen, wurde ein zielgruppenspezifischer Konkretisierungsansatz mit dem Fokus „ältere Arbeitnehmer" verfolgt, der in der praktischen Umsetzung auf Betriebsebene noch seine Optimierung erwartet.

Die Intention dieses Qualifizierungsprogramms beschränkt sich nicht auf die Zielgruppe der älteren Mitarbeiter, sondern bezieht sich auf alle Qualifizierungsadressaten in betrieblichen Reorganisierungsprozessen. Allerdings: Die Zielgruppe ältere Arbeitnehmer – ab 45 Jahre – ist wegen arbeitsmarktpolitischer und demografischer Veränderungen von wachsender Bedeutung. Denn eine jugendzentrierte Personalpolitik wird auf Grund demografischer Veränderungen in absehbarer Zeit nicht mehr realisierbar sein. Der Anteil der älteren Erwerbstätigen steigt in den nächsten Jahrzehnten kontinuierlich, während die absolute Zahl der jüngeren Mitarbeiter drastisch sinkt und zwar in allen europäischen Industrienationen.

Mit Blick auf diese objektive Tendenz sowie auf die damit verbundenen Finanzierungsprobleme der Sozialversicherungen wird deutlich, dass die vielfach geübte Praxis der Externalisierung von Mitarbeitern durch Frühverrentung und Vorruhestandsregelungen einer vorausschauenden betrieblichen Umorientierung im Sinne der Erhaltung und Entwicklung des Arbeitspotentials weichen muss. Dabei sollte die Erkenntnis Platz greifen, dass die berufsspezifischen Potentiale älterer Mitarbeiter, nämlich ihre Berufspraxis, ihr Erfahrungswissen, ihr Verantwortungsbewusstsein wesentliche Bestandteile einer Handlungssouveränität sind, die gerade in modernen teamförmigen Arbeitsorganisationen unverzichtbar sind.

Modulares Qualifizierungsprogramm „betriebliche Modernisierung"
mit Schwerpunkt-Zielgruppe ältere Arbeitnehmer

Übersicht über Module, Bausteine und Lerneinheiten

Modul 1 **Fachübergreifende** **Qualifizierung**	**1. Computer- und IuK-Kompetenzen** Lerneinheit 1 Der Einsatz von I.u.K.-Technologie im Betrieb Lerneinheit 2 CNC-Einführung Lerneinheit 3 Informationsverarbeitung **2. Neue Arbeitsplatztechnologien / Telearbeit** **3. Markt- und Kundenorientierung**
Modul 2 **Prozessorganisation**	**1. Grundlagen der Gruppenarbeit** Lerneinheit 1 Theoretische Grundlagen der Gruppenarbeit Lerneinheit 2 Prinzipien der Leanproduction **2. Arbeitsorganisation als Unternehmenspotential** Lerneinheit 1 Einführung Gruppenarbeit Lerneinheit 2 Einführungsprobleme, Checklisten, Praxisbeispiel **3. Prozessgestaltung und Prozessbegleitung** Lerneinheit 1 modernes Führungsverhalten Lehreinheit 2 Methoden der Personalentwicklung
Modul 3 **Gestaltung von Arbeits-** **zeit und Lohnsystemen**	**1. Arbeitszeitregelungen als Unternehmenspotential** **2. Flexible Entlohnungsgestaltung**
Modul 4 **Arbeits- und Gesund-** **heitsschutz**	**1. Arbeits- und Gesundheitsschutz als** **Unternehmenspotential** **2. Umsetzung des Arbeitschutzgesetzes am** **Beispiel der Bildschirmrichtlinie**
Modul 5 **Übergangsqualifizie-** **rung älterer Arbeit-** **nehmer**	**1. Betriebs- und Erfahrungswissenstransfer** **2. Übergang in den Ruhestand**

Die Sicherung der Wettbewerbsfähigkeit eines Betriebs wird nicht zuletzt durch den effizienten Personaleinsatz seiner älteren Mitarbeiter entschieden. Werden deren spezifische Kompetenzen in den immer kurzzyklischeren Innovationsprozessen wirksam gemacht, so wird eine älter werdende Belegschaft sogar Motor betrieblicher Modernisierung sein können. In Kooperation mit einzelnen innovationsorientierten Betrieben geht das Qualifizierungsprogramm momentan auf Betriebsebene in die praktische Erprobung, wobei Anregungen zur thematischen Gestaltung aus den Betrieben bereits in das Programm eingeflossen sind. Konzeptionell wie didaktisch ist das Programm prinzipiell als offen und ausgestaltungsfähig zu betrachten. Es soll durch betriebseigene Bedarfe ergänzt und praxisgängig gemacht werden.

Anmerkungen

[1] Dem Beitrag liegt eine Studie zugrunde, die im Rahmen des EU-kofinanzierten NRW-Landesförderungsprogramms QUATRO vom **baw** erstellt wurde und unter dem Titel: „Technik-Arbeit-Weiterbildung, Reorganisationstendenzen in NRW", die Bedeutung arbeitsorganisatorischer Innovationen für das berufliche Weiterbildungsangebot untersucht. Erschienen im Campus Verlag: Chr. Hübner, A. Wachtveitl: Vom Facharbeiter zum Prozessbegleiter, Frankfurt/M 2000

[2] vgl. **Kern, H, Schumann, M.**: Das Ende der Arbeitsteilung?, München 1984

[3] **Kowohl, U**: Technikentwicklung und Innovationsarbeit. In: Arbeit, 2/93, S.116

[4] **Huppertz, M.**: Organisation betrieblicher Weiterbildung: Eine Randbedingung der Bewältigung neuer produktionstechnischer Anforderungen? – Erste Eindrücke aus einem laufenden Projekt, Bochum 1993, S.7

[5] **Böhne, J.**: Die Unternehmenslernstatt, Gelsenkirchen (IAT) 1993, S.8

[6] **Brödner, P.**: Rückkehr der Arbeit in die Fabrik. Gelsenkirchen 1991, S.63f

[7] **Krings, K.**: Gruppen- und Teamarbeit als Beitrag zur Unternehmensentwicklung. In: iaw (Hg.) Aachen, Sonderdruck 1/96, S.17

[8] **Bender, W.**: Gruppenarbeit in der Produktion - neue Chancen für das Subjekt?. In: GdWZ 3/1996, S.145

[9] „Die heutigen Vorstellungen über die Schlüsselqualifikationen prägen drei Trends: auf den Inhalt der Schlüsselqualifikationen haben die grundlegenden Entwicklungen der Technik der letzten zwei bis drei

Jahrzehnte, insbesondere die Fortschritte bei den Informations- und Kommunikationstechniken eingewirkt. Geprägt sind sie ferner von den arbeitsorganisatorischen Tendenzen, die man mit dem Stichwort „Abkehr vom Taylorismus" skizzieren kann. Schließlich spiegeln die Schlüsselqualifikationen die starke Intensivierung des binnenwirtschaftlichen und internationalen Wettbewerbs der Unternehmen mit ihrem Innovations- und Flexibilisierungsbedarf wider". Gaugler, E. In: v.Eiff, B.: Innovative Arbeitssystemgestaltung Köln 1992, S.185

Harald Andrae

Veränderungsprozesse im Unternehmen begleiten
Ganzheitliche Konzepte der Unternehmensführung und Personalentwicklung im Netzwerk für Arbeit

1. Veränderungsprozesse in Unternehmen begleiten

1.1 Die Rolle des Netzwerk für Arbeit

Das Netzwerk für Arbeit begleitet Unternehmen bei Veränderungsprozessen. Im Rahmen der Förderung durch EU und Land Niedersachsen war es möglich, auch kleinen und mittleren Unternehmen professionelle Beratung anzubieten.

Aufgrund der sehr schlanken Struktur von KMU sind diese sehr selten in der Lage systematisch und professionell zukunftsgerichtete Unternehmensstrukturen zu entwickeln. Weder sind i.d.R. die inneren Ressourcen vorhanden, noch können es sich die Unternehmen leisten, externe Beratung in Anspruch zu nehmen.

Zum großen Teil fehlt schon alleine das Bewusstsein für eine systematische Unternehmensentwicklung.

Hier setzen die öffentlichen Förderprogramme an, im Sinne einer modernen Wirtschafts- und Mittelstandsförderung den KMU Unterstützung zu gewähren.

Die besondere Schwierigkeit für die NfA-Berater lag darin, die Unternehmensleitung von der Notwendigkeit einer systematischen Vorgehensweise zu überzeugen. Die Überzeugungsarbeit, grundsätzlich von Unternehmensentwicklung und den damit einhergehenden Änderungen der Arbeitsorganisation, der internen und externen Kommunikation und den damit einhergehenden Qualifizierungsmaßnahmen betroffene Mitarbeiter in die Änderungsprozesse einzubeziehen, war ein weiterer Überzeugungsschritt.

Dass diese Überzeugungsarbeit gelungen ist und wie das konkrete Vorgehen bei den beteiligten Unternehmen abgelaufen ist, zeigt dieser Aufsatz.

Der Schritt zum *lernenden Unternehmen*, das in der Lage ist, ohne fremde Hilfe schnell auf Änderungs- und Entwicklungsbedarfe zu reagieren und wirkungsvolle Maßnahmen zu ergreifen, ist gelungen.

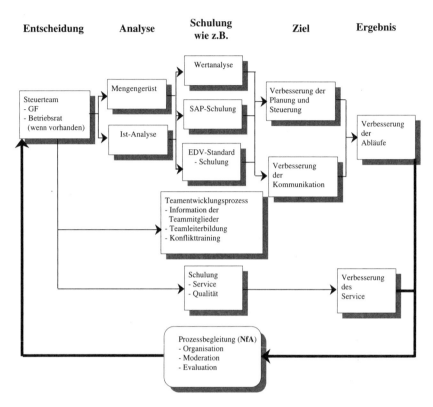

Abbildung 1: Gesamtkonzept der Vorgehensweise bei Veränderungs-prozessen

2. Das Steuerteam

Der Erfolg eines betrieblichen Entwicklungsprozesses hängt entscheidend davon ab, ob es gelingt, ein *Modell* zu finden, welches die Steuerung, Realisierung und das Controlling von Veränderungsprozessen erlaubt.

Deshalb sieht der Beratungsansatz des NfA bei Veränderungsprozessen die Einrichtung eines Steuer- und Entscheidungsteams vor, das regelmäßig alle relevanten Inhalte und Themen des Veränderungsprozesses diskutiert und verabschiedet.

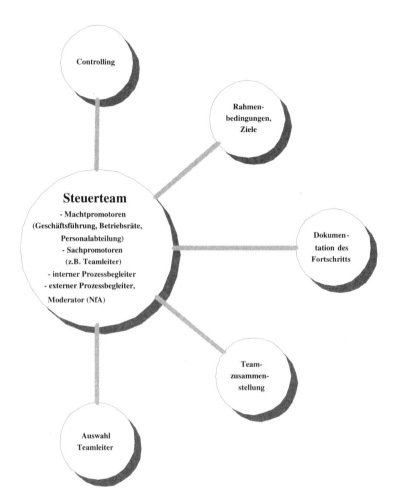

Abbildung 2: Funktionen eines Steuerteams

a) Machtpromotoren

Das Steuerteam besteht deshalb sinnvollerweise aus der Strategieebene des Unternehmens, den sogenannten Machtpromotoren (Geschäftsführer und wenn vorhanden Betriebsrat). Der Betriebsrat ist hier in seiner neuen Rolle als Co-Management angesprochen.

Die strategischen Aufgaben der Machtpromotoren beinhalten den Schutz des Projektes gegen äußere und innere Widerstände, die Zielvorgaben und die Überprüfung des Projektfortschritts.

b)   Sachpromotoren (Umsetzungsteam), Betriebsinterner Prozessbegleiter (Change Agent)

Die Sachpromotoren sind unter der Geschäftsführung angesiedelt. Sie sind operativ in den Projektteams angesiedelt, für die Umsetzung getroffener Veränderungsschritte verantwortlich und deshalb unbedingt in das Steuerteam einzubinden.

Zusätzlich zu den Sachpromotoren können „betriebsinterne Prozessbegleiter" oder „Change Agents" eingesetzt werden. Weil immer häufiger in Unternehmen Personalentwicklung mit Organisationsentwicklung gekoppelt wird, liegt hier ein Schwerpunkt für Prozessbegleitung von Veränderungsprojekten.

c)   Externer Prozessbegleiter

Die Aufgaben des externen Prozessbegleiters sind unterschiedlich. Einerseits ist er Moderator, der dem Team seine Methoden, Werkzeuge, Techniken und sein Prozesswissen zur Verfügung stellt. Sein Hauptaugenmerk liegt auf der Beobachtung, wie, und weniger woran, gearbeitet wird.

Eine weitere wichtige Rolle des externen Prozessbegleiters ist die des externen Experten. Er bringt aus der Erfahrung anderer Prozesse „Fach-Knowhow" ein und fungiert als „Co-Worker".

Eines gilt in jedem Fall: Der externe Prozessbegleiter muss frei bleiben in seiner Entscheidung in der Art der Mitwirkung am „Prozess". Die Initiative des Veränderungswillens muss immer bei den „Innerbetrieblichen" bleiben. Es ist ihr Prozess. Da Berater immer mehr in die Pflicht bei der Umsetzung von Prozessen genommen werden, ist es sehr wichtig, dass sie unabhängig bleiben und ihre jeweiligen Rollen den Beteiligten deutlich machen.

Im Modellprojekt des NfA orientierte sich die Arbeitsweise des Steuerteams an den Regeln des Projektmanagements. Dies gewährleistete ein schnelles Umsetzen getroffener Entscheidungen. Die Leitfragen in der Arbeit waren:

- Was soll erreicht werden?
- Welche Funktionen sollen erfüllt werden?
- Welches Qualitätsziel soll erreicht werden?
- Welche Ressourcen stehen zur Verfügung (personell, zeitlich, finanziell)?
- Bis wann soll welcher Schritt erreicht sein?

Exkurs:
Neuberger[1] spricht beim betriebsinternen Prozessbegleiter von einem Entwicklungshelfer, jemand, der Veränderungen vorantreibt. Dieser kann als Person, Gruppe oder Organisation verstanden werden. Wichtig ist, dass er Meinungs- und Verhaltensänderungen initiiert und bewirkt, ohne dabei auf Macht oder Autorität zurückzugreifen. Er darf über keine formelle Macht verfügen, sondern muss durch werbendes Verhalten, persönliche Überzeugungskraft und Fachwissen Einfluss ausüben. Er steht in Interaktion mit den Organisationsmitgliedern. Diese sind sozusagen sein Patient, der selbst Hilfe wünscht oder für den von anderen Hilfe gewünscht wird.

Die Gestaltung von Organisationsentwicklungsprozessen findet ihren Ursprung in der Aktionsforschung. Weitere wichtige Erkenntnisse liefert das Phasen-Modell von Kurt Lewin. Veränderungen vollziehen sich nach Lewin immer im Zusammenhang mit emotionalen Widerständen und Stabilisatoren, die es „aufzuweichen" gilt, um Veränderungsprozesse überhaupt zu ermöglichen (Phasen des „Unfreezing", „Moving" und „Refreezing").

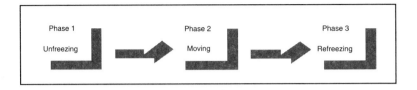

Auftauen -	Verändern -	Veränderte Verhaltensweisen
in Frage stellen -	in Bewegung setzen -	und veränderte
Motivations- veränderung	neue Verhaltens- weisen	Verhältnisse stabilisieren
Wecken	und Arbeitsabläufe entwickeln	und integrieren

Abbildung 3: Das 3-Phasen-Modell von Kurt Lewin

In allen Phasen des „ Change-Prozesses" wird es immer wieder darauf ankommen, das Verhältnis zwischen dem betriebsinternen Prozessbegleiter und den Organisationsmitgliedern flexibel zu gestalten und Inkonsistenzen zwischen ihren Erfahrungen und Vorstellungen zu überwinden.

Im folgenden sollen zwei unterschiedliche Ansätze des betriebsinternen Prozessbegleiters/Change Agent-Konzeptes kurz dargestellt werden:

Das Expertenmodell

Nach dieser Konzeption ist der betriebsinterne Begleiter ein Experte, der sich mit den Organisationsmitgliedern während des gesamten Entwicklungsprozesses eine Handlungseinheit bildet, sich auch stark in die einzelnen Phasen mit einschaltet und unter Umständen im Verlauf des Prozesses sogar in der Organisation „aufgehen" kann.

Das Prozessberatermodell

Nach diesen Vorstellungen ist er nicht Fach-, sondern Prozessberater, der kaum oder überhaupt nicht selbst aktiv beteiligt ist. Seine Aufgabe ist es, die Fähigkeiten der Problemlösung und der Erneue-

rung der Organisationsmitglieder zu entwickeln und diesen zu helfen, die problemlösende Rolle selbst zu übernehmen („Hilfe zur Selbsthilfe"). Der Berater soll also Alternativen vorstellen, reflektieren und analysieren, soll seine Erfahrungen und Wertvorstellungen weitergeben und den Organisationsmitgliedern so zur Lösung ihrer eigenen Probleme verhelfen.

3. Gesamtprojektdurchführung

3.1. Strategische Unternehmensentwicklung

Um ein Beratungs- und Qualifizierungsprojekt effektiv und effizient im Betrieb zu implementieren, ist eine arbeitsorganisatorische Analyse des Unternehmens notwendig. Diese Analyse arbeitet die Anforderungen an den Arbeitsplatzinhaber heraus. Dem voraus geht idealerweise eine klare Definition der zukünftigen Unternehmensentwicklung – Wo wollen wir hin?! Eine strategische Unternehmensentwicklung, die ihre finanzpolitischen Ziele, auf welchen Märkten mit welchen Kunden sie diese erreichen will und welche internen Prozesse dafür mit welchen Menschen erforderlich sind, definiert, ist in der Lage, zukunftsgerichtete Qualifizierungsmaßnahmen zu treffen. Das Modell der Balanced Score Card, bei deren Implementierung das NfA begleitet, lässt dies anschaulich machen. (Abb. 4) Wenn hier Klarheit besteht, lässt sich sehr viel präziser ein Qualifizierungsbedarf feststellen, der die zukünftigen Anforderungen bereits einbezieht. Qualifizierung heißt dann nicht mehr nur, aktuelle Brände zu löschen, sondern Vorsorge für die Zukunft zu treffen. Das Modell der Balanced Score Card ist für sehr komplexe Systeme ein sehr wirksames Werkzeug. In einfacheren Zusammenhängen ist es immerhin überlegenswert, die dem Modell zugrunde liegende zukunftsgerichtete „mentale" Ausrichtung im Unternehmen zu verankern und daraus (!) die notwendigen Maßnahmen abzuleiten.

Für Führungskräfte hat das den großen Vorteil, weniger Überzeugungsarbeit für Qualifizierungsmaßnahmen zu leisten, wenn deren zukunftsgerichteter Charakter deutlich ist.

Nicht Maßnahmen selbst erzeugen den Widerstand von Mitarbeitern, sondern das Nichtverstehen und -einsehen von Maßnahmen.

Die Mythen über motivierte oder zu motivierende Mitarbeiter lösen sich recht schnell in Nichts auf, wenn Mitarbeiter merken, dass das Unternehmen eine klare (unter Einbeziehung ihrer Interessen) Strategie fährt, die ja nicht immer nur angenehm sein muss.

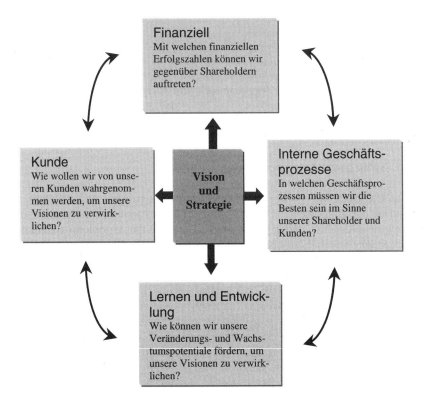

Abbildung 4: Balanced Score Card

3.2. Analyse der Arbeitsorganisation

Der Vergleich des vorhandenen Qualifizierungsniveaus mit den (zukünftigen) Anforderungen des Arbeitsplatzes ergibt den Qualifizierungsbedarf. Aus meiner Sicht enthält eine Analyse der Arbeitsorganisation, die die Anforderungen an den Arbeitsplatzinhaber ergibt, folgende Schritte (Tabelle 1):

Arbeitsschritte	Inhalt	Ziele

1. Ist-Analyse	- Arbeitsinhalt
	- Arbeitsorganisation
	- Schnittstellenanalyse
	- Lohn-/Leistungs-
	  system
		- Analyse der betrieb-
		  lichen Rahmen-
		  bedingungen
		- Möglichkeiten der
		  Funktions- und Auf-
		  gabenintegration

2. Entwicklung des Gestaltungs-konzeptes	- Funktions- und Auf-
	  gabenintegration
	- Selbstorganisation
	- Kooperation mit
	  indirekten Bereichen
	- Führungsorganisation
	- Lohn-/Leistungs-
	  system
		- Erfahrungsaustausch
		  und Beratung der
		  Planungsgremien in
		  den Betrieben
		- Entwicklung eines
		  "Regelungspapiers zur
		  Gruppenarbeit" oder
		  einer "Betriebsverein-
		  barung"

Tabelle 1: Arbeitsplanung

Nachdem durch die Analyse der Arbeitsorganisation Erkenntnisse über die Rahmenbedingungen festgestellt sind, kann eine Qualifizierungsmatrix erstellt werden, die alle relevanten Qualifizierungsbausteine enthält.

3.3 Personalentwicklung/Bildungsbedarfsanalyse

Um eine langfristige Wirkung von Qualifizierungsmaßnahmen zu erreichen, ist die Einbettung von Qualifizierung in eine strategische Personalentwicklung wünschenswert. Eine dort eingebundene Bildungsbedarfsermittlung sollte systematisch nach folgendem Schema erfolgen:

1. Analyse des Umfeldes und der Organisation

Bei diesem Schritt kommt es darauf an, die Umgebungsbedingungen sowie die Veränderungen dieser Bedingungen der Organisation, für die die Bildungsbedarfsanalyse erstellt werden soll, zu beleuchten und die Auswirkungen für die Organisation zu antizipieren.

Die Ergebnisse werden sinnvollerweise in unter Einbeziehung der Mitarbeiter gesammelt, gesichtet, auf Plausibilität hin überprüft und konsensual geklärt.

2. Erstellung eines Anforderungsprofils der Mitarbeiter

Hat man die Ausgangsbedingungen geklärt, schließt sich die Erstellung eines Anforderungsprofils der Mitarbeiter an. Die arbeitsleitende Frage dieses Abschnittes lautet: Wenn sich die Umfeldbedingungen und die Art der Leistungserstellung (wie in Schritt 1 erarbeitet) verändern werden, welche Qualifikationsanforderungen sind dann an die Mitarbeiter zu stellen, damit sie den Herausforderungen gewachsen sind?

3. Prioritätenfestlegung

Nun geht es daran, mit Hilfe der Portfolioanalyse festzustellen, welche der Anforderungen für die Organisation tatsächlich von Wichtigkeit und in welchem Maße diese bei den Mitarbeitern ausgeprägt sind.

4. Entwicklung von Qualifikationsmaßnahmen

Hat man die vordringlich zu trainierenden Qualifikationen ermittelt, erarbeitet man mit Hilfe interner oder externer Bildungsexperten sowohl die inhaltlichen als auch die methodischen Trainingsschritte und legt einen konkreten Zeitraum für die Realisierung fest.

Um die Bildungsbedarfsanalyse nicht als singulären Schritt aufzufassen, ist die Einbindung in ein strategisches Personalentwicklungskonzept sinnvoll.

Ein Personalentwicklungskonzept enthält folgende Bestandteile:

- Personalentwicklungsbogen: Mit diesem Instrument sollen die Erwartungen und Vorstellungen hinsichtlich der beruflichen Entwicklung der Mitarbeiter diskutiert, gemeinsam Möglichkeiten für die Fort- und Weiterbildung aufgrund der festgestellten Stärken und Entwicklungsmöglichkeiten gesucht und Maßnahmen zur Verwirklichung dieser Pläne besprochen werden. Die wesentlichen Kriterien dazu sind fachliche, soziale, methodische und persönliche Fähigkeiten. Im Vergleich mit den Arbeitsplatzanforderungen werden die vorhandenen Defizite erfasst, der Bogen dient somit als Grundlage für einen Qualifizierungsplan.

• Qualifizierungsplan: Der Qualifizierungsplan ist der Aktionsplan, der sich aus den im Personalentwicklungsbogen festgestellten Bedarfen ergibt.

• Führungskräfte-Feedback-Bogen: Auf diesem Bogen beurteilt der Mitarbeiter seine Führungskraft bezüglich der im Personalentwicklungsbogen aufgeführten Erfordernisse seitens der Führungskraft. Merkmalsausprägungen für das Verhalten von Führungskräften sind z.b., ob die Führungskräfte regelmäßig Gespräche mit den Mitarbeitern führen, ob Entscheidungen klar und deutlich getroffen, die Mitarbeiter entwickelt und gefördert werden, die Führungskräfte Vorbild, Ziele vereinbart sind, Aufgaben und

• Potentialentwicklungsbogen: Dieser Bogen schreibt den Personalentwicklungsbogen fort und ist ein geeignetes Instrument für die Entwicklung von Schlüsselpersonen bzw. der Nachfolgeplanung im Unternehmen.

Die aufgeführten Maßnahmen orientieren sich an einem Ziel: Einbindung des Humankapitals in die strategische Unternehmensplanung unter Berücksichtigung der legitimen Interessen der Mitarbeiter.

3.4 Qualifizierung "on the job"

3.4.1 Qualifizierung "on the job" in Theorie und Praxis

In der betrieblichen Weiterbildung ist Qualifizierung "on the job" ein aktuelles Thema. Dabei sprechen eine Reihe von Gründen für und gegen diese Form der betrieblichen Weiterbildung (siehe Tabelle 2). Folgende Vorteile von Qualifizierung "on the job" werden häufig aufgeführt:

Pragmatische Gründe:
  a) Geringe Kosten, da der betriebliche Arbeitsablauf nur geringfügig gestört wird.
  b) Geringer Zeitaufwand, da die Mitarbeiter nicht freigestellt werden müssen.

c) Wenige externe Trainer werden benötigt, da in dieser Form Qualifizierung von konkreten Kollegen übernommen werden kann.

Berufspädagogische Gründe:
Handlungstheoretische Ansätze befürworten Qualifizierung "on the job", da sie von einer hohen Lerneffektivität durch "learning by doing" ausgehen. Die Lerninhalte werden bei diesem Verfahren immer aus einem realen Problem abgeleitet, das Erlernte kann direkt angewandt werden und so zur Lösung des Problems beitragen. Das sogenannte Transferproblem der klassischen Aus- und Weiterbildung existiert also so nicht.

3.4.2 In Verbindung mit Teamarbeit

Besonders effektiv scheint Qualifizierung "on the job" in Verbindung mit Teamarbeit, insbesondere in interdisziplinären Teams zu sein. Durch das Erarbeiten von Lösungen für gemeinsame Probleme lernt jeder die Denkweisen und Erfahrungen des anderen kennen, die Qualifizierung erfolgt fast zwangsläufig und wird durch "Job Rotation" noch verstärkt.

3.4.3 Kritik an Qualifizierung "on the job"

Kritiker bemängeln an diesem Konzept, dass es sich häufig nicht im Sinne von Personalentwicklung um einen systematisch geordneten Qualifizierungsprozess handelt. Vielmehr wird befürchtet, dass die finanziellen Gegebenheiten der Auslöser für Qualifizierung "on the job" sind und nicht berufspädagogischen Konzepte. Darüber hinaus wird immer wieder auf Lerninhalte verwiesen, die einen systematischen Lernprozess außerhalb des Arbeitsplatzes nötig machen.

Vorteile von Qualifizierung "on the job"	Nachteile von Qualifizierung "on the job"
• Erlernen einer speziellen Tätigkeit durch tatsächliche Ausführung • Relativ geringe Kosten (keine umfassenden organisatorischen Vorkehrungen) • Anpassung an individuelle Bedürfnisse des Lernenden • Erlernen einer Tätigkeit mit Hineinwachsen in die besondere betriebliche Umgebung • Erlernen neuer Aufgaben unter realistischen Bedingungen (Zeitdruck, Verantwortung, Störungen etc.)	• Erlernen von speziellen verrichtungsorientierten Qualifikationen, nicht übertragbar auf andere Arbeitsplätze • Die erlernten Qualifikationen erweitern Handlungskompetenzen, werden aber nicht aufgebaut • Oft keine grundlagenorientierte Qualifizierung, fehlende Einsicht in betriebliche, technische, ökonomische und soziale Zusammenhänge • Weitergehende Anforderungsveränderungen werden nicht bewältigt, nur spezielle, kurzfristige und punktuelle Maßnahmen, breite und systematische Qualifizierungsgrundlagen fehlen • Die erworbenen Qualifikationen sind außerbetrieblich, am Arbeitsmarkt kaum verwertbar, da arbeitsplatz- und betriebsspezifische Kenntnisse und Fertigkeiten, zudem nicht zertifiziert (Ausnahme: Arbeitszeugnisse durch Beschreibung der Tätigkeit)

Tabelle 2: Vor- und Nachteile von Qualifizierung "on the job"[2]

3.4.4 Zielsetzung

Unser Konzept bezieht sich auf Unternehmen, die aufgrund verschärfter Marktanforderungen oder aber gar einer ernsthaften Krise (z.b. Konkursgefahr) kurzfristig zu schwerwiegenden organisatorischen Umstellungen gezwungen werden. Dadurch ergeben sich Rahmenbedingungen wie Zeitdruck, geringe Mittel und wenig Raum für Experimente. Rahmenbedingungen, die eigentlich nur Qualifizierung "on the job" zulassen. Um jedoch zu verhindern, dass es sich um einen unstrukturierten Prozess handelt, wird u.a. mit Hilfe des Steuerteams eine intensive Bedarfsermittlung und Planung des Qualifizierungsprozesses durchgeführt. Die Prozessbegleitung verhindert, dass wichtige Komponenten dem Zeitdruck geopfert werden.

Das Konzept selber verbindet Teamarbeit, Qualifizierung "on the job" sowie die Ausbildung von Multiplikatoren. Die Multiplikatoren werden von Trainern systematisch geschult und tragen diese Lerninhalte "on the job" in die Teams.

3.4.5 Effizienz und Effektivität

Durch die Kombination von Teamarbeit, Qualifizierung "on the job" und die Ausbildung von Multiplikatoren werden weniger externe Trainerstunden benötigt, die Praxisnähe des Lernstoffes sichergestellt und die benötigte Arbeitszeit auf ein Minimum beschränkt. Die finanziellen Mittel können somit möglichst effizient und effektiv eingesetzt werden.

3.4.6 Praxisnähe

Durch die interdisziplinäre Zusammensetzung der Teams und die Verantwortung für den eigenen Bereich wird sichergestellt, dass die Qualifizierung sich eng an den Problemen der Praxis orientiert. Der Seminarort „Arbeitsplatz" trägt dazu bei.

4. Schlussbemerkung

Es kam mir darauf an zu zeigen, dass Veränderungsprozesse in Unternehmen einer systematischen, von allen Beteiligten getragenen Vorgehensweise bedarf.

Hier kommt aus meiner Sicht den Führungskräften eine besondere Bedeutung zu. Ihre Aufgabe ist es, die wichtigen Erfolgsfelder eines Unternehmens zu identifizieren, den strategischen Prozess zur Entwicklung anzustoßen und die Mitarbeiter mitzunehmen. Es ist aus meiner Sicht bei zunehmend schärferem Wettbewerb und Komplexität der Anforderungen dringend erforderlich, den Anteil operativer Tätigkeiten von Führungskräften deutlich in Richtung strategischer und konzeptioneller Arbeit zu ändern.

Hier ist unterstellt, dass in einer „vernünftigen Unternehmenskultur" Mitarbeiter ihre Prozesse im Wesentlichen selbst verantworten können wenn sie entsprechend qualifiziert werden und Ihnen glaubwürdig Verantwortung übertragen wird.
Es ergibt sich ein Bild von Führungskräften, das klare Konturen und damit Abgrenzungen zeigt.
Der Schlüssel zum Unternehmenserfolg auch in kleinen und mittleren Unternehmen liegt in der Entmythologisierung von Führungskräften. Weg vom Bild des Alleskönners und Alles(besser)wissers, (das glaubt eh' keiner!) hin zum funktionalen Entwickler von Unternehmensressourcen!

Keine modische Managementströmung sollte dabei handlungsleitend sein, keine „Schnellversprechen" möglicher „Wunderheiler" (Ab morgen ist die Welt anders, wenn DU es willst!) sondern die klare Vorstellung von dem was ich will, der Analyse der Umweltbedingungen (Wettbewerb, Währungsentwicklungen, Politik, Vorschriften, sonstige Rahmenbedingungen etc.), der Einschätzung eigener (vorhandener oder entwickelbarer) Ressourcen und dem Mut unter Beteiligung der Mitarbeiter konsequent Maßnahmen zu beschließen und umzusetzen.
Das klingt im Gegensatz zu den Aussagen mancher Heilsversprecher recht ernüchternd. Ich glaube aber, dass durch die skizzierte Vorgehensweise ein nachhaltiger Effekt erzielt wird, der den oft betriebenen Aktionismus, der Modetrends folgt (Gestern Lean Management, heute Vision, morgen Business Process Reengineering, übermorgen ...) auf Dauer überlegen ist.
Berater könnten hier von manchen Handwerksbetrieben viel lernen: Wichtig im Unternehmen ist nur eins: (auf der Grundlage einer vereinbarten Unternehmensphilosophie): Wirksamkeit.
Dass heute vom operativen Geschehen weiter entfernt liegende Einflussgrößen die Wirksamkeit getroffener Unternehmensentscheidungen relativieren, zwingt erst recht dazu, die „Hausaufgaben" zu machen: das schafft Ressourcen, sich um „fernere Dinge" wie Strategieentwicklung, Marktbeobachtung, systematische Qualifizierung von Menschen, zu kümmern.
Das NfA begleitet die KMU auf dem Weg zu dieser Kompetenzentwicklung, im besten Sinne auf dem Weg zur Lernenden Organisation.
Diese Wegbegleitung ist die Kernfunktion im Beratungsverständnis des NfA.

Anmerkungen

[1] vgl. Lewin (1963): Feldtheorie in den Sozialwissenschaften
[2] vgl. Conradi (1983): Personalentwicklung, S. 66ff.

Wolfgang Wesely

Die „Lernende Organisation" als Prozessunternehmen

1. Zur Ausgangssituation

Der Begriff „Lernende Organisation (LO)" umschreibt eine bestimmte Art und Weise mit Veränderungen umzugehen; LO heißt sicherzustellen, dass gelernt wird was notwendig ist, um langfristige Unternehmensziele und Visionen zu erreichen. Mit dem ständigen technischen, wirtschaftlichen und sozialen Wandel sind die Anforderungen an die Qualifikation der Beschäftigten enorm gewachsen. Dementsprechend muss sich die inner- wie auch die außerbetriebliche Aus- und Fortbildung wandeln. „Qualifikation" ist zunehmend zu einem Produktionsfaktor geworden. Hiervon betroffen sind die Mitarbeiter/innen auf allen Unternehmensebenen. Mit der Wahrnehmung neuer Aufgaben sind auch ständig neue Kompetenzprofile erforderlich. Konnten diese bislang auf dem freien „Arbeitsmarkt" besorgt werden, zeigt sich immer deutlicher, dass dieses – angesichts der „Green Card"-Diskussion – in Zukunft nicht mehr so ohne weiteres möglich sein wird. Innerbetriebliche Potenziale müssen erkannt und gefördert werden, um die erforderlichen Kompetenzprofile immer „just in time" zur Verfügung zu haben. Dieses macht deutlich, dass die innerbetriebliche Personalentwicklung zu einem Qualifizierungsmanagement weiter entwickelt werden muss. Nur auf diese Weise lässt sich die ständige Veränderung des Unternehmens zielgerichtet steuern und erfolgreich sichern. Für kleine und mittlere Unternehmen (KMU) ist dieses ein Unterfangen, das sich i.d.R. aus Kapazitäts- und Kostengründen nicht allein realisieren lässt.

Hier setzt das von der EU und dem Land Niedersachsen geförderte ADAPT-Projekt *Netzwerk für Arbeit* an, in dem es ein Beratungs- und Weiterbildungsnetzwerk mit und für die KMU entwickelt. Ein spezielles Entwicklungs-Teilprojekt stellt die Aufgabe dar, für kleine und mittlere Unternehmen ein Modellkonzept „Lernende Organisation" im Netzwerk kooperierender Unternehmen zu entwerfen und zu erproben.

Unter Nutzung der Potenziale des *Netzwerks für Arbeit* (**NfA**) werden vom Unternehmen Beratungs- und Qualifizierungsmaßnahmen in Form eines Qualifizierungsmanagements selbst organisiert, um sich als „Prozessunternehmen" zu entwickeln und den ständigen Unternehmenswandel voranzutreiben und zu steuern. Angestrebt wird ein Qualifizierungsmanagement, das als verbindliches Strukturelement in die Organisation und in die Führungskultur implementiert wird. Beratungs- und Qualifizierungsmaßnahmen sind dann Bestandteil und Konsequenz der betrieblichen Lösungsstrategien und bedürfen für die Führungskräfte im Unternehmen aufgrund des „autonomen" Charakters i.d.R. keiner einzelnen Geschäftsanweisung.

Die angestrebten Ziele gehen von folgenden Prämissen[1] aus:

- Wertschöpfende Arbeit ist <u>die</u> Kernfunktion des Unternehmens
- Wertschöpfung ist auf ständiges (Um-)Lernen der Organisation angewiesen
- Integration von Lernelementen in die Arbeit ist auf allen Ebenen angesagt
- Die Verbindung von personalem und organisationalem Handeln muss hergestellt werden
- Lernen wird für die arbeitende Organisation zum zentralen Vorgang

Derzeitige und zukünftige Führungskräfte werden demgemäss umlernen müssen. Die zu bewältigenden Herausforderungen erfordern eine permanent hohe Wandlungsfähigkeit, um dauerhaft und immer rechtzeitig auf die dynamische und schwer einschätzbare Entwicklung des betrieblichen Umfeldes reagieren können.

Das Unternehmen im ständigen Wandel
Auf dem Weg zur Lernenden Organisation

2. Was ist eine Lernende Organisation (LO)? ... erste Umschreibungen

In jeder Organisation wird gelernt. Lernprozesse bestehen auf der individuellen Ebene und auf Abteilungs- bzw. Teamebene zumeist regellos, unkoordiniert, auf Teilziele orientiert usw. Oftmals hat ein singulärer Lernprozess dem einzelnen Individuum „viel gebracht", was sich aber nicht in den Arbeitsalltag integrieren oder umsetzen ließ. Insbesondere tritt „präorganisationales Lernen" dann auf, wenn die Verbindung von individuellem Handeln und dem Handeln der Organisation unterbrochen ist: Die Lernprozesse der Person wirken sich dann nicht auf die Organisation aus, wenn die Übertragung des neuen Wissens in die Wissensbasis der Organisation nicht funktioniert[2].

Eine „Lernende Organisation" entsteht quasi durch einen „Phasenübergang" von dieser gerade beschriebenen Situation hin zu einem kohärenten Lernzustand der Gesamtorganisation: Alle Lernvorgänge sind aufeinander bezogen und abgestimmt und verlaufen auf ein gemeinsames Zielbündel hin orientiert.

Zum „Phasenübergang" gehören

- Ein Bewusstseinswandel der Führungskräfte in der Organisation (KMU)
- Ein Transfer der Lernprozesse aus der individuellen oder Abteilungsebene auf das Gesamtunternehmen – Wissensbasis der Organisation
- Ein Bewusstseinswandel der gesamten Belegschaft
- Ein personenunabhängiges Wissensmanagement der Organisation
- Geeignete Konstellationen für Prozesslernen und organisationales Lernen
- Eine Leitbildentwicklung zur „LO"
- Qualifizierungsmanagement als definierte Führungsaufgabe der „Vorgesetzten"
- Training und Coaching von „Change Agents", „Multiplikatoren", „Champions" in den KMU's als Träger/innen des Leitbilds „LO"

Organisationslernen ist die notwendige Wandlung und Anpassung der Organisation an die Umwelt. Es reicht nicht mehr aus, dass eine einzelne Person stellvertretend für die gesamte Organisation lernt. Konzepte wie schlankere Personal-Ressourcen, größere Kundennähe, einfachere Strukturen, Ermutigung zur Selbständigkeit sowie zum Unternehmertum setzen aktive Kooperation und Beteiligung der Mitarbeitenden als Schlüsselpotenzial voraus. Lernen nimmt hier eine Schlüsselstellung ein. Mitarbeiter/innen können nicht länger als „Human Resources" verstanden werden, sondern müssen zunehmend als „Resourceful Humans" behandelt werden[2].

Nahezu alles Wissen steckt in den Köpfen der Menschen. In den Unternehmen ist aber das gesamte Arrangement häufig eher darauf ausgerichtet, den Zugang und die allgemeine Nutzung des Wissens zu verhindern als zu fördern. Das mühsam erworbene Wissen wird eifersüchtig gehütet und in strategisch günstigen Momenten angedeutet. Darüber hinaus gibt es ein Übermaß an „Verhinderungswissen", ein Wissen darüber, dass etwas nicht geht, nicht funktionieren kann, keine Chance hat („Bedenkenträgerwissen")[2].

Organisationslernen muss also als ein permanenter Entwicklungsprozess gesehen werden, der aus Personalentwicklung und Organisationsentwicklung besteht. Eine LO ist eine Institution, die kontinuierlich die Fähigkeit ausweitet, ihre eigene Zukunft schöpferisch zu gestalten. Sie ermöglicht das Lernen sämtlicher Organisationsmitglieder und transformiert sich selbst kontinuierlich. Denn Lernen ist immer zuerst individuelles Lernen, das durch gemeinsame „Disziplinen" zum Organisationslernen geformt werden kann: Persönliche Meisterschaft, Mentale Modelle, Gemeinsame Vision, Teamlernen und Systemdenken. Diese letzte, die „fünfte Disziplin" Systemdenken ist nach Senge der „Eckpfeiler" der lernenden Organisation[3]. Aus diesem Grunde müssen die Überlegungen zur lernenden Organisation auf der Systemebene des Unternehmens aufsetzen, und zwar auf Strukturen, Technologien und Vorgehensweisen bzw. Geschäftsprozessen des Unternehmens.

3. Von der funktionalen Organisationsstruktur zur Geschäftsprozessstruktur – von der Produkt- zur Prozessorientierung

Voraussetzung zur Entwicklung der LO ist ein „Business Reengineering"[4], das ist eine betriebliche Reorganisation und Restrukturierung, die am Prozess der „Wertschöpfung" der jeweiligen Einrichtung orientiert ist. Daran entlang entwickelte eigenständige, kleine, schlagkräftige und miteinander vernetzte betriebliche Segmente nennt man „Fraktale", wenn die folgenden drei Eigenschaften von besonderer Bedeutung sind: Selbstorganisation, Selbstähnlichkeit und Dynamik. Darin drückt sich die Fähigkeit der Fraktale zu unternehmerischem Denken und qualitätsbewusstem Handeln im Sinne einer prioritären Kundenorientierung aus. Die entsprechenden Gestaltungskriterien und Umsetzungsprinzipien lauten[4]:

• Orientierung an der Wertschöpfungskette
• Bearbeitung ganzheitlicher Vorgänge

- Durchgängiges Kunden-Lieferanten-Verhältnis
- Selbstorganisation
- Ergebnisverantwortung

Zur Umsetzung sind folgende Stufen zu durchlaufen:

- Festlegung von Visionen und Zielen des Unternehmens
- Definition von (Kern-)Geschäftsprozessen und Festlegung der zuge-
  hörigen Teamzusammensetzung bzw. der Fraktalbildung
- Entwicklung eines Kontraktmanagements für die Prozessteams bzw.
  die Fraktale
- Festlegung einer Schrittfolge von der bestehenden zur neuen Struktur

Das bedeutet auf der instrumentellen Ebene

- Visionen entwerfen und operationalisieren
- Handlungsnotwendigkeiten erkennen und kommunizieren
- Projektmanagement professionell einsetzen

und auf der mentalen Ebene

- Mitarbeiter/innen partizipativ/interaktiv in den Wandlungsprozess ein-
  beziehen
- Einstellungen und Verhaltensweisen der Führungskräfte und der Mit-
  arbeiter/innen durch Überzeugung ändern und neue Fähigkeiten und
  neue Methoden trainieren

Es geht letztendlich um eine simultane Neudefinition von

- Strategie
- Organisation
- Führungskultur

und die simultane Sicherung von

- Zeitführerschaft
- Kostenführerschaft
- Qualitätsführerschaft
- Innovationsführerschaft

Die funktionsorientierte, hierarchische Organisationsstruktur weicht dann einer geschäftsprozessorientierten Teamstruktur; die „Letztentscheidung" der Geschäftsführung (GF) muss dabei aber gesichert bleiben.

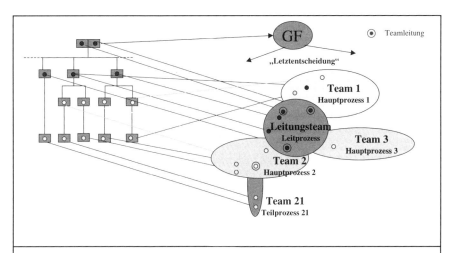

Aufbauorganisation ... von der Pyramidenform zur Teamstruktur, von der hierarchischen, an Funktionen orientierten Organisation zur „fraktalen Organisation"

4.   Was ist ein Prozessunternehmen und funktioniert das überhaupt?

Mitte der neunziger Jahre wurden Konzepte des „Reengineering" von Kernprozessen diskutiert und in die Unternehmenspraxis eingeführt[4]. Damit sollten über verschiedene Abteilungen verteilte Geschäftstätigkeiten zu konsistenten Abläufen im Unternehmen – den sog. Geschäftsprozessen – vereinigt werden. Ziel war die nahtlose Zusammenführung von zusammen gehörigen Abläufen und die Beseitigung von Arbeitsschritten, die nichts zur Wertschöpfung beitrugen.

Die mittlerweile gesammelten Praxiserfahrungen[5] zeigen, dass es nicht ausreicht, die Kernprozesse neu zu ordnen, sondern es muss dabei auch die Führungsstruktur verändert werden. Der Wandel führt dann von der funktionalen, hierarchischen Ordnungsstruktur zur Prozessstruktur, die auf einer teamorientierten Führungskultur aufsetzt. Allerdings komme es nicht darauf an, den Wandel sofort und total herbei zu führen, sondern einen fließenden Prozess, der eine Phase der Koexistenz beider Organisationsstrukturen ohne konkreten Zeithorizont mit einschließt.

Reengineering ermöglichte zunächst die Transparenz der unternehmerischen Aktivitäten herzustellen und den Blick auf den Zweck zu fokussieren, der allen Tätigkeiten zu Grunde liegt: für die Kunden Wert zu schaffen und dabei das Unternehmen zukunftsfähig zu gestalten hinsichtlich Ertrag, Entwicklung und Innovation. Um dieses zu erreichen, gingen eine Reihe von Unternehmen den Weg des Beieinander von integrierten Prozessen und fragmentierten Organisationen, indem sie tüchtige Manager aus der funktional-hierarchischen Struktur zu Prozessverantwortlichen bestimmten und die sich ihre Prozessteams aus dem Unternehmen quer zu allen Abteilungen zusammen stellten. Nur auf diese Weise konnte der Sprung von bloßer Prozessumgestaltung zu einem echten Prozessmanagement gelingen. Damit ging eine Verschiebung der betrieblichen Bewertungssysteme einher und zwar von den Leistungszielen einer Abteilung hin zu den Leistungsvorgaben für einen Prozess. Die Unternehmenskultur wurde auf diesem Wege auf subtile Art, aber grundlegend verändert – statt Abteilungsegoismus und Hierarchie zogen nunmehr Teamarbeit und Kundenorientierung in das Alltagsgeschäft ein. Eine Erkenntnis gewann die Oberhand: In einer fragmentierten Organisation lässt sich unmöglich ein integrierter Geschäftsprozess installieren.

Als ernsthaftes Hindernis für die angestrebte Entwicklung hatte sich sehr schnell der Verbleib der Weisungsmacht bei den alten Abteilungen herausgestellt. Dementsprechend reagierten einige Unternehmen darauf, indem sie den Entwicklungsteams den Rang fundamentaler Organisationseinheiten einräumten. Als neue Führungsrolle entstand somit der „Prozessverantwortliche", der gleichrangig neben dem „Abteilungsleiter" stand. Dieses wurde in einigen Fällen noch dadurch gesteigert, dass den Mitgliedern des höchsten Führungsgremiums jeweils die Verantwortung für einen der (Kern-)Prozesse übertragen wurde, und sie so für die Gestaltung und reibungslose Umsetzung der Prozesse in die Pflicht genommen wurden.

Auf diese Weise konnte eine neue Führungskultur des Prozessunternehmens entstehen, in der die vertikal gegliederten Einheiten wie Fach-, Regional- und Fertigungsbereiche nicht einfach aufgelöst wurden, sondern in Koexistenz mit den Prozessteams verblieben. Deshalb mussten die Führungskompetenzen nicht nur neu verteilt, sondern es mussten auch grundlegende Führungsmethoden geändert werden, um dem neuen „Machtgleichgewicht" Raum zur Entfaltung zu verschaffen. Als entscheidend hat sich dabei heraus gestellt, dass der Prozessverantwortliche nicht nur die Rolle eines Projektmanagers spielen darf, sondern wirklich die Verantwortung für den Prozess erhält und zwar als permanente Aufgabe. Dieses ist die entscheidende Neuerung, dass die Kontrolle über die Arbeitsabläufe getrennt wird von der Führung der Menschen, die diese Arbeit verrichten. Die für die Ausführung des Geschäftsprozesses eingesetzten Personen unterstehen weiterhin den sie entsendenden Einheiten. Die Aufteilung der Weisungsbefugnisse auf den/ die Prozessverantwortliche/n und die Leiter/innen der Einheiten ist als entscheidende Kriterium, an dem sich Erfolg oder Misserfolg scheiden.

Ein Betrieb der sich zu einem Prozessunternehmen entwickeln möchte, muss nicht nur das Beziehungsgeflecht zwischen den Führungskräften ändern, sondern auch die Art des Umgangs mit den Beschäftigten. Mitarbeiter/innen in den Teams verfügen über die breit angelegten Kenntnisse des Geschäftsprozesses und sie werden an den Prozessergebnissen gemessen. Sie haben kein Verständnis für die traditionellen Rollen ihrer Vorgesetzten und keinen Bedarf daran. Die Manager können nicht mehr nur anordnen und kontrollieren, sondern sie müssen vielmehr verhandeln und kooperieren. Die Teams übernehmen selbst die meisten Führungspflichten. Das Rollenverständnis der Führungskräfte muss sich entscheidend ändern hin zum Koordinator und „Coach" der Mitarbeiter/innen und zu deren Förderer und Entwickler einerseits und zum Prozessgestalter und Vertreter der Kundeninteressen andererseits.

Im Zentrum eines jeden Unternehmenswandels steht die Steigerung der kundenbezogenen Wertschöpfung und der (globalen) Wettbewerbsfähigkeit. Die Geschäftsprozessorientierung eines Unternehmens unterliegt diesem Primat. Genau aus diesem Grunde hat sich der Wandel zum Prozessunternehmen für viele Firmen ausgezahlt. Dabei geht es um die langfristigen Ziele, die Qualität zu steigern und zu sichern, auf Kundenwünsche flexibel zu reagieren, Kosten zu senken sowie die Durchlaufzeiten zu verkürzen usw. Einige Firmen haben sich angesichts der globalen Herausforderungen und der Herausforderungen des Internets dazu entschieden. Gerade ein Prozessunternehmen sei flexibel genug, um in „einer erbarmungslosen Welt des Internets zu bestehen, in der nur die schnelle und korrekte Abwicklung von Prozessen prämiert wird"[5].

Es sei zwar, wichtig über effiziente und reibungslos funktionierende Prozesse zu verfügen – noch wichtiger sei aber die Fähigkeit, Prozesse schnell und ergebnissicher umgestalten zu können.

Hammer und Stanton glauben gar, dass es für die meisten Unternehmen zum Prozessunternehmen überhaupt keine Alternative gibt. Denn Prozessmanagement sei nicht nur einfach ein Mittel, um bestimmte Probleme, schlechte Qualität oder hohe Kosten, zu lösen, sondern es liefere die geeignete Plattform, auf der neue Chancen wie die des eCommerce überhaupt erst wahrgenommen werden können. Das Prozessunternehmen habe letztendlich die angemessene Form der Organisation für eine Welt in ständiger Veränderung.

5. Rahmenkonzeption für die Umsetzung einer „Lernenden Organisation"

Eine qualifizierte Einschätzung des Unternehmens und von dessen Umfeld sowie der Arbeitsplatzanforderungen an die Mitarbeiter/innen muss durch die betrieblichen Entscheidungsträger ständig erarbeitet werden. Beratungs- und Qualifizierungsmaßnahmen sind kontinuierlich zu planen und in das betriebliche Geschehen zu implementieren. Diese haben sich an den strategisch und konzeptionell erforderlichen Entwicklungs- und Geschäftsprozessen des Unternehmens auszurichten.

Eine prozessbezogene Reorganisation des Unternehmens, wie es oben beschrieben wurde, ist hierzu erforderlich. Dabei können Reibungsverluste vermieden werden, wenn die Führungsverantwortlichen in der bisherigen Unternehmensstruktur jeweils die „zugehörige" Prozessverantwortung übernehmen. Eine Koexistenz von „alter" Struktur und neuer Prozessstruktur ist zumindest übergangsweise realistisch und unabdingbar.

Die betriebliche Praxis besteht in der direkten Wahrnehmung aus Aktionen, den durchgeführten Einzelhandlungen in der Arbeitstätigkeit. In Wirtschaftsunternehmen sind das in den überwiegenden Fällen reine „Arbeitshandlungen". Die Integration von Lernteilen in den Arbeitshandlungen ist eine der zentralen Aufgaben.
Den Arbeitshandlungen unterliegen Verhaltensdispositionen und Gestaltungspotenziale der Mitarbeiter/innen. Es werden auf der konkreten Ebene der Arbeitshandlungen Techniken und Geräte eingesetzt sowie Methoden angewandt, die entsprechende Fähigkeiten voraussetzen. Alle Arbeitstätigkeiten sind in das System der Organisation eingebettet; bestimmte Vorgehensweisen ergeben sich dementsprechend aus den installierten Technologien und der Unternehmensstruktur. Auf der übergeordneten Ebene, der Meta-Ebene, wird das Arbeitsgeschehen durch Kernprozesse geleitet, die strategisch ausgerichtet sind, um der Vision des Unternehmens näher zu kommen. Die „vertikal" dazu stehenden Dimensionen sind die Handlungsfelder „Prozesse-Vorgehensweisen-Aktionen", die Konzepte „Strategien-Technologien-Instrumentarien" sowie die Zusammenhänge „Visionen-

Strukturen-Methoden". Mit Konzepten vermag man aus den Zusammenhängen heraus konkrete Handlungsfelder zu gestalten. Dieses ist in der abgebildeten Matrix dargestellt, die Gidion als Gesamtmodell der lernenden Organisation bezeichnet[1].

Auf dem Weg zur Lernenden Organisation

Gesamtmodell der Lernenden Organisation

	Zusammen-hänge	Konzepte	Handlungen
Meta-Ebene	Visionen	Strategien	Prozesse
System-Ebene	Strukturen	Technologien	Vorgehens-weisen
Konkrete Ebene	Methoden	Instrumen-tarien	Aktionen

Quelle: Gerd Gidion: Persönlichkeits- und bedarfsgerechte Personalentwicklung in lernenden Organisationen, in: Neue Orgsanisationsformen im Unternehmen, hrsg. von H.-J. Bullinger, H.-J. Warnecke, Springer Verlag, Berlin 1996

An Hand dieses Modells soll das konkrete Modell einer lernenden Organisation für ein kleines oder mittleres Unternehmen entwickelt werden.

5.1 Anforderungen an das Unternehmen

Um Lernanteile in die Arbeitstätigkeiten zu integrieren, sind entsprechende Prozesse zu installieren ganz analog zu denen, mit denen die Arbeitstätigkeiten strukturiert werden. Lernen und Arbeiten müssen dabei auf möglichst optimale Weise verzahnt werden. Hierzu bedarf es eines besonderen „Leitprozesses", durch den die Visionen, Strategien und die Kernprozesse des Unternehmens kontinuierlich überprüft und weiterentwickelt werden, um das Unternehmen an das sich ständig ändernde Umfeld anpassen zu können.

Im Leitprozess soll die Unternehmenssteuerung auf eine personell breite Basis, dem Leitungsteam, gestellt werden. Zur Ausführung dieser „Steuerungsfunktion", die eigentlich einem Regelungsprozess entspricht, sieht das vorgestellte Modell auf der Systemebene des Unternehmens weitere „Hauptprozesse" vor, die von einzelnen Mitgliedern des Leitungsteams verantwortet werden sollen. Es handelt sich dabei um den Hauptprozess „Optimierung der Geschäftsprozesse und Vorgehensweisen", der die Effektivität der wertschöpfenden Arbeitstätigkeiten sicherstellen soll, und um den Hauptprozess „Wissensmanagement", der auf der Ebene der im Unternehmen bereit gestellten Technologien den „Workflow" und die Kommunikationsströme optimieren soll. Dieses technologische Konzept „Wissensmanagement" hat die Aufgabe, die Wissens- und Innovationspotentiale des Unternehmens in Handlungsoptionen und Vorgehensweisen zu transformieren. Um die angesprochenen Wissens- und Innovationspotentiale des Unternehmens mobilisieren (und transformieren) zu können, bedarf es einer entsprechenden Unternehmensstruktur, in der Wissen und Innovationen entwickelt werden und gedeihen können: Es geht um eine neue Lern- und Wissenskultur, in der individuelles Lernen und Wissen in Organisationslernen und Organisationswissen überführt werden. Um diesen Transformationsprozess zu gestalten, soll der Hauptprozess „Qualifizierungsmanagement" installiert werden. Dieser Hauptprozess „Qualifizierungsmanagement" (oder synonym: Wissens- bzw. Innovationsmanagement) stellt quasi den Hauptpfeiler der lernenden Organisation dar.

Aus diesen Hauptprozessen können auf der konkreten Ebene „Teilprozesse" in Verantwortung von Mitgliedern des zugehörigen Hauptprozesses abgeleitet werden, in denen Methoden, Techniken und Instrumente zur Vervollkommnung der Arbeitstätigkeiten entwickelt und trainiert oder die Arbeitstätigkeiten selbst unterstützt werden.

Alle Prozesse werden von verschiedenen Teams des Unternehmens getragen und können durch Berater des *Netzwerks für Arbeit* unterstützt werden. Diese (Beratungs-)Prozesse werden folgendermaßen gegliedert und umgesetzt:

Meta-Ebene – Leitprozess
Auf der Meta-Ebene werden von hierfür benannten Führungskräften des Unternehmens als Leitungs-Team Visionen, Strategien sowie Entwicklungs- und Kern-Geschäftsprozesse definiert und umgesetzt (Leitprozess).

Systemebene – Hauptprozesse
Die einzelnen Mitglieder des Leitungsteams leiten (ggf.) ihrerseits einen Geschäfts- bzw. Entwicklungsprozess auf der Systemebene (Hauptprozess) und fungieren als Verantwortliche ihres Hauptprozesses im Leitungsteam. Den Hauptprozessen werden geeignete Teammitglieder aus dem Unternehmen zugeordnet (Hauptprozessteams).

In den Hauptprozessen werden wesentliche Strukturen und Technologien (Entwicklungsprozesse) sowie Vorgehensweisen (Geschäftsprozesse) für das Gesamtunternehmen realisiert.

Qualifizierungs- und Wissensmanagement
Auf der Systemebene werden besondere Hauptprozesse „Qualifizierungsmanagement" und „Wissensmanagement" eingerichtet: Durch diese Hauptprozesse soll die Unternehmensstruktur zu einer lernenden Organisation geformt werden. Qualifizierungs- und Wissensmanagement bedingen einander, indem sie beide in eine neue Form der Lern- und Wissenskultur eingebettet sein müssen. Deshalb wird dieser Bereich der neuen Lern- und Wissenskultur des Unternehmens unter „Qualifizierungsmanagement" subsummiert.

Unter dem Hauptprozess „Wissensmanagement" soll allein die multimediale, technologische Umsetzung und Unterstützung dieser neuen Unternehmensstruktur verstanden sein. Hierzu bestehen bereits vielfältige, konkrete Ansätze[6], wohingegen die Entwicklung einer neuen Lern- und Wissenskultur noch in den Anfängen steckt.

In entsprechenden Teilprozessen können von hier ausgehend auf der konkreten Ebene Methoden, Instrumentarien und Aktionen entwickelt und umgesetzt werden, um die Lernende Organisation, in ihrem Kern bestehend aus Qualifizierungsmanagement (das Wissens- und Innovationsmanagement strukturell beinhaltet) auf der konkreten Ebene zu implementieren.

Konkrete Ebene – Teilprozesse
Auf der konkreten Ebene können durch die Hauptprozess-Teams ganz allgemein Aktionen angestoßen werden oder es können Instrumentarien und Methoden entwickelt und erprobt werden. Hierzu können spezifische Teams (Aktionsteams) gebildet werden, die einen Teilprozess durchführen, der durch ein Mitglied des jeweiligen zugehörigen Hauptprozesses verantwortlich geleitet wird.

Diese komplexe Geflecht von (Entwicklungs-)Prozessen wird auf dem Matrix-Modell in der folgenden Abbildung veranschaulicht.

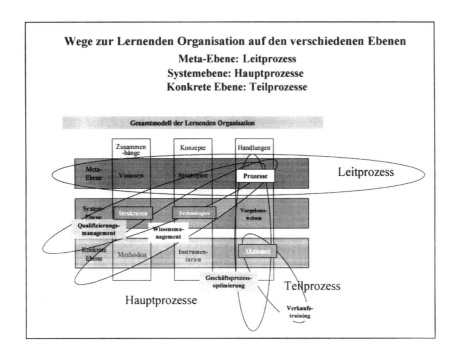

5.2   Anforderungen an das *Netzwerk für Arbeit*

Dienstleistungsangebot

Die Projektgeschäftsstelle des NfA unterstützt das Unternehmen zur Durchführung der (Leit-, Haupt- und Teil-)Prozesse mit geeigneten Berater/innen und Trainer/innen.

Beratungsprozess „Lernende Organisation"

Die Berater/innen des Leitprozesses und der Hauptprozesse beim Unternehmen bilden „spiegelbildlich" zum unternehmensseitigen Leitprozess ein Beraterteam, welches das Unternehmen in Form eines „Beratungsprozesses Lernende Organisation (LO)" begleitet. Auf der Meta-Ebene dieses Beratungsprozesses werden Visionen, Strategien und (Entwicklungs-)Prozesse zur Lernenden Organisation definiert. Auf der Systemebene werden diese Konzeptionen in den Hauptprozess „Qualifizierungsmanagement" eingebunden.

Schlüsselfunktionen der Beratung

Zur Implementierung der Systemstruktur „Lernende Organisation" haben zwei Berater/innen eine Schlüsselfunktion – jeweils die des Leitprozesses und des „Hauptprozesses Qualifizierungsmanagement". Ihnen obliegt es in besonderem Maße, Informationen aus „ihren" Prozessen in das Beraterteam einzubringen und entsprechend Initiativen in die Prozesse zurück zu spiegeln und zu implementieren.

Das NfA organisiert und sichert diese Beratungsstruktur in voller Abstimmung mit der Geschäftsführung des Unternehmens als genuine NfA-Dienstleistung. Darüber hinaus entwickelt das NfA hieraus ein unternehmensübergreifendes Beratungs- und Entwicklungskonzept, um es anderen kooperierenden Unternehmen anzubieten.

Auf dieser Grundlage können Beratungen und Schulungen zwischen den benannten Führungskräften des Unternehmens und der Projektgeschäftsstelle des NfA auf direktem Wege vereinbart werden.

Die Geschäftsführung (GF) und die Projektleitung NfA (PL) vereinbaren die gemeinsame, vertrauensvolle (Fort-)Entwicklung des Unternehmensleitbildes „Lernende Organisation".

Dieses komplexe Zusammenspiel von spiegelbildlichen Entwicklungsprozessen im Unternehmen einerseits und den Beratern/innen des NfA andererseits wird in der folgenden Abbildung veranschaulicht.

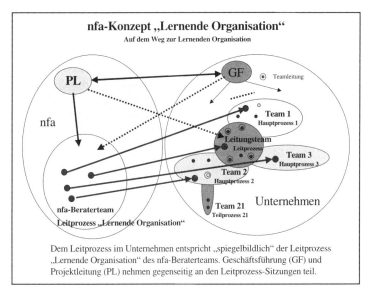

nfa-Konzept „Lernende Organisation"
Auf dem Weg zur Lernenden Organisation

PL
GF
⊙ Teamleitung
nfa
Team 1
Hauptprozess 1
Leitungsteam
Leitprozess
Team 3
Hauptprozess 3
Team 2
Hauptprozess 2
nfa-Beraterteam
Team 21
Teilprozess 21
Unternehmen
Leitprozess „Lernende Organisation"

Dem Leitprozess im Unternehmen entspricht „spiegelbildlich" der Leitprozess „Lernende Organisation" des nfa-Beraterteams. Geschäftsführung (GF) und Projektleitung (PL) nehmen gegenseitig an den Leitprozess-Sitzungen teil.

6. Schlussbemerkungen

Wichtigste Komponente einer LO ist die Vertrauenskultur. Vertrauen in andere setzt Selbstvertrauen voraus. Selbstvertrauen schafft Selbstbewusstsein und die Grundlage für Selbstwert. Selbstwertgefühl ist einer der entscheidenden Faktoren der Vertrauenskultur als Wettbewerbsvorteil – nur dann können Lernprozesse installiert werden, die notwendig sind, um den zukünftigen Geschäftserfolg zu sichern

Zur LO gehören drei Elemente: Individuum, Gruppe und Gesamtorganisation, sowie eine Managementphilosophie, die das Prinzip „LO" nachhaltig verfolgt. Eine visionäre Organisation differenziert sich vom Wettbewerb immer mehr durch Marketing-Strategien und das Unverwechselbare im Unternehmen, also durch die Menschen und die Kultur, als durch Produkte.

Beispiel: Gruppenarbeit ist eine gute Sache, wenn es um das Delegieren wichtiger Verantwortungs- und Entscheidungskompetenzen an die Prozesskette geht. Scheitern wird das Konzept (was es häufig tut), wenn die Führungskräfte nicht loslassen können von ihrer Vorgesetztenfunktion – also ein mental-kulturelles Defizit, nämlich fehlendes Vertrauen. Wenn also parallel zur Einführung von Gruppenarbeit nichts zum Thema Vertrauen verändert wird, scheitert das Projekt.

In vielen Unternehmen und dem gesamten Umfeld ist bislang jeder für sich alleine gestellt. Das ist das Ergebnis unseres Zeitgeistes, der Selbstverwirklichung zur Egozentrik fehlgeleitet hat. Zugehörigkeitsgefühl ist aber ebenso wichtig wie Selbstverwirklichung.

Ziel ist in allen Fällen, das Wissen der Mitarbeiter/innen und des Umfeldes nutzbar zu machen. Dazu muss ein „win-win-Mentalität" vorherrschen, die über eine „win-win-Kooperation" eine gemeinsame erfolgreiche Zukunft ermöglicht.

Literaturhinweise

[1]   **Gerd Gidion**, Persönlichkeits- und bedarfsgerechte Personalentwicklung in lernenden Organisationen, in: Neue Organisationsformen im Unternehmen, hrsg. von H.-J. Bullinger, H. J. Warnecke, Springer Verlag, Berlin 1996

[2]   **Sabine Wesely**, Personalentwicklung in der lernenden Organisation, Diplomarbeit, Universität Hannover, März 1999, und Zitate darin **Rainer Zech**, Der Mensch ist Mittel. Punkt!, in: Mensch & Büro 3/1998

[3]   **Peter M. Senge**, Die fünfte Disziplin, Kunst und Praxis der lernenden Organisation, Stuttgart 1996

[4]   **Champy, J.; Hammer, M.**, Business Reengineering: Die Radikalkur für das Unternehmen, Frankfurt 1994
Hans Jürgen Warnecke, Die fraktale Fabrik, Berlin 1993, und: Aufbruch zum fraktalen Unternehmen – Praxisbeispiele für neues Denken und Handeln, Berlin 1995
Wolfgang Stürzl, Business Reengineering in der Praxis, Paderborn 1996
Roland Berger, Burkhard Schwenker, Vorgehensplan zum Umsetzungsprozess, in: Neue Organisationsformen im Unternehmen, hrsg. von H.-J. Bullinger, H. J. Warnecke, Springer Verlag, Berlin 1996

[5]   **Michael Hammer; Steven Stanton**, Prozessunternehmen – wie sie wirklich funktionieren, in: HARVARD BUSINESS manager 3/2000, S.68 - 81

[6]   **Hans-Jörg Bullinger; Christian Tölg**, Lernende Unternehmen und neue Technologien, in: Industrie Management 15 (1999) 6, S.9 - 14
Martin Schindler; Patrick Seifried, Projekte und Prozesse im Kontext des Wissensmanagement, in: Industrie Management 15 (1999) 6, S. 20 - 25

Wolfgang Wesely

Integrierte Lern- und Arbeitslandschaften in kleinen und mittleren Unternehmen

Schlussbilanz des erfolgreich durchgeführten Projektes *Netzwerk für Arbeit* im Rahmen der Gemeinschaftsinitiative ADAPT der Europäischen Union mit finanzieller Förderung durch das Land Niedersachsen

1. Einleitung

Das ADAPT-Projekt *Netzwerk für Arbeit* wurde gemäß Bescheid der Bezirksregierung Hannover vom 18.9.1997 mit Beginn zum 22.9.1997 genehmigt. Der Projektantrag war vom Zweckverband „Volkshochschule Ostkreis Hannover" (VHS) gestellt worden und die Durchführung des Projektes wurde nach dessen Genehmigung von der VHS getragen.

Die Aktivitäten des Projektes *Netzwerks für Arbeit* gingen zwar von erwachsenenbildnerischen Ansätzen aus, reichten aber doch weit in die Bereiche der Wirtschafts- und Beschäftigungsförderung hinein und umfassten darüber hinaus in räumlicher Hinsicht die gesamte Region Hannover. Der entsprechende regionale Bezug und der Einbezug der regionalen Wirtschaftsförderung wurde bereits in der Phase der Projektplanung sichergestellt durch die strategische Kooperation mit der Technologie-Centrum Hannover GmbH (TCH), einer hundertprozentigen Tochter des Kommunalverbandes Großraum Hannover (KGH).

Aus diesem Grunde entstand im Laufe der Zeit seitens des KGH das Interesse, das erfolgreiche ADAPT-Projekt *Netzwerk für Arbeit* in die Trägerschaft einer damals in der Entstehung befindlichen Tochtergesellschaft „HRB" zu übernehmen.

Der Trägerwechsel wurde zum 1. Juli 2000 formell vollzogen. Seit diesem Termin stellen die Projektaktivitäten des *Netzwerks für Arbeit* ein Kerngeschäftsfeld der Hannover Region Beratungs- und Entwicklungsgesellschaft für Beschäftigung (HRB) dar. Im Rahmen der regionalen Wirtschafts- und Beschäftigungsförderung soll die HRB nunmehr präventive Instrumente und ressortübergreifende Arbeitsweisen entwickeln unter Ausnutzung aller Potenziale für beschäftigungsbezogene Aktivitäten, um zu einem breiten „regionalen Beschäftigungskonsens" beizutragen. Das z.Z. im Beratungsverfahren befindliche Regionsgesetz, das voraussichtlich am 1.11.2001 in Kraft treten wird, weist die regionale Wirtschafts- und Beschäftigungsförderung eindeutig der Ebene der Region als wahrzunehmenden Aufgabenbereich zu und den regionsangehörigen Gemeinden die allgemeine Erwachsenenbildung.

Die Förderperiode 1994 – 2000 des Europäischen Sozialfonds lief Ende des Jahres 2000 aus und damit auch die Gemeinschaftsinitiative ADAPT. Mit Ablauf dieses Jahres endete dementsprechend das ADAPT-Projekt *Netzwerk für Arbeit*, das dann eine Laufzeit von 3 ¼ Jahren hatte.

Im letzten von insgesamt vier Symposien zum Thema „Synergien durch regionale Netzwerke" wurden die Ergebnisse des Projektes *Netzwerk für Arbeit* in einer „Schlussbilanz" vorgestellt.

Auf dieser Schlusskonferenz am 7. Dezember 2000 ging es um eine Gesamtbewertung des durchgeführten Projektes *Netzwerk für Arbeit*. Aus diesem Grunde wurde eine Reihe von externen Experten/innen eingeladen, um die Projektergebnisse quasi von außen zu beleuchten.

Einerseits wurde während der vier durchgeführten Symposien über die (Zwischen-)Ergebnisse des Projektes jeweils differenziert und detailliert berichtet, und das Projekt stellte sich der Einschätzung und Kritik durch unabhängige Experten/innen aus Kammern und Verbänden, aus öffentlicher Verwaltung, Hochschulen und aus den Unternehmen selbst. Andererseits wurde das Projekt aber auch auf dem Hintergrund der europäischen Förderkulisse beleuchtet. Perspektiven der zukünftigen Förderprogramme der Europäischen Union und des Landes Niedersachsen wurden aufgezeigt, um daran dann den Stellenwert des Projektes für eine mögliche und auch angestrebte Fortsetzung ermessen zu können.

2.   Welche Planungen bestanden am Projektbeginn?

Der Projekttitel in der Langfassung ist für sich schon Programm:

Weiterbildungs- und Beratungsnetzwerk für Klein- und Mittelunternehmen (KMU) zur Förderung der Beschäftigung und Anpassung der Arbeitnehmer/innen an den industriellen Wandel in der Region Hannover

Die Zielsetzungen bestanden darin, Initiativen und Maßnahmen zu entwickeln und umzusetzen in den Bereichen „Personalentwicklung – Weiterbildung", „Unternehmensoptimierung – Prozessoptimierung" und „Unternehmensübergreifende Innovationsberatung – Netzwerk"

Hierfür wurden die folgenden Ressourcen identifiziert: Limitierender Faktor ist nicht mehr die Technik – sie ist längst allgemein verfügbar – sondern die Qualität menschlicher Ressourcen. Menschen sollten nicht länger nur als *„Human Resources"* betrachtet werden, sondern eher als *„Resourceful Humans"*.

Um die angestrebten Ziele zu erreichen, wurde folgender Weg eingeschlagen: Über Kooperation in den o.g. Zielbereichen sollten kleine und mittlere Unternehmen (KMU) zu Netzwerken verbunden und zur Erzeugung von Synergien angeregt werden! Von der Personal- und Organisationsentwicklung sollte über die Etablierung eines Modells des Qualifizierungsmanagements für die KMU's ein Weg zur „Lernenden Organisation" aufgezeigt werden!

3. Was war die Ausgangssituation bei der Projektkonzeption?

Die Herausforderungen des Strukturwandels für kleine und mittlere Unternehmen (KMU) bestehen in der Globalisierung der Märkte, in Marktveränderungen, in der rasanten Entwicklung der Informations- und Kommunikationstechnik und in den sich ändernde gesellschaftlichen Anforderungen.

Die Herausforderungen des Strukturwandels für Weiterbildungsträger (HRB, vorher VHS) bestehen in der Überwindung der Produktorientierung, in der Entwicklung einer Kunden- und Prozessorientierung, in der Gewinnung von kleinen und mittleren Unternehmen als aktive Partner und in der Erarbeitung eines realistischen Konzepts einer „Lernenden Organisation" durch regionale Kooperation von KMU's mit der HRB und anderen Partnern.

4. An welche Zielgruppe richtet sich das Projekt und mit welcher speziellen Zielsetzung?

Zielgruppen:
Einerseits stehen die Mitarbeiter/innen der KMU's auf allen Unternehmensebenen von „Linienmitarbeiter/innen bis zur höchsten Führungsebene" im Fokus der Projektarbeit und andererseits das Unternehmen insgesamt bzw. dessen Gliederungen in Form von Abteilungen oder Teams.

Zielsetzungen:
Die Ziele der Aktivitäten und Initiativen in den einzelnen Projektgeschäftsfeldern sind die folgenden:

Personalentwicklung – Weiterbildung
Erhöhung des unternehmensbezogenen, individuellen Qualifikationsniveaus der Mitarbeiter/innen

Unternehmensoptimierung – Prozessoptimierung
Erhöhung der Unternehmensfitness insgesamt, auf der Ebene einer Abteilung oder eines Teams (z.B. beim Projektmanagement) oder des Gesamtunternehmens

Unternehmensübergreifende Innovationsberatung – Netzwerk
Erhöhung der Wettbewerbsfähigkeit und Schaffung von Synergien (Mehrwertschöpfung) durch regionale Kooperation, Förderung der Internationalisierung durch transnationale Kooperation.

Dieses ist in der folgenden Abbildung anschaulich dargestellt.

5.   Welche Ergebnisse hat das Projekt gezeigt?

5.1   Inhalte

Im Bereich „Qualifizierung/Training" herrschen die Bereiche EDV, Fremdsprachen und Soziale Kompetenzen eindeutig vor. In den Bereichen der unternehmensbezogenen Prozesse sowie in der unternehmensübergreifenden Innovationsberatung steht die Begleitung von unternehmensspezifischen Veränderungsprozessen mit strategischen Fragestellungen zu neuen Unternehmenskonzepten und -geschäftsfeldern im Mittelpunkt bzw. es sind Themen wie Personal- und Organisationsentwicklung (z.B. im Arbeitskreis

Personal und im Kompetenzzentrum für Führungskräfte), Unternehmensstrategien, Electronic Business u.a. angesagt.

5.2 Ablauf, Umsetzung, Dauer

Personalentwicklung, Weiterbildung in den genannten Bereichen EDV, Sprachen und Soziale Kompetenzen findet in Seminaren und Seminarreihen unternehmensübergreifend oder in den unternehmensbezogenen Prozessen statt. Solche Veranstaltungen dauern i.d.R. zwei Tage – was den Engpässen der Personalkapazitäten in den KMU's sehr entgegen kommt. Zu Beginn des Projektes herrschte diese Veranstaltungsform eindeutig vor.

Im Projektverlauf gewannen die unternehmensbezogenen Prozesse immer mehr an Bedeutung. Viele der zunächst im betriebsübergreifenden Seminarbetrieb abgedeckten Weiterbildungsbedarfe der KMU's wurden Schritt für Schritt in die unternehmensbezogenen Veränderungsprozesse einbezogen und in ein langfristiges Konzept zur Personal- und Unternehmensentwicklung integriert. Die unternehmensbezogenen Prozesse können entsprechend dem Bedarf der KMU's von kürzerer oder längerer Dauer sein. Zunehmend wird die Begleitung von Veränderungsprozessen als ständige Aufgabe gesehen, so dass die Dauer der Prozessbegleitungen in der Tendenz steigend ist.

Die Workshop-Reihen zur unternehmensübergreifenden Innovationsberatung werden von leitenden Mitarbeiter/innen aus den KMU's zum Erfahrungsaustausch und zur gemeinsamen Lösungserarbeitung bei allgemeinen Problemstellungen der Unternehmensorganisation benutzt. Hier findet die angestrebte Vernetzung der KMU's untereinander statt. Erste Erfolge der Vernetzung zeigten sich in Kooperationsprojekten wie dem regionalen Assessment Center für KMU's. Die Workshop-Reihen dauern in der Regel zwischen drei und fünf ganzen oder halben Tagewerken.

Zu Projektbeginn waren, von wenigen Ausnahmen abgesehen, zunächst nur Seminarangebote – vornehmlich im EDV-Bereich – nachgefragt. Retrospektiv beurteilt hat dieses wahrscheinlich zwei wesentliche Gründe – die Unternehmen wollten einerseits sicherlich das Dienstleistungsangebot des Projektes *Netzwerk für Arbeit* auf unverfängliche und risikolose Art und Weise erst einmal kennen lernen und testen, und andererseits kannten viele der KMU's aus eigener Erfahrung nur die Form der unternehmensübergreifenden „Seminare" als Instrument der Personal- und Organisationsentwicklung.

Aus diesen Gründen hat sich am Beginn der Projektarbeit – nach einer längeren zögerlichen Anlaufphase - zunächst einmal ein großer Bereich „Qualifizierung/Training" eröffnet. In den ersten beiden Projekt-Symposien konnten daher nur Arbeitsergebnisse vorgelegt werden, die aus einem größeren Bereich „Qualifizierung/Training" bestanden und einem wachsenden Bereich „Prozessbegleitung'; der im Umfang anfangs deutlich geringer ausfiel als der erste Bereich. Der Bereich „Unternehmensübergreifende Innovationsberatung – Netzwerk" ist zwar auch stetig gewachsen, liegt aber im Arbeitsumfang demgegenüber deutlich zurück.

Schließlich kann man erfreulicherweise feststellen, dass der Projekterfolg durch Empfehlungen von bereits kooperierenden KMU zu einer Ausweitung des Einzugsbereichs vom „Großraum Hannover" auf den sog. zweiten Ring geführt hat. Tendenziell könnte das Projekt bei entsprechender „Werbung" auf den gesamten Regierungsbezirk Hannover als Einzugsbereich ausgedehnt werden.

5.3   Unternehmensprofile

Aus dem gesetzten Ziel, die Produktorientierung zu Gunsten einer Kunden- und Prozessorientierung zu überwinden, hat sich inzwischen ein neues, „innovatives Muster" der Projektarbeit eingestellt. Die unternehmensübergreifenden Seminarreihen sind in zunehmendem Maße „Gelenkstück" zwischen dem thematischen Einstieg in ein unternehmensbezogenes Entwicklungskonzept und der Umsetzung als unternehmensbezogenem (Wandlungs-)Prozess. Das kann beispielsweise im Bereich Fremdsprachen darin bestehen, dass sich an den Besuch eines Seminars „Business English" von ein oder zwei Personen eines Unternehmens eine spezifische Seminarreihe anschließt, mit der die Mitarbeiter/innen der Vertriebsabteilung dieses Unternehmens auf die Wahrnehmung verstärkter internationaler Kontakte vorbereitet werden; oder aus einem Workshop „Verkaufstraining" tragen einzelne Teilnehmende ein Projekt „Kundenorientierte Verkaufskonzepte" in ihre Unternehmen, das dann den Auftakt darstellt für weitere Prozesse zur Unternehmensentwicklung.

Die offenen Seminarreihen befriedigen nicht mehr nur den akuten Weiterbildungsbedarf von Mitarbeiter/innen, sondern bieten vermehrt die Möglichkeit, im Austausch mit Teilnehmenden aus anderen Unternehmen Ideen und Ansätze für weitergehende Weiterbildungs- und Beratungskonzepte aufzunehmen und in die jeweiligen Unternehmen zu tragen.

Für diesen Transfer von Ideen und Konzepten haben sich insbesondere die Workshop-Reihen der unternehmensübergreifenden Innovationsberatung gut bewährt. Aus dem „Arbeitskreis Personal" hat sich die Initiative „Regionales Assessment Center für KMU's" entwickelt, und sie wurde bereits zum Teil umgesetzt. Entsprechende Entwicklungen zeichnen sich auch aus dem „Kompetenzzentrum für Führungskräfte" und dem Workshop „Electronic Commerce" ab.

Für neue Ideen und Konzepte erfolgt also eine Sensibilisierung in den Seminar- und Workshop-Reihen, was mit „vorgefertigten" Produkten nicht in gleicher Weise erreicht werden kann. Die Integration von Maßnahmen der Qualifizierung/Weiterbildung und/oder Organisationsentwicklung einerseits und Beratungsaktivitäten andererseits erfolgt über die aufgezeigten Pfade unter Einbindung der Projektgeschäftsstelle *Netzwerk für Arbeit* als Dienstleisterin, die entweder selbst oder durch Hinzunahme eines externen Beraters diese Integrationsleistung erbringt.

Fazit: Das erste herausragende Arbeitsergebnis ist die regelmäßige und wachsende Beteiligung von KMU's an Weiterbildungsaktivitäten. Von den über 90 kooperierenden Unternehmen nahmen an den unternehmensübergreifenden Seminarreihen im Durchschnitt etwa 5 KMU's teil. Dabei wurden von jedem Unternehmen i.d.R. immer mehrere Mitarbeiter/innen zur Seminarteilnahme bewegt. Auf diese Weise wurde das neu erworbene Wissen nicht singulär in das Unternehmen gebracht, sondern es verankerte sich an mehreren Personalstellen und konnte damit weit effektiver in das Unternehmensgeschehen integriert werden.

Auf Grund dieser Erfahrung haben sich 37 von 96 Unternehmen, also mehr als ein Drittel, für die Durchführung eines unternehmensbezogenen Prozesses entschieden. Im einfachsten Fall bestand dieser in einem halb- oder ganztägigen Workshop für eine größere Anzahl von Mitarbeiter/innen. In zunehmenden Maße schlossen und schließen sich weiterführende Beratungs- und Qualifizierungssequenzen an als Konsequenz aus der Entscheidung, das Unternehmen partiell oder in einem konzeptionellen Rahmen weiter zu entwickeln. Bei einem solchen Prozess werden dann viele Mitarbeiter/innen auf (fast) allen Unternehmensebenen in den Veränderungsprozess einbezogen.

Im Durchschnitt wurden bislang mehr als ein Drittel der Belegschaften der in Prozessen beteiligten Unternehmen erfasst. In 23 Unternehmen wurde mehr als 50% der Belegschaften, in 10 Unternehmen mehr 75% der Belegschaften im Verlauf des Prozesses an Beratungs- und Qualifizierungsmaßnahmen beteiligt.

Dieses Ergebnis stellt m.E. eine wichtige, neue Qualität in der unternehmensbezogenen Bildungsarbeit dar und ist eine zentrale Voraussetzung für das zu entwickelnde Konzept einer „Lernenden Organisation".

Ablesbar ist dies vor allem auch an der im Durchschnitt recht hohen Zahl der Teilnehmenden und der Anzahl der durchgeführten Tagewerke im Bereich der „Prozesse". Das heißt perspektivisch, dass die Mitarbeiter/innen auf breiter Ebene in einen „kontinuierlichen" Lernprozess in verschiedenen Entwicklungsprojekten des Unternehmens eingebunden sind. Für die Zukunft ist absehbar, dass ein solcher mehrdimensionaler Entwicklungsprozess des Unternehmens einen dauernden Lernprozess der Belegschaft auf allen Unternehmensebenen darstellt – unter geeigneten, konzeptionellen Rahmenbedingungen kann sich daraus eine „Lernende Organisation" entwickeln. Während Großunternehmen eine solche Entwicklung aus eigener Kraft in Angriff nehmen können, ist für kleine und mittlere Unternehmen i.d.R. eine kooperative Lösung in einem Unternehmensnetzwerk angesagt.

5.4 Teilnehmer/innen-Profile

Die Teilnehmer/innen-Profile fügen sich in die oben aufgezeigten Unternehmensprofile ein. Beide sind ja nicht durch vorgegebene Lehrgangsstrukturen bestimmt oder bestimmbar. Die Seminarreihen entsprechen noch am ehesten einem produktorientierten Lehrgangskonzept, in dem aktuelle Themen aufgegriffen werden – natürlich auf dem Hintergrund von allgemeinen Abstimmungsgesprächen mit den Unternehmensleitungen. Aber die Inhalte z. B. der EDV-Seminare sind, von anwendungsbezogenen Ausprägungen abgesehen, durch einen beherrschenden Software-Hersteller vorgegeben.

Auf eigenen Wunsch, in Abstimmung mit oder auf Wunsch der Geschäftsleitung besuchen die Teilnehmenden einzelne Seminare oder Seminarreihen. In den unternehmensbezogenen Prozessen werden die Teilnehmenden je nach intendiertem internen Veränderungsprojekt aus den verschiedenen Abteilungen zugeordnet. In die unternehmensübergreifenden Workshop-Reihen zur Unternehmensinnovation erscheinen die Führungskräfte aus den verschiedenen Unternehmen in Abhängigkeit von ad hoc

Entscheidungen – Ist das Thema für mein Unternehmen dringend geboten oder zumindest aktuell?, und: Lassen die Tagesgeschäfte und meine persönlichen Terminbindungen die angebotenen Termine zu?

Auf diese Weise ergeben die Auswertungen für die Teilnahme-Profile ein im Großen und Ganzen sehr heterogenes Bild. Es schälen sich zwar in bezug auf den Seminarbereich einzelne, kleinere Schwerpunkte in EDV, Sprachen und Sozialen Kompetenzen heraus, ausgeprägtere Profile ergeben sich allerdings in den Unternehmensprozessen. Hier durchlaufen einzelne Mitarbeiter/innen durchaus substanzielle Qualifizierungen in mehreren Bereichen, die für die Entwicklung von mittelständischen Unternehmen sehr bedeutsam sind.

Solche Profile können natürlich nicht so ohne weiteres abschlussbezogen sein! Sie sind dafür aber äußerst praxisorientiert. In den Prozessen wird auf diese Weise je für das Unternehmen und für den/die Mitarbeiter/in produktiv und effektiv gelernt. Dem Unternehmen kommen die Lernerfolge zunächst ganz direkt zu Gute. Dem/der Mitarbeiter/in helfen sie im Unternehmen ebenfalls ganz direkt; darüber hinaus sind die Lernergebnisse aber in hohem Maße transferierbar auf vergleichbare Einsatzfelder in anderen mittelständischen Unternehmen. Beides ist wünschenswert – Unternehmen sind fitter geworden, und fitter gewordene Mitarbeiter/innen haben bessere berufliche Perspektiven.

6. Quantitative Ergebnisse

Die quantitativen Gesamtergebnisse des Projektes (mit Stand vom 30.11.2000) sind in der folgenden Tabelle dargestellt. Der Arbeitsumfang lässt sich in Unterrichtsstunden (UStdn) oder in Form des Produktes aus der Zahl der Teilnehmenden und der jeweiligen Dauer der belegten Veranstaltungen in Tagewerken (Teilnahme-Tage: TNTage) messen, wobei das letztere Maß m.E. das zweckmäßigere darstellt. Insgesamt wurden demnach mehr als 13.000 UStdn bzw. mehr als 12.000 TNTage durchgeführt. Für die insgesamt über 400 durchgeführten Veranstaltungen (VA) wurden mehr als 1.650 Tagewerke benötigt. Bei einer Belegungszahl von mehr als 7860 ergibt sich eine durchschnittliche Belegungszahl von fast 20 pro Veranstaltung. Diese recht hohe Belegungszahl erklärt sich im wesentlichen aus den unternehmensspezifischen Prozessen, bei denen im Durchschnitt über 100 Belegungen erfolgten.

Auf die drei Säulen „Prozesse", „Weiterbildungs-Seminare" und „unternehmensübergreifende Innovationsberatung (Workshops, Konferenzen)" der Projektarbeit verteilen sich die Ergebnisse quantitativ mit 39,5%, 51, 8% und 8,6%.

netzwerk für arbeit
Gesamtergebnisse

	Arbeitsumfang absolut (TNTage)	anteilig	Veranstaltungen (VA) Zahl	TNTage/VA	Tagewerke (TW)	TW/VA	UStdn	UStdn/VA	Belegung gesamt	Belegung pro VA
Gesamt	12.225	100,0%	406	30	1.658	4,1	13.264	32,7	7.866	19,4
Prozesse	4.831	39,5%	37	131	793	21,4	6.344	171,5	3.937	106,4
WB-Seminare	6.337	51,8%	326	19	729	2,2	5.832	17,9	3.241	9,9
EDV	5.022	41,1%	254	20	413	1,6	3.304	13,0	2.567	10,1
Sprachen	768	6,3%	26	30	135	5,2	1.080	41,5	310	11,9
Soz. Komp.	547	4,5%	46	12	45	1,0	360	7,8	364	7,9
Workshops (WS - Reihen)	592	4,8%	27	22	109	4,0	872	32,3	232	8,6
Konferenzen	465	3,8%	16	29	27	1,7	216	13,5	456	28,5

Diese „nackten" Zahlen sind in dem folgenden Säulendiagramm veranschaulicht.

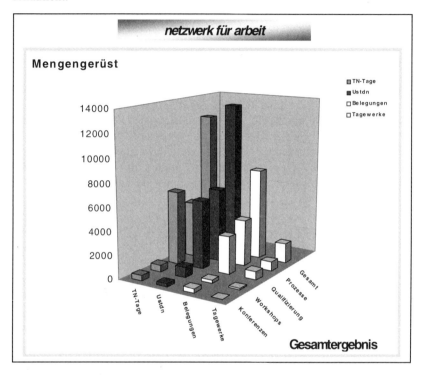

Die Struktur der kooperierenden Unternehmen ist in der folgenden Tabelle dargestellt. Von den insgesamt etwa 8000 Mitarbeiter/innen in den Unternehmen insgesamt entfallen mehr als die Hälfte auf das verarbeitende Gewerbe, das mit über 30% den größten Anteil aller beteiligten Unternehmen stellt. Dementsprechend liegt deren durchschnittliche Mitarbeiterzahl auch deutlich an der Spitze. Die beiden Branchen der Produktionsbetriebe und der produktionsnahen Dienstleistungen bilden mit zusammen 57% Anteil an allen Unternehmen den größten Block.

Struktur der kooperierenden Unternehmen

	Anzahl KMU		Mitarbeiterzahl	
	absolut	anteilig	absolut	durchschn.
Erfasste Unternehmen:	96	100,0%	8002	83
davon				
Verarbeitendes Gewerbe	31	32,3%	4.192	135
(Industrie und Handwerk)				
Baugewerbe, Architekten	10	10,4%	453	45
Handel	17	17,7%	1.169	69
Transport und Verkehr	8	8,3%	666	83
Gastgewerbe	4	4,2%	169	42
Dienstleistungen für Unternehmen	26	27,1%	1.353	52

Diese Zahlen sind in den folgenden Säulendiagrammen veranschaulicht.

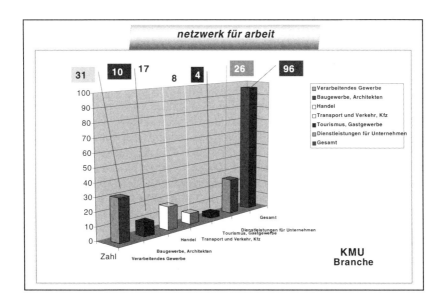

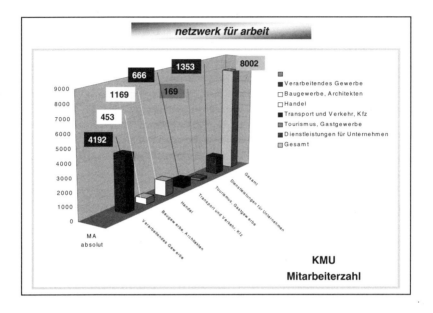

Die Verteilung der Unternehmen nach Größenklassen zeigt, dass die beteiligten Unternehmen in dieser Hinsicht in einem ausgewogenen Verhältnis zueinander stehen, wobei ein gewisser Schwerpunkt bei Unternehmen zwischen 26 und 50 Mitarbeiter/innen besteht. Die Kleinstunternehmen von 1 bis 10 Mitarbeiter/innen sind aber stärker vertreten als die „größeren" mit mehr als 250 und maximal 500 Mitarbeiter/innen. Dieses wird in den folgenden Tabellen und Diagrammen dargestellt.

Größenklassen	MA-Zahl	Anteil
A	1 - 10	14,3%
B	11 - 25	11,9%
C	26 - 50	34,5%
D	51 - 100	11,9%
E	101 - 250	16,7%
F	> 251	10,7%
Summe		100,0%
Summe A - E		89,3%

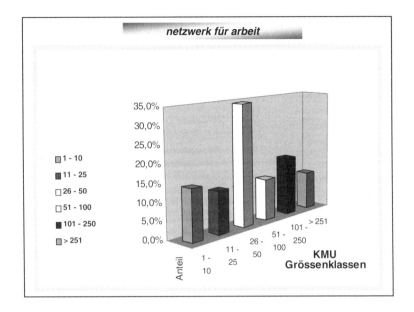

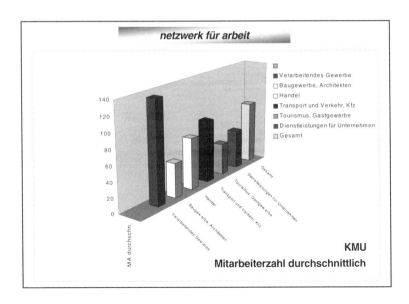

Einige interessante Aspekte ergeben sich aus der Betrachtung der in den Unternehmen mit den Weiterbildungsmaßnahmen erreichten Mitarbeiter/innen und deren Belegungszahlen. 37 von 96 Unternehmen – das sind 38,5% – haben unternehmensbezogene Weiterbildungsprozesse durchgeführt. An den unternehmensübergreifenden Weiterbildungsmaßnahmen haben sich im Durchschnitt etwa fünf Unternehmen beteiligt. Mit insgesamt mehr als 2800 beteiligten Mitarbeiter/innen wurden durchschnittlich mehr als 35% aller Belegschaften erreicht – in einzelnen Unternehmen ging diese „Reichweite" mit bis zu etwa 85% weit darüber hinaus.

Beteiligung der KMU und der Mitarbeiter/innen

Unternehmen			Personen			
Beteiligte KMU insgesamt	Beteiligung an Prozessen	durchschn. Beteiligung an WB-VA	Teilnehmer/innen in allen VA Zahl der Personen	Mitarbeiter/innen in allen KMU gesamt	Reichweite in Belegschaften durchschn.	maximal
96	37	4,9	2829	8002	35,4%	84,8%

Die Mitarbeiterinnen haben sich leicht überdurchschnittlich beteiligt. Während ihr Anteil an den Belegschaften insgesamt 31,4% beträgt, haben sie sich hinsichtlich der Teilnahme und der Belegungszahlen mit 33,8% an den durchgeführten Veranstaltungen etwas stärker beteiligt. Mit einer „Reichweite" von 38,1% gegenüber durchschnittlich 35,4% wurden deutlich mehr Frauen als Männer in den Belegschaften erreicht.

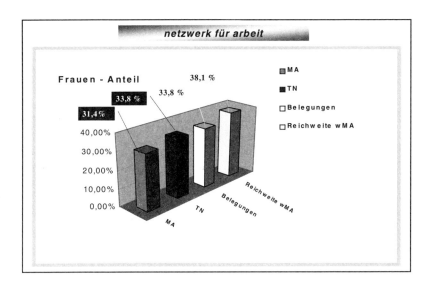

7.   Finanzielle Betrachtungen

Die Finanzstruktur des Projektes wird im folgenden Diagramm dargestellt und veranschaulicht. Die nach den Richtlinien der EU und des Landes Niedersachsen zuwendungsfähigen Aufwendungen umfassen die fixen und variablen Kosten des Projektträgers sowie die Aufwendungen der Unternehmen, die i.d.R. ausschließlich aus den „Freistellungskosten" für die Mitarbeiter/innen bestanden. Die Besonderheit der Finanzstruktur besteht vielleicht darin, dass die Zuwendungen an öffentlichen Mitteln gerade die fixen und variablen Kosten mit einem Anteil von etwa 40% Anteil an den Gesamtkosten abdecken. Der Anteil der „privaten" Mittel in Höhe von 60% zeigt deutlich, dass für die Unternehmen die Freistellungskosten stärker zu Buche schlagen als die direkten Kosten für die Teilnahme an den Bildungsmaßnahmen.

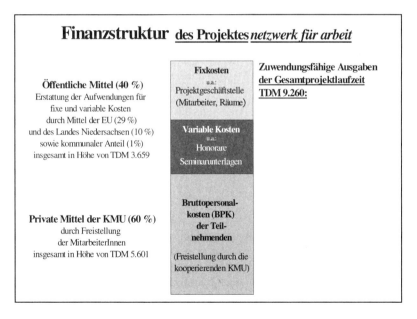

8.   Integrierte Lern- und Arbeitslandschaften

Mehr als Großbetriebe greifen KMU auf externe Weiterbildungsangebote zurück (70 bis 80%). Die „Weiterbildung von der Stange" scheint aber an ihre Grenzen gestoßen zu sein. Wie Untersuchungen aufgezeigt haben[1] bestehen hohe Streuverluste und mangelnde Verwertungsmöglichkeiten von

Weiterbildungsmaßnahmen gerade bei KMU's: Mindestens 50% der traditionellen Weiterbildungsmaßnahmen führen nicht zur Realisierung angestrebter (beruflicher) Veränderungen und führen damit zur Demotivation bei den Teilnehmer/innen.

Der Weiterbildungsbedarf besteht aber in erheblichem Maße bei den KMU's unabhängig davon und auch gerade bei deren Führungskräften.

Daher reicht das inhaltliche Spektrum der Angebote im Projekt *Netzwerk für Arbeit* vom standardisierten Excel-Kurs in unternehmensübergreifender Form bis hin zu unternehmensspezifischen Beratungs-, Bildungs-, Reorganisations- und Coaching-Angeboten, die eine umfassende Modernisierung der Betriebe zum Ziel haben.

Das ADAPT-Programm hat insgesamt aufgezeigt, dass Weiterbildung ohne flankierende Unterstützungsaktivitäten in der Arbeitsorganisation der Unternehmen nicht ihre volle Wirkung entfalten kann. Gleichzeitig setzt das Lernen am Arbeitsplatz erhebliche Veränderungen der Arbeitsorganisation und eine Unternehmenskultur voraus, die Lern- und Entwicklungsprozesse von Mitarbeiter/innen bewusst unterstützt und fördert.[1]

Wesentlicher Bestandteil der Angebote des Projektes *Netzwerk für Arbeit* war deshalb die grundlegende Bemühung, Reorganisationsprozesse in den Unternehmen nicht zu Lasten der Beschäftigten im Sinne des klassischen „Lean Management" umzusetzen, sondern die Beschäftigten bei der Gestaltung dieser Prozesse zu beteiligen und ihre Erfahrungen und Kenntnisse einzubeziehen, was dem grundlegenden Ansatz zur Unterstützung einer ganzheitliche Unternehmensführung entsprach.

Die Teilnehmerstruktur ist durch betriebliche Bedarfe und Problemlagen geprägt. Hierbei ist zu berücksichtigen, dass KMU's generell kaum Mitarbeiter/innen für Qualifizierungsmaßnahmen freistellen können, ohne den Betriebsablauf empfindlich zu beeinträchtigen. Sie entsenden daher vorrangig diejenigen Beschäftigten in die Projekte, von denen sie sich die größten Effekte für ihre Wettbewerbsfähigkeit erhoffen. Dies sind in den ADAPT-Projekten insgesamt überwiegend höherqualifizierte Mitarbeiter/innen in leitenden Funktionen; 42% der betrieblichen Teilnehmer/innen gehörten der Gruppe der Führungskräfte, Manager und Unternehmer an.[1]

Im Projekt *Netzwerk für Arbeit* konnte demgegenüber der Führungskräfte-Anteil an den Belegungen deutlich geringer gehalten werden. Der Führungskräfte-Anteil in den kooperierenden KMU's beträgt 8,3% von allen Mitarbeiter/innen. Bei einer Teilnahme von mehr als 2800 Mitarbeiter/innen an den Projektaktivitäten – das sind 35,4% der Belegschaften der kooperierenden Unternehmen – kann der Führungskräfte-Anteil mit etwa 12% veranschlagt werden.

Diese hohe Reichweite der Bildungsmaßnahmen in den Belegschaften der Betriebe mit durchschnittlich mehr als 35% – in einigen Fällen mehr als 75% – zeigt eine neue Qualität der betrieblichen Bildungsarbeit auf. Nicht mehr nur einzelne Mitarbeiter/innen lernen quasi stellvertretend für andere, in der – unrealistischen – Erwartung, dass hierdurch ein Lerntransfer stimuliert wird. Der Lernprozess wird eher mit der Arbeit verzahnt, wenn die Mitarbeiter/innen einer Abteilung, eines Teams oder gar des Unternehmens insgesamt arbeitsplatzbezogen oder gar am Arbeitsplatz geschult werden. In den vom Projekt begleiteten Prozessen wurden Führungskräfte-Teams, Arbeitsgruppen oder Mitarbeiter/innen auf Abteilungsebene simultan am Arbeitsplatz oder arbeitsplatznah in Workshop-Form oder in (Klein-)Gruppen moderiert, trainiert und qualifiziert. Auf diese Weise wurden Lernelemente in die Arbeit integriert. Und eine neue Lernkultur wurde sichtbar, bei der Lernen und Arbeiten in den unterschiedlichen Unternehmensprozessen zu einer Einheit verschmelzen. Es geht dabei um eine Prozessoptimierung, die einerseits die Beteiligung der involvierten Mitarbeiter/innen notwendig voraussetzt als auch deren hinreichende Weiterbildung – Beratung, Qualifizierung, Training, Coaching – erforderlich macht.

Die Prozessoptimierung in Unternehmen beinhaltet auf diese Weise aber auch eine Verbesserung der innerbetrieblichen Kommunikations- und Kooperationsprozesse und damit die Herausbildung entsprechender teamorientierter Handlungskompetenzen bei den Mitarbeiter/innen. Unverzichtbar wird die Herausbildung einer Beratungskultur, die auf eine Integration der beruflichen Weiterbildung in betriebliche Reorganisationsprozesse ausgerichtet ist. Um dieses Ziel zu erreichen, müssen Bildungsträger im weiteren Sinne die bislang vorherrschende Produktorientierung überwinden und sich einer Prozessorientierung zuwenden, um Lernen nicht im Sinne des Erwerbs von „Lernprodukten" sondern im Sinne eines „lebenslangen" Prozesses zu verstehen und zu vermitteln.

Eine neue Lernkultur heißt dann: Weiterbildung und Beratung müssen in den Wandlungsprozess des Unternehmens integrativ eingebunden sein.

Weiterbildungsträger müssen Aufgaben der Weiterbildungs- und Qualifizierungsberatung, der Konzeptentwicklung, Gestaltung, Unterstützung und Evaluation des Lerntransfers in das Anwendungsfeld sowie Moderationsaufgaben im Verlauf des gesamten Prozesses wahrnehmen und erfolgreich bewältigen.[1]

KMU's benötigen maßgeschneiderte Weiterbildungsangebote mit unterschiedlichen Inhalten aus einer Hand. Dienstleistungsanbieter treffen dann allerdings auf ein komplexes Geflecht von Handlungsfeldern und Systemelementen, die sich weder isoliert voneinander als auch herausgelöst aus der Ganzheitlichkeit der betrieblichen Praxis bearbeiten lassen. Es handelt sich um eine Arbeitslandschaft im betrieblichen Kontext, die sich im ständigen Wandel befindet mit dem Ziel der Anpassung an sich wandelnde Umfeldbedingungen des Unternehmens unter der Prämisse des Erhalts oder der Verbesserung der Wettbewerbsfähigkeit. Dieses setzt allerdings einen dauernden Lernprozess voraus, der sich nahtlos in das betriebliche Geschehen einfügen muss, wenn er effektiv umgesetzt sein soll. Aus diesem Grunde handelt es sich bei diesem komplexen Geflecht betrieblicher Entwicklungsmuster eher um eine **integrierte Lern- und Arbeitslandschaft**.

Das folgende Schaubild vermittelt hiervon einen ersten Eindruck; Gidion betrachtet es als ein Gesamtmodell der Lernenden Organisation.[2] Für die Bewertung der Projektergebnisse stellt diese Matrix eine geeignete Basis für die Beschreibung der integrierten Lern- und Arbeitslandschaften in betrieblichen Kontexten und der darauf aufsetzenden Schlussfolgerungen dar.

netzwerk für arbeit

Arbeits- und Lernlandschaft im Unternehmen

	Zusam-menhänge	Konzepte	Hand-lungen	
Meta-Ebene	Visionen	Strategien	Prozesse	
System-Ebene	Strukturen	Techno-logien	Vorgehens-weisen	
Konkrete Ebene	Methoden	Instrumen-tarien	Aktionen	

Grafik in Anlehnung an: Gerd Gidion; Persönlichkeits- und bedarfsgerechte Personalentwicklung in lernenden Organisationen, in: Neue Orgsanisationsformen im Unternehmen, hrsg. von H.-J. Bullinger, H. J. Warnecke, Springer Verlag, Berlin 1996

Um aus „Zusammenhängen" zu „Handlungen" zu gelangen, benötigt man „Konzepte". Diese Umsetzung kann auf drei Ebenen geschehen. Auf der konkreten Ebene werden als Handlungen die vielfältigen Aktionen in der betrieblichen Praxis sichtbar: Es wird verhandelt, telefoniert, am Computer oder an Maschinen gearbeitet, deutsch oder z.b. englisch gesprochen usw. Hinter diesen Aktionen stehen aber beispielsweise Instrumente wie PC's als geeignete Konzepte, um durch methodisch planvolles Vorgehen wie etwa durch Projektmanagement zu effektiveren Ergebnissen zu gelangen. Auf der Systemebene betrifft dieses „systematische" Vorgehensweisen wie z.B. „Kundenorientierung", die unter Einsatz einer virtuellen Netzwerktechnologie in die Organisationsstruktur des Unternehmens eingebunden wird. Schließlich benötigt man auf der Meta-Ebene eine Unternehmensstrategie, die aus einer Vision abgeleitet ist, um die Kern-Geschäftsprozesse zu entwickeln und zu führen.

Setzen wir auf diese zweidimensionale Matrix in der dritten Dimension ein quantitatives Maß, welches das betriebliche Geschehen erfasst, dann erhalten wir ein dreidimensionales Gebilde, das ein bestimmtes Profil darstellt.

Denkt man sich ein solches dreidimensionales Säulenprofil mit einer entsprechend gewellten Oberfläche überdeckt, so entsteht eine „Topologie",
die mit Bezug auf die eben beschriebenen Arbeits- und Lernfelder bildlich
als „integrierte Lern- und Arbeitslandschaft" im betrieblichen Kontext ge-
deutet werden kann.

Legen wir als quantitatives Maß das Produkt aus Teilnahmezahl und aufge-
wandten Tagewerken an Lern- und Arbeitszeit zu Grunde, dann erhält das
Gesamtergebnis des Projektes *Netzwerk für Arbeit* das im folgenden darge-
stellte Profil.

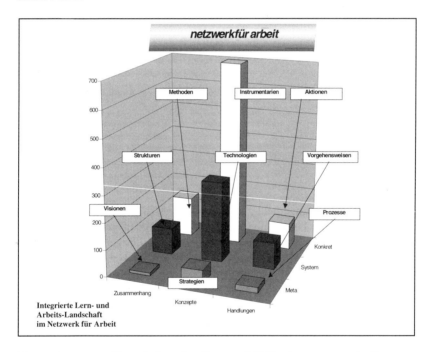

Unternehmensprofile erhalten in diesem „Bild" einen neuen Stellenwert.
Die Aktivitäten der Mitarbeitenden bestehen in Arbeits- und Lerntätigkeiten
in allen Feldern der Matrix in unterschiedlicher mengenmäßiger Ausprägung und Verteilung auf die Mitarbeiter/innen in der Arbeitsgruppe, in der
Abteilung oder im Gesamtunternehmen. Für jedes einzelne Unternehmen
wird es unterschiedliche Ausprägungen der Lern- und Arbeitstätigkeiten in
den verschiedenen Feldern geben in Abhängigkeit vom realen Unterneh-
menskonzept. Geht man allerdings davon aus, dass es für jedes Unterneh-

men eine optimale Positionierung hinsichtlich Wettbewerbs- und Zukunfts-
fähigkeit gibt, den es ja auch anzustreben versucht, dann könnten im Vergleich dazu auch Entwicklungsdefizite abgelesen werden.

In der realen Arbeitwelt sind die Aktivitäten in den einzelnen Feldern in jedem Fall durch Arbeitselemente ausgefüllt, in die Lernelemente integriert
sind. Lernen wird auf besondere Weise sichtbar, wenn Mitarbeiter/innen in
einer bestimmten Teilnahmezahl in „Lernlabors", sprich Unterrichtsräumen,
zusammenkommen und mit Unterstützung eines/r Trainers/in oder einer
Lehrkraft Lehrstoffe bearbeiten. Lernen findet aber bekannterweise in zunehmendem Maße auch am Arbeitsplatz bzw. im Arbeitszusammenhang
statt und kann auch dort unterstützt werden. Während sich Großunternehmen dieser Aufgabe mit Hilfe eigenen Fachpersonals (Personal- und Orga-
nisationsentwickler) widmen können, findet dieses in den KMU's i.d.R. aus
Kapazitäts- und Kostengründen nicht statt.

Der Idealtyp einer integrierten Lern- und Arbeitslandschaft in einem Unternehmen könnte beispielsweise wie im folgenden Bild dargestellt aussehen.
Den größte Anteil an den Arbeitstätigkeiten haben natürlich die unmittelbaren „Aktionen" in der Wertschöpfung, im Handlungsfeld auf der konkreten
Ebene. Die dahinter stehenden personalen und organisationalen Handlungs-
dispositionen – repräsentiert durch die anderen Felder in der „Matrix" –
sind dementsprechend quantitativ geringer ausgeprägt.

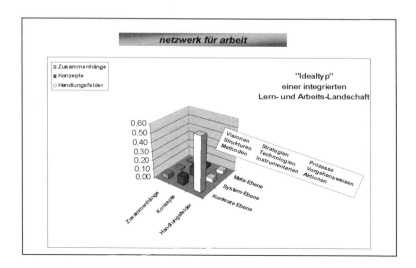

Im Projekt *Netzwerk für Arbeit* wurden im Zusammenhang mit den Entwicklungsprozessen in den Unternehmen integrierte Lern- und Arbeitsszenarien zumeist in Workshop-Form geschaffen, mit dem Ziel, dem beschriebenen Defizit abzuhelfen. Das Profil des dann erforderlichen „Lernteils" der integrierten Lern- und Arbeitslandschaft wird in idealisierter Sicht im folgenden Schaubild veranschaulicht.

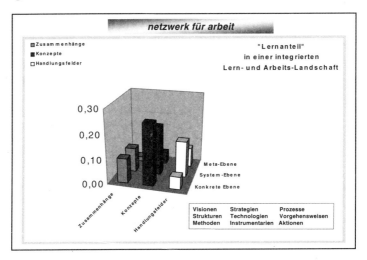

Im Mittelpunkt der Projektaktivitäten stehen die Förderung des lebenslangen Lernens und einer integrationsfördernden Arbeitsgestaltung. Dieses sollte sowohl bei den Arbeitnehmer/innen als auch bei den Unternehmen ansetzen.

Um das Ziel des lebenslangen Lernens zu verwirklichen, müssen Prozesse initiiert werden, mit denen die herkömmliche Trennung von Lernen und Arbeiten sowie die Fixierung auf fest gefügte Berufsbilder zugunsten des selbstorganisierten, bedarfsorientierten Lernens und der Integration des Lernens in den Arbeitsprozess relativiert sind. Zur Modernisierung der Weiterbildung sind ziel-, prozess- und strukturorientierte Innovationen erforderlich. Insbesondere bedarf die Entwicklung einer neuen Lernkultur aber neuer Organisationsformen, die unter Einbeziehung der Bildungsträger wie der HRB, der Unternehmen, der Gewerkschaften sowie der Arbeitnehmer/innen zu realisieren sind.

Teilnehmerprofile in einer integrierten Lern- und Arbeitslandschaft sehen daher auch ganz anders aus als herkömmliche Bildungsprofile; Zertifikate müssen völlig neu gedacht und konzipiert werden.

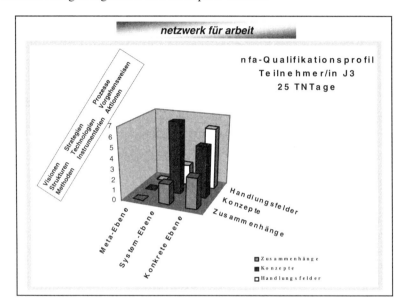

Das Schaubild stellt ein Teilnehmer/innen-Profil dar, das die Verteilung der Lernaktivitäten auf die verschiedenen Felder der Lern- und Arbeitsland-schaft zeigt. Den absolvierten 25 TNTagen entsprechen 200 UStdn verteilt auf sechs „Lernfelder", die für die Arbeitstätigkeiten der/s Teilnehmers/in im Unternehmen relevant sind. Allein aus Gründen der „Arbeitsplatznähe" der absolvierten Qualifizierung lässt sich nicht so ohne weiteres ein allge-meines Zertifikat anstreben, das eher auf „arbeitsplatzferneren" Curricula beruht.

9. Welche Kooperationen und Partnerschaften wurden realisiert ... auf dem Weg zur lernenden Region?

Der anfängliche Projektträger Zweckverband „Volkshochschule Ostkreis Hannover" (VHS) hatte das Projekt mit einer konstitutiven strategischen Kooperation geplant: Die Kernkompetenz der VHS im Bereich der Weiter-bildung / Personalentwicklung sollte mit der Kernkompetenz „Unterneh-mensberatung / Unternehmensentwicklung" der Technologie-Centrum Han-nover GmbH (TCH), einer hundertprozentigen Tochtergesellschaft des

Kommunalverbandes Großraum Hannover (KGH), erweitert und ergänzt werden.

Ziel des Projektes war es weiterhin, eine Reihe von lokalen und regionalen Kooperationspartnern zu beteiligen. Um das Projekt gemäß den ESF-Orientierungslinien im Rahmen einer „erweiterten Partnerschaft" umzusetzen, sollten solche Partner etwa die folgenden sein:

- Lokale und regionale Behörden (Wirtschaftsförderer)
- Sozialpartner auf den geeigneten Ebenen
- Wirtschaftspartner, insbesondere Vertreter/innen der KMU und der Kammern
- Arbeitsverwaltung und berufsbildende Einrichtungen
- Hochschulen und Forschungseinrichtungen
- Unternehmensberater (TCH, später HRB, u. a.)
- Bildungsträger (VHS, später HRB, u. a.)

Letztendlich konnten insgesamt 19 Vertreter/innen aus allen diesen Einrichtungen zur Mitarbeit im Projekt-Beirat gewonnen werden. Diese Vertreter/innen kommen bislang alle aus dem „Großraum Hannover". Eine Erweiterung des Einzugsbereichs auf den sog. zweiten Ring erscheint für die Zukunft sinnvoll, da aus diesem Bereich bereits eine Reihe von KMU's im *Netzwerk für Arbeit* kooperieren.

Dem Projektbeirat kam eine Steuerungs- und Bewertungsfunktion zu, um die durchzuführenden Aktivitäten an den genannten übergeordneten Projektzielen auszurichten und um insbesondere die Transparenz herzustellen, die notwendig ist, um eine Doppelarbeit oder gar eine Kompetenzüberschneidung in der Region zu vermeiden.

Darüber hinaus wurden aber auch einige der genannten regionalen Einrichtungen zur direkten Kooperation in einigen Projektfeldern gewonnen. So wurde z.B. das „Lernnetzwerk Co-Management" zusammen mit der tbo-Beratung beim DGB-Kreis Hannover, das „Kompetenzzentrum für Führungskräfte" zusammen mit der IHK Hannover, die Workshop-Reihe „Electronic Commerce" mit dem Institut für Wirtschaftsinformatik der Universität Hannover, einige Seminarreihen „Business English" zusammen mit der Berlitz School usw. durchgeführt.

Neben der regionalen Kooperation war auch eine internationale, europäische Kooperation gefordert, die im ADAPT-Projekt konstitutiv ist.

Mit der Unterzeichnung des Transnationalen Kooperationsdokuments am 15.12.1997 haben sich vier Partnereinrichtungen aus drei Mitgliedsstaaten der Europäischen Union (EU) darauf geeinigt, ein gemeinsames transnationales Projekt unter dem Namen „MOTIV" (Motivation – Orientierung – Training – Innovation – Vision) zu realisieren.

Die beschlossenen gemeinsamen Aufgaben wurden in der Projektlaufzeit teilweise umgesetzt, andere konnten nicht vollständig bearbeitet werden. Das begonnene Projekt wird mit dem Ende der derzeitigen Förderperiode des Europäischen Sozialfonds (ESF) zunächst auslaufen.

Ein sehr wichtiges Gut der bisherigen Kooperation ist das gewachsene gegenseitige Vertrauen der Partner als die wichtigste Grundlage für eine erfolgreiche Zusammenarbeit. Neue Partnereinrichtungen aus EU-Mitgliedsstaaten sind inzwischen hinzu gekommen und teilen die gemeinsame Vertrauensbasis.

Auf der Grundlage des Projektes „MOTIV" und aufbauend auf der gewonnenen Vertrauensbasis soll in den nächsten Jahren ein neues, internationales Projekt begründet werden, das die kreativen Potentiale der Partnereinrichtungen zusammenführt und zur Entwicklung eines zusätzlichen Nutzens durch Zusammenarbeit auf EU-Ebene beiträgt. Dieses soll im Sinne der formulierten politischen Ziele der Europäischen Beschäftigungsstrategie geschehen besonders hinsichtlich der Bekämpfung jeder Form von Ausgrenzung, Diskriminierung und Benachteiligung in bezug auf den Arbeitsmarkt sowie hinsichtlich der Förderung von Anpassungsfähigkeit, Beschäftigungsfähigkeit und Unternehmergeist der Menschen in Europa. Hinzugekommen zu den bestehenden Partnereinrichtungen sind inzwischen zwei weitere aus Großbritannien und Spanien.

Das europäische Netzwerk hat sich darüber hinaus zum Ziel gesetzt, eine neue europäische, transnationale Institution – das „*European New Media & Commerce Network*" (ENM&CN) – zu begründen, um die Potenziale und Chancen durch die neuen Medien für die Entwicklung und Förderung der (mittelständischen) Wirtschaft in der EU verfügbar zu machen. Die ersten Schritte auf diesem Wege sind bereits erfolgt.

Im Mittelpunkt stehen hierbei der Mensch mit seinen persönlichen Potenzialen und das (mittelständische) Unternehmen, in dem er diese Potenziale umsetzen kann im Sinne der Beschäftigungsinitiative der Europäischen Union.

Dieses Projekt eines Europäischen Netzwerks soll mit Hilfe der hierfür vorgesehenen Förderprogramme der EU ins Leben gerufen werden, um nach einer solchen Anschubphase der Wirtschaft auf Dauer als entscheidende Dienstleistungseinrichtung im Bereich der neuen Medien innovative Impulse vermitteln zum können.

10. Ausblicke

Am Ende eines jeden Projektes muss die Frage gestellt werden, ob die Ergebnisse, und ggf. welche davon, denn Bestand haben werden. Immerhin sind erhebliche öffentliche Mittel in die Durchführung des beschriebenen Projektes geflossen. Landet der Schlussbericht des Projektes in der berüchtigten „Schublade" oder gibt es ein Fortbestehen gewisser Teilbereiche der Projektkonstruktion oder der erarbeiteten Konzepte? Unter Kosten-Nutzen-Gesichtspunkten sollte das natürlich so sein.

Die bisherige Förderpraxis stand dieser einleuchtenden Anforderung aber eher kontraproduktiv entgegen. Gefordert wurden unentwegt „Innovationen" in der Projektauswahl, was so viel hieß wie: Abgeschlossene Projekte sind überholt, innovative Projekte müssen sich von den abgeschlossenen grundsätzlich durch neue (das hieß oftmals: andere) Ansätze abheben. Einmal abgesehen von der „absoluten" Bedeutung des Begriffs „Innovation" als „Paradigmenwechsel" zu hergebrachten Wahrnehmungs- und Lösungsmustern, baut Innovation immer auf der Kontinuität von Entwicklungsprozessen auf; erst ganz am Ende einer wissenschaftlich-technischen-sozialen Evolution kann es zum Umbruch (Revolution), zum Paradigmenwechsel kommen. Neben diesem absoluten Verständnis von Innovation gibt es aber auch ein pragmatisches Verständnis: Der radikale Umbruch in der Sicht- und Handlungsweise eines gesellschaftlichen Subsystems wie z.B. eines Unternehmens ist auf dem Hintergrund von dessen „historischer" Entwicklung ebenfalls eine Innovation.

In diesem Sinne kann Projektinnovation nur auf dem Prinzip der Kontinuität, der Evolution und Nachhaltigkeit aufbauen; eine Umbruchsituation wird schrittweise eingeleitet, wenn dieses durch Erfahrungswerte nahegelegt wird. Eine „Innovation" lässt sich nicht „aus dem Hut" zaubern, ohne dass längerfristige und realistische Praxiserfahrungen neue Wahrnehmungs- und Lösungsmuster unausweichlich machen. Diese wissenschafts- und gesellschaftstheoretischen Erkenntnisse haben sich offensichtlich in das neue Förderkonzept „EQUAL" des Europäischen Sozialfonds (ESF) niedergeschlagen – Kontinuität und Innovation werden hier in diesem Sinne als Einheit gesehen. Bewährte Projekte und Konzepte werden als die geeignete Grundlage angesehen, auf der Neues entsteht und in die Alltagspraxis der Institutionen einfließen kann, bis es wiederum durch Neues ersetzt wird.

Das Projekt *Netzwerk für Arbeit* ist als Kerngeschäftsfeld in die neue Hannover Region Entwicklungs- und Beratungsgesellschaft für Beschäftigung mbH (HRB) übergeleitet worden; es ist mit allen seinen erprobten Konzepten und Ergebnissen in das Alltagsgeschäft der regionalen Wirtschafts- und Beschäftigungsförderung eingeflossen. Damit ist zunächst einmal Kontinuität und eine gewisse Nachhaltigkeit gesichert. Zukünftige Entwicklungen können darauf aufsetzen und im Sinne der beschäftigungspolitischen Leitlinien der Europäischen Union wirksam umgesetzt, überprüft und verbreitet werden. Natürlich bietet sich damit das Projekt auch für eine weitere Förderperiode als „Modellkonzept" zur Erreichung der neuen Ziele beispielsweise im neuen Ziel 3 – Programm des ESF bzw. der Gemeinschaftsinitiative „EQUAL" an. Eine weitere Förderung wird als „Anschubfinanzierung" betrachtet, um kleine und mittlere Unternehmen in der Region bei der Entwicklung zu lernenden Organisationen zu unterstützen, und um mit den Akteuren der regionalen wirtschafts- und beschäftigungspolitischen Landschaft die Voraussetzungen für eine „lernende Region" zu schaffen.

Anmerkungen

[1] Die Aussagen und Einschätzungen der Ergebnisse des ADAPT-Förderprogramms in Deutschland wurden der vom Bundesministerium für Arbeit im Internet veröffentlichten Studie entnommen:

Bundesrepublik Deutschland: Entwurf eines Programms „Gemeinschaftsinitiative EQUAL" 2000 bis 2006, abrufbar von der Website des Bundesministeriums für Arbeit (BMA) unter www.bma.de/esf/initiativen.asp

Die darin formulierten Extrapolationen bzw. Anforderungen an innovative Projektkonzeptionen entsprechen dabei weitgehend den Erfahrungen und konkreten Ergebnissen des Projekts *Netzwerk für Arbeit*

[2] **Gerd Gidion**, Persönlichkeits- und bedarfsgerechte Personalentwicklung in lernenden Organisationen, in: Neue Organisationsformen im Unternehmen, hrsg. von H.-J. Bullinger, H. J. Warnecke, Springer Verlag, Berlin 1996

Andrea Schwarzkopf

Auf dem Weg zur Lernenden Organisation mit dem Netzwerk für Arbeit

Anlässlich des Schlusssymposiums wird im folgenden ein Résumée der Zusammenarbeit mit dem Netzwerk für Arbeit gezogen, die sich über die gesamte Laufzeit des Projektes erstreckt. Wir, d.h. die Firma JESCO, sind von Anfang an dabei, so dass es durchaus einiges sowohl zu unserer eigenen Entwicklung als auch zu der des NfA während der letzten 3½ Jahre zu sagen gibt.

Es gibt schon mehrere Einschätzungen zu den verschiedenen Stadien unserer gemeinsamen Arbeit vorgenommen – das Bild ist im Laufe der Zeit immer runder geworden.

Vorab noch eine kurze Vorstellung unseres Betriebes. Die JESCO Dosiertechnik GmbH & Co. KG ist ein mittelständisches Unternehmen mit 130 Mitarbeitern und Stammsitz in der Wedemark. Wir entwickeln, produzieren und vertreiben im wesentlichen Dosiergeräte für flüssige, gasförmige und pulverförmige Medien sowie die dazugehörige Mess- und Regeltechnik. Unsere Produkte werden im wesentlichen für die Wasser- und Abwasseraufbereitung, aber auch in der Prozesstechnik eingesetzt. Ca. 50% unseres Umsatzes ist Exportgeschäft. Wir haben einige 100%ige Töchter und weltweit etwa 70 Exklusivvertretungen.

Themen wie technische Annäherung der Produkte, Schnelllebigkeit, höherer Wettbewerbsdruck durch Globalisierung oder jüngst die Konfrontation mit immer mehr Firmenübernahmen durch Großkonzerne sind Herausforderungen, denen wir uns nicht erst seit gestern stellen müssen. Die Erkenntnis, dass es mehr und mehr auf die Qualifizierung unserer Mitarbeiter und die Optimierung unserer internen Abläufe ankommt, um langfristig erfolgreich und gleichzeitig unabhängig organisieren zu können, ist uns bereits vor einigen Jahren gekommen. Wir hatten auch Ideen und Vorstellungen, wo Maßnahmen zu ergreifen waren. Doch für die Umsetzung benötigen wir professionelle Unterstützung von außen.

Etwa zeitgleich wurde das EU-geförderte Projekt „Netzwerk für Arbeit" (NfA) ins Leben gerufen. Die Definition, die der 1. Broschüre entnommen wurde, lautete: „Regionales Weiterbildungs- und Beratungsnetzwerk für KMU zur Förderung der Beschäftigung und Anpassung der Arbeitnehmer/innen an den industriellen Wandel" mit den Inhalten Weiterbildung zur

Personalentwicklung und Beratung zur Organisationsentwicklung. Also genau das, was wir suchten.

Vom ersten Kontakt an hat sich die Arbeit des NfA dadurch ausgezeichnet, dass sie praxisorientiert ist und sich flexibel nach den Bedürfnissen der kleinen und mittleren Unternehmen (KMU) richtet.

Neben der Teilnahme unserer Mitarbeiter an Fortbildungskursen in den Bereichen Fremdsprachen und soziale Kompetenz begann die Beratungsarbeit des NfA damit, uns Unterstützung bei der Einführung eines neuen PPS/EDV-Systems inklusive der Schulung der Anwendungsprogramme zu geben. Bis heute ist dies ein fortlaufender Prozess, weil ständig Anpassungen erforderlich sind (siehe die rasante Entwicklung im Bereich Internet/E-Commerce).

Ein weiterer wichtiger Schritt war die Einführung der Projektmanagementmethode für die Entwicklung neuer Produkte. Auch dies geschah sehr praxisbezogen, also durch „learning by doing".

Projektarbeit im Team gehört seitdem bei uns zum „Handwerkszeug" und trägt entschieden dazu bei, dass wir Produkte wesentlich zeit- und preisgerechter auf den Markt bringen.

Während der Einführungsphase der Projektmanagementmethode sind wir auf Schwachstellen in unserer Ablauforganisation gestoßen und haben daraufhin ein weiteres Team – bestehend aus Mitarbeitern aller Geschäftsbereiche – gebildet, das sich mit der Optimierung der Geschäftsprozesse bei JESCO befasst. Damit wir methodisch richtig vorgehen, unterstützt das NfA mit externer Beratung. U.a. hat das dazu geführt, dass wir die internen Kunden-/Lieferantenbezeichnungen analysiert und verbessert haben. Insgesamt haben wir eine Reihe von Einzeloptimierungen durchgeführt, die erfolgreich umgesetzt wurden. Doch sind wir hier jetzt an Grenzen gestoßen, so dass wir die Notwendigkeit gesehen haben, die Kerngeschäftsprozesse unter Beteiligung der zuständigen Mitarbeiter im Detail unter die Lupe zu nehmen. Es finden zurzeit Workshops statt, in denen die Arbeitsabläufe genau beschrieben, Schwachstellen aufgedeckt und Verbesserungspotenziale aus Sicht der Mitarbeiter aufgezeigt werden. Dies kann zu einer Restrukturierung der Arbeitsorganisation führen, wird aber auf jeden Fall Abläufe vereinfachen, Durchlaufzeiten verringern, Effizienz und Termintreue steigern und nicht zuletzt durch die aktive Beteiligung der Mitarbeiter deren Selbständigkeit und Umsetzungsfähigkeit erhöhen. Ein in Kürze stattfindender Auswertungsworkshop wird zeigen, in welche Richtung es hier geht.

Es geht also immer mehr ans „Eingemachte", aus den Einzelprojekten ist ein kontinuierlicher Verbesserungsprozess geworden, der es notwendig macht, eine Struktur zu finden, die die Aktivitäten bündelt und in einen transparenten Zusammenhang bringt. Ein entsprechendes Konzept erarbeiten die JESCO-Berater des NfA derzeit in einem Entwicklungsworkshop - basierend auf einem Projektexposé zum Thema „Lernende Organisation", das im folgenden kurz vorgestellt wird:

Um zu einer „LO" zu werden, muss das Unternehmen bestrebt sein, sich zu einem Prozessunternehmen zu entwickeln, d.h. seine Aktivitäten an den stattfindenden Prozessen zu orientieren. Beratungs- und Qualifizierungsmaßnahmen sind Bestandteil und Konsequenz der betrieblichen Lösungsstrategien und bedürfen für die Führungskräfte im Unternehmen aufgrund des „autonomen" Charakters i.d.R. keiner einzelnen Geschäftsanweisung.

Folgende Prämissen liegen den angestrebten Zielen zugrunde:

- Wertschöpfende Arbeit ist die Kernfunktion des Unternehmens.
- Wertschöpfung ist auf ständiges (Um-)Lernen der Organisation angewiesen.
- Integration von Lernelementen in die Arbeit ist auf allen Ebenen angesagt.
- Verbindung von personalem und organisatorischem Handeln muss hergestellt werden.
- Lernen wird für die arbeitende Organisation zum zentralen Vorgang.

Voraussetzungen für die Realisierung einer LERNENDEN ORGANISATION

Die betrieblichen Bereichsleiter sind für die qualifizierte Einschätzung des Unternehmens, dessen Umfeld und der Arbeitsplatzanforderungen an die Mitarbeiter verantwortlich. Dementsprechend werden Qualifizierungs- und Beratungsmaßnahmen **kontinuierlich** geplant und in das betriebliche Geschehen implementiert. Sie richten sich an den strategisch und konzeptionell erforderlichen Entwicklungs- und Geschäftsprozessen des Unternehmens aus.

Die Führungsverantwortlichen in der bisherigen Unternehmensstruktur übernehmen jeweils die zugehörige Prozessverantwortung, so dass nach und nach eine prozessorientierte Reorganisation des Unternehmens vollzogen wird.

Umsetzungsmaßnahmen
Um die Prozesse und Aktivitäten im Unternehmen optimal in Zusammenhang zu bringen und optimal aufeinander abzustimmen, findet folgendes Konzept Anwendung:

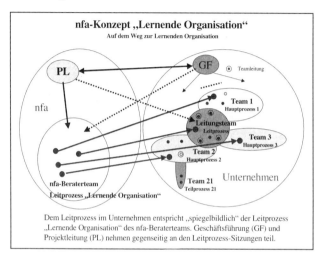

Leitprozess
Ein Leitungsteam bestehend aus dem Führungskreis des Unternehmens definiert übergeordnet in regelmäßigen Sitzungen Visionen, Strategien sowie Entwicklungs- und Geschäftsprozesse.

Hauptprozesse
Die einzelnen Mitglieder des Leitungsteams leiten Hauptprozesse, die sich mit der Realisierung von im Leitprozess verabschiedeten Entwicklungs- und Geschäftsoptimierungsprojekten befassen. Sie fungieren als Verantwortliche ihres Hauptprozesses im Leitungsteam. Je nach Thema werden weitere Mitarbeiter in das Prozessteam berufen.
Es wird ein zusätzlicher Hauptprozess „Qualifizierungsmanagement" eingerichtet, dessen Inhalt die Entwicklung und Koordinierung der Qualifizierung- und Beratungsmaßnahmen ist. Das Prozessteam besteht aus den Teamleitern der anderen Hauptprozesse, also den Mitgliedern des Leitungsteams.

In den verschiedenen Prozessen kann es zu Beratungs- und/oder Schulungsbedarf kommen. Da die Teams innerhalb ihrer festgelegten Kompetenzen autonom arbeiten, können die Teamleiter in direkter Absprache mit dem NfA Berater und Trainer des NfA einsetzen.

- **Teilprozesse**
  Durch die Hauptprozess-Teams können verschiedenen Aktivitäten angestoßen werden, wie z.b. die Entwicklung von Instrumentarien und Methoden, oder es kann nötig werden, einen Hauptprozess in Teilprojekte aufzuteilen. Hierzu werden spezifische Teams gebildet, die, geleitet durch ein Mitglied des dazugehörigen Hauptprozesses, diese Teilprozesse durchführen.

- **Beratungsprozess „LERNENDE ORGANISATION"**
  Die Berater des Leitprozesses und der Hauptprozesse im Unternehmen bilden „spiegelbildlich" zum unternehmensseitigen Leitprozess ein Beraterteam, welches das Unternehmen in Form eines „ Beratungsprozesses LERNENDE ORGANISATION" begleitet. JESCO-Geschäftsleitung und NfA-Projektleitung nehmen gegenseitig an den Leitprozess-Sitzungen teil, um den gegenseitigen Nutzen zu optimieren.

Nach Verabschiedung des von unseren Beratern entwickelten Konzeptes durch die Geschäftsleitung werden wir dieses als Pilotprojekt „LO" bei JESCO zusammen mit der HRB umsetzen. Ziel ist, dieses Konzept – wenn es so wie geplant funktioniert – auch anderen KMU im Netzwerk zur Verfügung zu stellen.

Es ist hoffentlich deutlich geworden, welche Komplexität die Zusammenarbeit mit dem NfA im Laufe der Zeit angenommen hat und welche Entwicklung beide Seiten inhaltlich durchgemacht haben.

Zusammenfassend ist zu sagen, dass die Kooperation mit dem NfA, die vertrauensvolle, konstruktive Arbeit mit seinen kompetenten Beratern und die Tatsache, dass das gesamte Projekt von der EU und dem Land Niedersachsen gefördert wird, wesentlich dazu beigetragen haben, dass wir heute so weit sind.

An dieser Stelle sollte auch ein weiterer, nicht zu unterschätzender Aspekt des NfA erwähnt werden, nämlich die Möglichkeit, mit anderen Unternehmen aus der Region auch international zusammen zu treffen und Erfahrungen austauschen zu können. Als Beispiel sei der Arbeitskreis „Personal" genannt, der u.a. dazu geführt hat, dass Vertreter aus 11 kooperierenden Betrieben zusammen mit einem Spezialisten der Fa. Eurobrug, AC-Module speziell für die Bedürfnisse von KMU entwickelt haben, die uns nun für die Auswahl/Entwicklung von Mitarbeitern zur Verfügung stehen.

Der Förderperiode des Projektes NfA in diesem Rahmen geht zu Ende. Fazit ist, dass eine Menge sinnvoller und effizienter Arbeit geleistet wurde, und die JESCO bedankt sich bei Dr. Wesely, Harald Andrae und dem gesamten NfA-Team für die konstruktive und partnerschaftliche Zusammenarbeit bisher.

Es ist gut, schon jetzt zu wissen, dass es bei der HRB weitergeht. Der Fortsetzung und der Realisierung unserer gemeinsamen Ziele sehen wir positiv und mit Spannung entgegen.

Kurt Lücking, Roland Schaeling

Veränderungsprozesse im Unternehmen
Aktiver Wandel mit dem Netzwerk für Arbeit

Speditionen stehen heutzutage im internationalen Wettbewerb und müssen erhebliche Investitionen und Anstrengungen tätigen, um den Verdrängungswettbewerb langfristig zu überstehen. Mit dem Wandel eines Speditionsunternehmens zu einem international vernetzten Logistik-Konzern sind für die Mitarbeiter Veränderungen zu bewältigen, die nur durch Lernen aufgefangenen werden können.

Das Unternehmen Köster&Hapke hat daher die Weiterbildungsangebote des Netzwerks für Arbeit gerne angenommen, um die Mitarbeiter auf die Zukunftsaufgaben des Jahres 2001 optimal vorzubereiten.

An den Personalschulungen des Netzwerks für Arbeit hat jeder Mitarbeiter der Spedition Köster&Hapke im vergangenen Jahr zirka 1,6 Tage teilge-

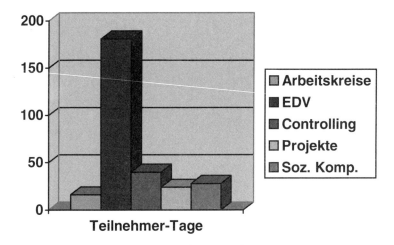

nommen. Insgesamt hat das Unternehmen 391 Arbeitstage in die Fortbildung seiner Mitarbeiter investiert.

Bei der Teilnahme an Seminaren stand das Thema EDV eindeutig im Vordergrund. Dies hängt damit zusammen, dass im Unternehmen derzeit zuzüglich zu den Terminals der bestehenden mittleren Datentechnik (IBM AS400 mit eigens entwickelter Software) PC-Arbeitsplätze angeschafft werden.

Ferner steht in der Kooperation mit dem Netzwerk für Arbeit die Entwicklung eines EDV-gestützten Controllinginstrumentes als Vorbereitung einer Prozesskostenanalyse und der Überarbeitung eines Kennzahlensystems im Vordergrund. Die Abläufe und Geschäftsprozesse im Speditionswesen sind komplex und darüber hinaus nicht mit den Geschäftsprozessen eines Produktionsbetriebes vergleichbar. Das Tarifwesen, die Menge der Sendungen und die mit ihnen verbundenen Daten- und Informationsströme sind sehr umfangreich. Dies führt dazu, dass viele der Prozessdaten innerhalb der EDV verdichtet werden, bzw. Informationen nach der Abwicklung des Geschäftes bzw. nach dem Durchlauf der Sendung mit ihren buchhalterischen Daten in der EDV verbleiben, die Daten auf Sendungsebene aber nicht mehr im direkten Zugriff sind. Die Entwicklung eines PC-Instrumentes zur kunden- und sendungsbezogenen Betrachtungsweise der Kosten stellte somit für alle Akteure eine besondere Herausforderung dar. Gleichzeitig ist diese Betrachtungsweise grundlegend notwendig für die Steuerung und Beurteilung des speditionellen Betriebes.

Als Ergebnis des Beratungsprozesses des Netzwerkes für Arbeit ist es uns heutzutage möglich,

- eine Kunden- und Relations-Bewertung bis hin zur Tiefe der Einzelsendung sowie
- die Errechnung von detaillierten Kennzahlen sowie
- eine Ergebnisvorschau von Tag A auf Tag C bei 98-prozentiger Ergebnissicherheit zu ermöglichen.

Für die Abteilungen besteht nunmehr die Möglichkeit, die notwendigen Kennzahlen zu entwickeln und Kunden oder Touren einer detaillierten Betrachtung unter Controlling-Gesichtspunkten zu unterziehen.
Dabei integrierte der Beratungsprozess eine von den Mitarbeitern definierte PC-Lösung in die mittlere Datentechnik des Unternehmens. Die Erstellung einer Kundebewertung war vor der Entwicklung des PC-Controllinginstrumentes zeitraubende Handarbeit, bei der umfangreiche Listen entweder von Hand durchsucht werden mussten, oder von der EDV Abteilung gesonderte Auswertungsprogramme geschrieben werden mussten.

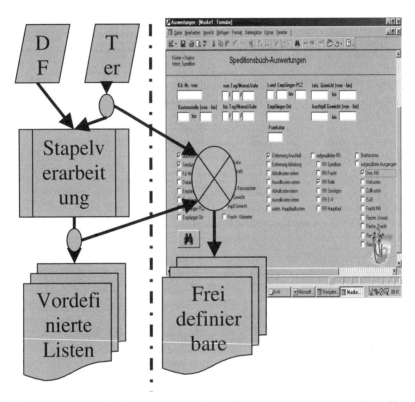

Die Anforderungsdefinition seitens der Mitarbeiter lautete nun: wir wollen auf der Basis der PC-Programme MS Access und Excel sowie unserer Datenflüsse im Unternehmen den Abteilungen die Möglichkeit geben, beliebig definierte Auswertungen durchzuführen, ohne die EDV-Abteilung mit zusätzlichen Programmierarbeiten zu belasten und ohne die Abläufe in der mittleren Datentechnik zu behindern.

Die PC-Software wurde im Dialog mit den Mitarbeitern geschaffen, die Anwendungsentwicklung mit modernen RAD-Tools (Rapid Software Development) war für unser Unternehmen eine neue Vorgehensweise, die beträchtlich zur Motivation der Mitarbeiter beitrug. Änderungsanregungen wurden sofort umgesetzt und waren beim nächsten Meilensteintreffen bereits in die Software integriert. Die gemeinsame Entwicklung des Anforderungskataloges an die zu schaffende Software diente gleichzeitig der Verständigung über wesentliche Aspekte des Controllings.

Hinzu kommt, dass die späteren Anwender die Entwicklung ihrer Analyse-Software selbst erlebt und bestimmt haben und damit durch den Entwicklungsprozess zu „wissenden" Anwender werden, die die hinter dem Programm liegenden Strukturen verstehen.

Die Situation im Speditionswesen ist heutzutage geprägt durch harten Verdrängungswettbewerb, große Systemanbieter und eine Konzentration der großen wie z.B. der Post und DANZAS. Die internationale Spedition Köster&Hapke und die mit ihr verbundene BurSped-Gruppe wird sich in diesem Verdrängungswettbewerb als internationaler Logistikbetrieb erster Güte platzieren. Ausgangsbasis hierfür ist das rasante Wachstum des Umschlages bei Köster&Hapke. In den letzten drei Jahren hat sich der Umschlag an Speditionsgütern um 92,4 Prozent gesteigert – bei Beibehaltung der wesentlichen Rahmenbedingungen. So steht dieser Steigerung zur Zeit eine Personalsteigerung um 27,3 Prozent gegenüber. Die Unternehmensleitung hat entschieden, in eine neue Speditionsanlage mit modernster innenliegender Transportkette zu investieren, um weiteres Wachstum zu forcieren. Die Inbetriebnahme dieses neuen Logistikzentrums ist zum 1.10.2001 vorgesehen.

Verbunden mit dieser Investition ist der Wille des Unternehmens, sämtliche bestehenden Abläufe auf den Prüfstand zu stellen. Die Optimierung der Geschäftsprozesse, die Dokumentation und Entwicklung des bis auf Ebene des Kunden vernetzten EDV-Systems, die Entwicklung der Logistik-Konzepte und das Management des Prozesswissens der Mitarbeiter werden in der Zukunft Aufgaben sein, die wir mit externer Unterstützung durch die Trainer und Berater des Netzwerks für Arbeit weiter verfolgen werden.

Für mittelständische Speditionsunternehmen besteht mit dem Netzwerk für Arbeit ein Weiterbildungs- und Beratungsangebot aus einer Hand, dass die in solchen Unternehmen nicht vorhandene Kapazität der Personalentwicklungs-Abteilung idealerweise übernimmt und mit seinen Trainern und Beratern ein verlässlicher und kompetenter Partner ist.

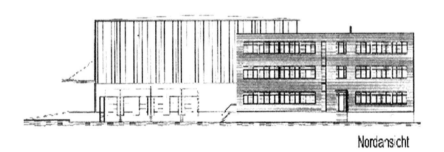

Nordansicht

Bernd Rauschenberg, Sabine Wesely

Entwicklung eines Personalbeurteilungssystems
Am Beispiel des mittelständischen Unternehmens ITT Flygt Pumpen GmbH, Langenhagen

1. Einleitung

Unternehmen stehen sich in immer komplexer werdenden Märkten im direkten Wettbewerb gegenüber. Die Fähigkeit zur Selbsttransformation wird immer wichtiger. In diesem Zusammenhang ist der Begriff „lernende Organisation" in aller Munde.

Häufig gibt es in Unternehmen aber ganz „praktische" Probleme, die auf den ersten Blick nichts mit dem umfassenden Konzept einer lernenden Organisation zu tun haben; z.b. die Einführung des „richtigen" Personalbeurteilungsverfahrens für das Unternehmen. Auch Personalbeurteilung ist im Wandel begriffen. Der traditionelle, einer Kontroll- und Planungsphilosophie entsprechende Zuschnitt verändert sich grundlegend. In den Vordergrund treten das persönliche Gespräch zwischen Führungskraft und Mitarbeitenden, Kommunikationsförderung und Verbesserung der Zusammenarbeit sowie die Konzentration auf Aufgaben, Ziele und Personalentwicklungsbedarfe.

Auch ITT Flygt wollte das bestehende Personalbeurteilungsverfahren ändern. In Zusammenarbeit mit dem Netzwerk für Arbeit sollte ein passender Beurteilungsbogen entstehen.

2. Ziele der Personalbeurteilung bei ITT Flygt Pumpen GmbH

Die Ziele der Personalbeurteilung wurden von der Personalabteilung und der Geschäftsleitung formuliert.
Die Nahziele:

- ♦ Durch die Beurteilung soll ein konkretes Feedback und eine gezielte Verbesserung der Arbeitstätigkeit sowie der Personalentwicklung ermöglicht werden.
- ♦ Mindestens im Rahmen der Beurteilung sollten sich Führungskraft und Mitarbeiter/innen zusammensetzen und austauschen.
- ♦ Beide Aspekte sollen einen Beitrag zur Mitarbeitermotivation leisten.

♦   Die Beurteilung soll eine Richtlinie für den Soll-Ist-Abgleich geben
    (was beide Seiten wollen/„verfolgen" und was tatsächlich umgesetzt
    wird).

Die mittelfristigen Ziele:

♦   Leistungsgerechte Lohn- und Gehaltsfindung
♦   Hilfe bei internen Stellenausschreibungen

**3.   Vorüberlegungen zur Entwicklung und Einführung des Beurtei-
lungsverfahrens**[1]

ITT Flygt Pumpen GmbH wollte – entsprechend den oben genannten
Zielen – ein Verfahren einführen, bei dem der direkte Vorgesetzte die Mit-
arbeitenden in einem regelmäßigen Turnus beurteilen sollte. Dies sollte mit
Hilfe eines Beurteilungsbogens geschehen. Dieses Projekt im Rahmen des
Netzwerkes für Arbeit erforderte einige Vorüberlegungen.

Das Anliegen des NfA ist, durch Beratung und Weiterbildung ein Lernen
der Organisation und in der Organisation zu ermöglichen. Projekte sollen
im Rahmen der lernenden Organisation durchgeführt werden. Durch die
Ziele der Firma Flygt Pumpen GmbH sollte die Personalbeurteilung Personalentwicklung und kooperative Führung fördern. Um das Projekt durchführen zu können, musste also geklärt werden, welche Anforderungen an
eine Personalbeurteilung zu stellen sind, die als Instrument der Personalentwicklung in einer lernenden Organisation genutzt werden soll.

Die Vorüberlegungen werden in Abbildung 1 veranschaulicht und im Folgenden erläutert.

Abbildung 1:

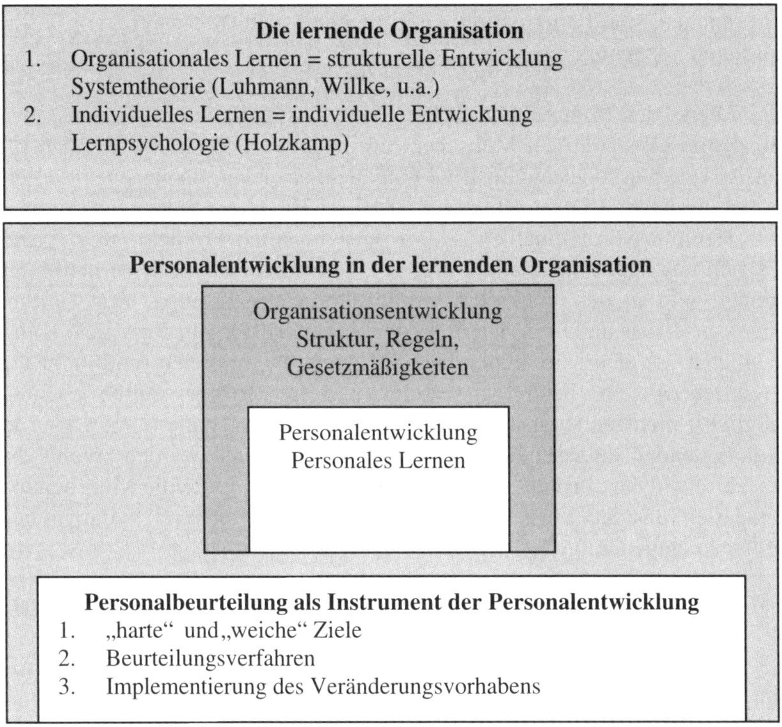

Die lernende Organisation
1. Organisationales Lernen = strukturelle Entwicklung
   Systemtheorie (Luhmann, Willke, u.a.)
2. Individuelles Lernen = individuelle Entwicklung
   Lernpsychologie (Holzkamp)

Personalentwicklung in der lernenden Organisation

Organisationsentwicklung
Struktur, Regeln,
Gesetzmäßigkeiten

Personalentwicklung
Personales Lernen

Personalbeurteilung als Instrument der Personalentwicklung
1. „harte" und „weiche" Ziele
2. Beurteilungsverfahren
3. Implementierung des Veränderungsvorhabens

3.1 Die lernende Organisation

Eine lernende Organisation ermöglicht permanente Entwicklung. Sie managt Veränderung. Dies geschieht auf zwei Ebenen: der Ebene der Struktur (Organisationsentwicklung), d.h. die Organisation lernt, und der Ebene der Mitarbeitenden (Personalentwicklung), d.h. das Personal lernt.[2]

Die Ebene der Struktur beinhaltet Regeln, Verfahren, Muster, Wissenssysteme, Gesetzmäßigkeiten. Die Struktur muss Entwicklung ermöglichen, fördern oder fordern. Veränderungen müssen schriftlich festgehalten werden. Hierbei sind kleine, gezielte Aktionen an der richtigen Stelle meist sinnvoller als groß angelegte Veränderungspläne.[3] Sinnvoll ist weiterhin, die Veränderung in realistischen Teilschritten durchzuführen, um jeweils die Wirkungen der Veränderung abzuwarten und gegebenenfalls nachzubessern (keine „Veränderungshektik"). Wichtig ist weiterhin: Die Form der Veränderung muss dem Ziel der Veränderung entsprechen. Um Akzeptanz zu erreichen, sind Partizipation, Öffentlichkeit und Transparenz von Veränderungen notwendig.

Die Ebene der Mitarbeitenden beinhaltet das individuelle Lernen. Nach Holzkamp (1995) lernen Menschen, um negative Folgen abzuwenden (defensives Lernen) oder um positive Folgen zu erreichen (expansives Lernen), wobei die letztere Form effektiver ist (S. 187ff.). Lernbedarf entspringt einer „Handlungsproblematik", d.h. er entsteht durch Probleme und Fragen, die sich aus dem Arbeitsalltag ergeben. Entsprechend sollte Lernen eingebunden sein in den konkreten, organisatorischen Kontext. Das Gelernte muss umsetzbar und integrierbar in den Arbeitsalltag sein. Lernziele sollten möglichst von den Mitarbeitenden als Eigene übernommen (und nicht vorgeschrieben) sein. Fehler/Misserfolge und Lernerfolge sollten ebenfalls möglichst nicht nur von den Vorgesetzten benannt, sondern auch von den Mitarbeitenden eingesehen, verstanden, angenommen werden. Wenn dies der Fall ist, dann „bringt" das Lernen mehr, als wenn der/die Mitarbeiter/in das Urteil des/der Vorgesetzten hinnimmt, um weitere Unannehmlichkeiten zu entgehen.

3.2   Personalentwicklung in der lernenden Organisation

Die Organisationsstruktur beeinflusst das Verhalten der Handelnden übermäßig stark. Entsprechend zieht ein verändernder Eingriff in die Aufbauund Ablaufstruktur einer Organisation ein verändertes Verhalten der Mitarbeitenden nach sich. „Die Form präjudiziert den Inhalt" (Zech 1998, S.90). Nur in entsprechenden Strukturen macht Personalentwicklung Sinn. Nur wenn die strukturellen Voraussetzungen dies zulassen, können Personen sich verändern. Lernen im Betrieb erfolgt immer unter gesetzten Lernbedingungen.

Neuberger (1990) verweist darauf, dass das Ziel eines Profit-Unternehmens ist, Geld zu verdienen. Das Ziel ist außerdem, die Leistung der Person im Betrieb zu optimieren, nicht einen „besseren Menschen" zu formen.[4] Entsprechend geht es um Personal-Entwicklung, personales Lernen und nicht um individuelle Bildung. Personalentwicklung soll das Personal an bestimmte innerbetriebliche Anforderungen anpassen. Prinzipiell basiert Personalentwicklung auf defensiven Lerngründen. Die Struktur sollte aber dennoch expansive Entwicklung möglich machen bzw. fördern. „Ziel des

Personalwesens ist es, Strukturen zu schaffen, die Leute zum Mitmachen bewegen" (Neuberger 1990, S.10). Expansives Lernen wird ermöglicht durch praxis- bzw. stellenbezogenes Lernen. Lernziele müssen von den Mitarbeitenden übernommen oder selbst gesetzt werden. Ohne Praxisbezug und Eigenmotivation ist ein effektives Lernen nicht denkbar. Je angstfreier, desto effektiver wird das Lernen.

3.3 Personalbeurteilung: Personalbeurteilung soll bei ITT Flygt (Nahziel) als Instrument der Personalentwicklung genutzt werden.

3.3.1 Ziele der Personalbeurteilung

Breisig unterscheidet „harte" und „weiche" Ziele der Personalbeurteilung (Breisig 1998, S. 48 – 59). Während im ersten Fall leistungsgerechte Ent-lohnung, Personaleinsatz und Personalentscheidungen angestrebt werden, stehen im zweiten Fall Planung, Auswahl und Gestaltung von Maßnahmen der Personalentwicklung, Personalführung und – förderung im Vordergrund. Während harte Ziele Vergleichbarkeit, eine scharfe Unterscheidung von Leistung und Verhalten und eine „Richterrolle" der Vorgesetzten erfordern, setzen „weiche" Ziele Individualität, Offenheit und Wohlwollen sowie eine Förderrolle des Vorgesetzten voraus. Bei ITT Flygt handelt es sich also eher um „weiche" Ziele.

3.3.2 Beurteilungsverfahren

Beurteilungsverfahren können unterschieden werden in offene und standar-disierte Verfahren. Diese wiederum können Beurteilungsmerkmale, Auf-gaben oder Ziele abprüfen. Während bei „harten" Zielen aufgrund der Ver-gleichbarkeit Skalierungen und Rankings wichtig sind, kann bei „weichen" Zielen auch ein offenes Verfahren gewählt werden. Wichtig ist die Ent-wicklung der einzelnen Mitarbeiter/innen, nicht die Vergleichbarkeit. Beurteilungsmerkmale (wie z.B. Teamfähigkeit) überprüfen allgemein Ver-halten und Leistung, während die Aufgabenorientierung stärker auf das konkrete Aufgabengebiet der einzelnen Mitarbeitenden ausgerichtet ist. Wird die Zielerreichung beurteilt, ist das Ergebnis noch konkreter. Auf-gaben- und Zielorientierung sind jedoch schwer vergleichbar, da sie indivi-duell mit den Mitarbeitenden vereinbart wurden. Sie sind also vorrangig für „weiche" Ziele geeignet.

3.4 Personalbeurteilung als Instrument der Personalentwicklung in einer lernenden Organisation

Bei ITT Flygt sollte Personalbeurteilung als Instrument der Personalentwicklung in einer lernenden Organisation genutzt werden. Praktisch bedeutet das:

Auf der Strukturebene

◆ Das Personalbeurteilungsverfahren muss zu den Organisationszielen und den Zielen der Personalentwicklung „passen".

◆ Die Form der Implementierung und Durchführung muss dem Ziel der Veränderung entsprechen.

◆ Die Struktur muss den Rahmen für das individuelle Handeln vorgeben.

◆ Das Verfahren muss entwicklungsfähig, d.h. flexibel und veränderbar sein. Wenn sich die Bedingungen, die Arbeitsanforderungen, das Stellenprofil ändern, muss dies problemlos in die Personalbeurteilung Eingang finden. Aus diesem Grund bietet sich an, das Verfahren mit der Stellenbeschreibung[5] zu koppeln. Die Beurteilung sollte außerdem aufgaben- und/oder zielorientiert sein.

◆ Die Form der Personalbeurteilung soll kooperative Führung und expansives Lernen der Mitarbeitenden fördern. Dies erfordert eine offene Gestaltung des Bogens. Auf eine Benotung sollte verzichtet werden. Noten und Skalierungen verhindern eventuell ein offenes Gespräch über Fehler und Schwächen sowie über Entwicklungsbedarf. Um eine gute Note zu erhalten, werden sich Mitarbeitende wahrscheinlich eher defensiv verhalten, d.h. „Eindruck schinden" („impression management") bzw. besonders „brav" sein („Nikolaus-Effekt") und das für die Note Notwendige tun. Für das Gespräch muss Zeit eingeplant werden. Die Ergebnisse werden zum Schluss gemeinsam formuliert.

◆ Die Ergebnisse der Personalbeurteilung müssen verschriftlicht werden (Personalakte).

◆ Mit den Ergebnissen muss etwas „passieren"; z.B. Bedarfe und Kritik der Mitarbeitenden müssen weitergeleitet, geplante Maßnahmen müssen durchgeführt werden.

Auf der personalen Ebene

♦   Lernbedarf entsteht aus einer „Handlungsproblematik". Deshalb sollte das Beurteilungsverfahren möglichst an die Stellenbeschreibung[6] gekoppelt sein.

♦   Das Verfahren muss praxisbezogen sein und Eigenmotivation ermöglichen. Die Erreichung der Ziele und Aufgaben müssen gemeinsam reflektiert werden. Daraus ergibt sich die Ermittlung des Entwicklungsbedarfes.

♦   Die Erfahrungen und Bedarfe der Mitarbeitenden sollten abgefragt und berücksichtigt werden.

♦   Die Ergebnisse der Personalbeurteilung sind in der Personalakte besser aufgehoben als in der EDV. Wenn Daten dort gespeichert sind, sind die Mitarbeitenden natürlich vorsichtiger in Bezug auf das, was sie sagen und zeigen.

♦   Das Beurteilungsverfahren sollte möglichst wenig „schulmeisterlich" sein.

♦   Das Verfahren sollte die Leistung und das Potenzial der Mitarbeitenden prüfen, nicht deren Persönlichkeit.

Die Überlegungen im Vorfeld lassen sich vielleicht auf folgende Stichworte fokussieren:

Grundsätzlich gilt:

Verändern ist Führungsaufgabe
Einbettung in eine Firmenstrategie
Form der Veränderung = Ziel der Veränderung

Anforderungen an das Verfahren:

Entwicklungsfähigkeit
■   Kopplung mit der Stellenbeschreibung
■   Aufgaben- bzw. zielorientiert

Praxisbezug und Eigenmotivation
■   Reflexion der Erreichung der Ziele und Aufgaben
■   Gemeinsame Ermittlung des Entwicklungsbedarfes

Kooperation
■   Offene Gestaltung des Bogens
■   Keine Benotung
■   Zeit für das Beurteilungsgespräch
■   Ergebnisse werden zum Schluss formuliert

4. Die Entwicklung und Einführung des Beurteilungsverfahrens bei ITT Flygt Pumpen GmbH

4.1 Auf dem Weg zur Personalbeurteilung

Im Vorfeld entwickelte die Personalabteilung Funktionsbeschreibungen für das Unternehmen. Die Funktionsbeschreibung ist eine Stellenbeschreibung, die zusätzlich zu den formalen/organisatorischen Aufgaben die Zielsetzung der Funktion, die Hauptaufgaben zur Zielerreichung, Informations- und Kooperationserfordernisse und ein Anforderungsprofil enthält. Ein Projektteam, bestehend aus Funktionsinhabern, Personalabteilung und Betriebsrat erstellte die umfangreichen Funktionsbeschreibungen, welche durch die Geschäftsleitung und den Betriebsrat ergänzt und genehmigt wurden.

Die Funktionsbeschreibungen unterscheiden sich von Stellenbeschreibungen durch ihre Flexibilität. Während Stellenbeschreibungen eine Arbeit genau beschreiben, soll die Funktionsbeschreibung die Aufgaben und sozialen Anforderungen, die ein solches Arbeitsgebiet beinhaltet, zusammenfassen. Die Funktionsbeschreibung soll von jedem einzelnen Mitarbeiter zusammen mit der Führungskraft konkretisiert und aktualisiert werden.

Die Entwicklung und Einführung des Beurteilungsverfahrens wird in Abbildung 2 dargestellt und anschließend erläutert.

Ergebnis:

♦ Offener Beurteilungsbogen

♦ Das Verfahren ist zeitintensiv, fördert aber den Austausch über Arbeitsaufgaben, Zielsetzungen, Beurteilungsmaßstäbe, Entwicklungsbedarf
sowie eine begründete Beurteilung.

Betriebsvereinbarung zur Personalbeurteilung zwischen Geschäftsführung
und Betriebsrat.

Schulungen der FK 1. Teil
Handhabungstraining
Zielsetzung und Zielvereinbarung

Zielevaluation

**Vorbesprechungen mit der Personalabteilung und der Geschäfts-
führung**

♦ Ziele der Personalbeurteilung, Einbindung in die Unternehmensstrategie
(U-Ziele, Ziele der PE)

♦ Allgemeine Vorgehensweise

1. Workshop:	**2. Workshop:**	**3. Workshop:**
♦ Ziele ♦ Information über die verschiedenen Beurteilungsverfahren ♦ Wünsche an das Verfahren	♦ Präsentation verschiedener „Bausteine" für einen Beurteilungsbogen ♦ Erstellung eines Bogens für ITT Flygt	♦ Austesten des Bogens durch die Arbeitsgruppen ♦ Festlegung der Regeln der Durchführung der Beurteilung

Abbildung 2

Nach der Klärung der Ziele der Beurteilung wurde ein Workshop gebildet,
der eine neue Möglichkeit und Form der Mitarbeiterbeurteilung erarbeiten
sollte. Teilnehmer waren 9 Flygt Mitarbeiterinnen und Mitarbeiter mit den
Funktionen Werkstattleiter, Sachbearbeiter, Verkaufsleiter, Personalleiter,
kaufmännischer Leiter und Betriebsrat. Ein externer Moderator und eine
wissenschaftliche Begleitung vom NfA begleiteten den Prozess.

Im ersten Workshop ging es um die Frage „welche Anforderungen stellen wir an das neue Beurteilungssystem?" Die Ziele der Personalbeurteilung wurden präsentiert und diskutiert. Die zur Zeit gebräuchlichen Varianten wurden vorgestellt.

Im zweiten Workshop wurde aus den erarbeiteten Vorschlägen und Wünschen des ersten Teils ein Personalbeurteilungsbogen entwickelt, der dann beim dritten Mal jedem Mitglied der Gruppe vorlag.

Aufgabe während des dritten Workshops war es, diesen Bogen einmal auszufüllen. Dabei stellten wir fest, dass dieser Bogen wirklich dazu zwingt, sich mit den gestellten und zu beurteilenden Aufgaben auseinander zu setzen. Das war ja eines der Ziele, die wir erreichen wollten.

4.2 Zum Ablauf der Beurteilung[7]

Der Ablauf:

♦ Das Zielvereinbarungs- und Beurteilungsgespräch findet 1 x im Jahr statt. Beide (Führungskraft und Mitarbeiter/in) bereiten sich rechtzeitig darauf vor.

♦ Die Führungskraft erstellt anhand des Bogens einen Vorschlag. Diesen erhält der/die Mitarbeiter/in mindestens 2 Wochen vorher, um ihn aus seiner/ihrer Sicht zu bearbeiten.

♦ Sinn dieser Vorgehensweise ist es, dass bevor das eigentliche Beurteilungsgespräch stattfindet, sich beide bereits mit den einzelnen Punkten beschäftigt haben und entsprechend vorbereitet in das Gespräch gehen können.

♦ Die Spalte „Ergebnisse aus Sicht d. Vorgesetzten", die Spalte „Ergebnisse aus Sicht d. Mitarbeitenden" sowie eine nebensächliche Skalierung („besondere Stärke", „in Ordnung", „entwicklungsbedürftig") werden am Ende der Beurteilungsperiode ausgefüllt.

♦ Für die neue Beurteilungsperiode wird der Bogen individuell mit Hilfe der Funktionsbeschreibung für die einzelnen Mitarbeitenden ausgefüllt: die 2 - 5 wichtigsten Aufgaben und 1 - 3 wichtigsten sozialen Anforderungen. Die ersten 3 Spalten (Aufgaben/soziale Anforderungen sowie Beurteilungsmerkmale und Ziele im Rahmen der Aufgaben und sozialen Anforderungen) werden festgelegt.

♦ Geplante Maßnahmen der Personalentwicklung werden festgelegt.

♦ Beim ersten Mal mussten zunächst die Zielvereinbarungsgespräche geführt werden (erste 3 Spalten), damit diese nach Ablauf der Beurteilungsperiode kontrolliert und bewertet werden konnten.

4.3 Die Schulungen

Jeweils zu den ersten Beurteilungsgesprächen (1. Zielvereinbarung, 2. Beurteilung und neue Zielvereinbarung) wurden die Führungskräfte einen Tag lang geschult:

Im ersten Teil stand das Zielvereinbarungsgespräch im Vordergrund. Inhalte der Schulung waren Zielsetzung und Zielvereinbarung sowie Handhabungstraining.

Der zweite Teil beschäftigte sich vorrangig mit dem Beurteilungsgespräch. Inhalte der Schulung waren hier Beurteilung und Gesprächsführungstraining sowie eine Zwischenbilanz der Führungskräfte.

4.4 Die Evaluation

Die zur Zeit laufende Evaluation soll überprüfen, inwiefern die Ziele der Personalbeurteilung erreicht wurden, Schwierigkeiten ermitteln und Ursachen für eventuell festgestellte Abweichungen von den Zielen analysieren. Zum Zeitpunkt der Abgabe dieses Beitrages ist die Evaluation noch nicht vollständig abgeschlossen. Erste Ergebnisse weisen aber darauf hin, dass die Ziele der Personalbeurteilung durch das neue Verfahren weitgehend erreicht wurden. Durch entsprechende Hinweise können außerdem erste Nachbesserungen vorgenommen werden, was dem Ziel einer kontinuierlichen Entwicklung im ersten Schritt entgegenkommt.

5. Schluss

Im Sommer 1998 begannen die ersten Vorgespräche. Im Frühjahr 1999 fanden die ersten Workshops statt. Die erste Schulung der Führungskräfte und das Zielvereinbarungsgespräch liefen Ende 1999. Die zweite Schulung sowie das Beurteilungsgespräch mit neuer Zielvereinbarung liegt Ende 2000 und Anfang 2001. Durch kleine Schritte wurde „ohne Veränderungshektik" ein neues Beurteilungsverfahren implementiert, welches sich auch auf die Organisationskultur auswirken soll. Die ersten Ergebnisse zeigen: das Verfahren ist arbeitsintensiv und kompliziert, aber praxisnah, ergiebig und zwingt zu mehr Kooperation und Austausch von Führungskräften und Mitarbeitenden. Inwiefern dieses Instrument die Organisationskultur beeinflusst, ob die Personalbeurteilung ein „Transmissionsriemen" von Unternehmensstrategien wird[8], wird eine Evaluation der Langzeitwirkung ergeben.

Abbildung 3:

P e r s o n a l b e u r t e i l u n g s b o g e n

Name: _____ Vorname:_____ Eintritt:_____

Abteilung:_____ Funktionsbeschreibung: _____

Diese Tabelle dient der Konkretisierung der Funktionsbeschreibung. Bitte füllen Sie mit Hilfe der Funktionsbeschreibung die folgenden Felder aus:

Aufgaben	Beurteilungs-merkmale	Ziele im Rahmen der Aufgaben	Ergebnisse aus der Sicht des/der Vorgesetz-ten	Ergebnisse aus der Sicht des/der Mitarbei-tenden	Bewertungs-stufen			Konsequenzen/ Maßnahmen
1.					S	O	E	
2.								
3.								
besondere Stärke=S; in Ordnung=O; entwicklungsbedürftig=E;								

Personalbeurteilungsbogen

Diese Tabelle dient der Konkretisierung der Funktionsbeschreibung. Bitte füllen Sie mit Hilfe der Funktionsbeschreibung die folgenden Felder aus:

Soziale Anforderungen	Beurteilungsmerkmale	Ziele im Rahmen der sozialen Anforderungen	Ergebnisse aus Sicht des/der Vorgesetzten	Ergebnisse aus Sicht des/der Mitarbeitenden	Bewertungsstufen			Konsequenzen/Maßnahmen
					S	O	E	
S = besondere Stärke, O = in Ordnung, E = entwicklungsbedürftig								

Bitte tragen Sie hier die konkreten Maßnahmen, deren Ziele und die geplante Dauer ein:

Maßnahme	Ziel der gewünschten Maßnahme	Geplanter Zeitraum für die Durchführung

☐   Außerordentliches Beurteilungsgespräch am

Datum/Unterschrift/Mitarbeiter

_____

Datum/Unterschrift/Beurteiler

_____

Datum/Unterschrift/Bereichsleiter

_____

Anmerkungen

[1] Vergleiche hierzu: Sabine Wesely, Personalentwicklung in der lernenden Organisation. Personalbeurteilung als Instrument der Personalentwicklung in der lernenden Organisation, Diplomarbeit an der Universität Hannover am Institut für Erwachsenenbildung 1999.

[2] Meines Erachtens nach laufen alle Unterscheidungen des Lernens von und des Lernens in Organisationen jeweils auf die Trennung von individuellem (subjektivem bzw. gruppen-) und organisationalem (strukturellem) Lernen hinaus (vgl. Zech, 1998, Geißler, 1996, Willke, 1998). Dies gilt auch für die Unterscheidung der fünf Disziplinen nach Senge (vgl. Senge, 1997, S. 14ff.).

[3] Von Forrester wurde auf die sensiblen Druckpunkte einer Organisation verwiesen. Dies benennt auch Senge, wenn er von der „Hebelwirkung" spricht: „kleine gezielte Aktionen an der richtigen Stelle (können) manchmal tiefgreifende, nachhaltige Verbesserungen bewirken" (Senge, 1997, S.83). Sattelberger (1995) spricht von Programmen, die zu „Transmissionsriemen" von Unternehmensstrategien werden (können) (S.21).

[4] Ziel des Personalwesens ist das Personal, nicht die Persönlichkeit der einzelnen Mitglieder. Personal ist ein „gewöhnlicher ‚Produktionsfaktor'"(Neuberger 1990, S.6). In diesem Rahmen leisten die Vorgesetzten die konkrete Personalarbeit. „Ich halte es für ehrlicher, wenn die Zwänge deutlich genannt werden, denen man unterworfen ist, anstatt sich mit Liebes- und Harmonieformeln zu betrügen" (S.10).

[5] Bei ITT Flygt war es die Funktionsbeschreibung.

[6] S.o.

[7] Abbildung 3 zeigt zum besseren Verständnis den Beurteilungsbogen von ITT Flygt.

[8] Vgl. Fußnote 3.

Literatur:

- **Breisig, Thomas**: Personalbeurteilung – Mitarbeitergespräch – Zielvereinbarungen, Frankfurt a.M.: Bund-Verlag 1998.

- **Geißler, Harald**: „Vom Lernen in der Organisation zum Lernen der Organisation", aus: Sattelberger, Thomas: Die lernende Organisation, Wiesbaden: Gabler 1996.

- **Holzkamp, Klaus**: „Lernen. Subjektwissenschaftliche Grundlegung - Einführung in die Hauptanliegen des Buches", aus: Holzkamp, Klaus (Hg.): Forum Kritische Psychologie 36/1996: Argument-Verlag.

- **Holzkamp, Klaus**: Lernen. Subjektwissenschaftliche Grundlegung, Frankfurt a.M.: Campus-Verlag 1995.

- **Neuberger, Oswald**: „Der Mensch ist Mittelpunkt. Der Mensch ist Mittel. Punkt. Acht Thesen zum Personalwesen", aus: Personalführung 1/1990.

- **Neuberger, Oswald**: Personalentwicklung, Stuttgart: Enke 1991.

- **Sattelberger, Thomas**: „Personalentwicklung als strategischer Erfolgsfaktor", aus: Sattelberger, Thomas (Hg): Innovative Personalentwicklung, Wiesbaden: Gabler 1995, S.15 – 37.

- **Sattelberger, Thomas**: „Personalentwicklung neuer Qualität durch Renaissance helfender Beziehungen", aus: Sattelberger, Thomas (Hg): Die lernende Organisation, Wiesbaden: Gabler 1996, S.207 – 227.

- **Senge, Peter M.**: Die fünfte Disziplin: Kunst und Praxis der lernenden Organisation, Stuttgart: Klett-Cotta 1997.

- **Willke, Helmut**: „Beobachtung, Beratung und Steuerung von Organisationen in systemtheoretischer Sicht", aus: Wimmer, Rudolf: Organisationsberatung. Neue Wege und Konzepte, Wiesbaden: Gabler 1995, S.17 - 42.

- **Willke, Helmut**: Systemtheorie I. Eine Einführung in die Grundprobleme der Theorie sozialer Systeme, Stuttgart/Jena: Fischer 1993.

- **Willke, Helmut**: Systemtheorie III. Steuerungstheorie, Stuttgart: Lucius & Lucius 1998.

- **Zech, Rainer**: „Effizienz lernen in Non-Profit-Organisationen des Bildungsbereichs", aus: Zech, Rainer (Hrsg.), Pädagogische Antworten auf gesellschaftliche Modernisierungsanforderungen, Bad Heilbrunn: Klinkhardt 1997.

- **Zech, Rainer**: „Der Mensch ist Mittel. Punkt! Veränderungsmanagement", aus: Mensch & Büro 3/1998.

Francis Jarman

Opportunities and Problems of Intercultural Communication and Cooperation for Small and Medium Enterprises (SMEs)

In every case, a business relationship is more than just the deal.
- Rosabeth Moss Kanter (1994)

'Only connect...'
- E.M. Forster, *Howards End*

In a speech at the World Economic Development Congress in September 1996, former US Under-Secretary of State for Economic, Business and Agricultural Affairs Joan E. Spero described some of the important trends in the world economy. Capital was moving around the world at immense speed: every day more than $1 trillion was being traded in a global foreign exchange market on which the sun never set; technological advances in computers and telecommunications were creating a new information-based economy; and small and medium enterprises were coming to recognise that the competition for market share was now global, and that therefore participation in the global economy was no longer a matter of choice but of necessity. (1)

Although many individual SMEs have long been proud of the worldwide reputation that they have gained for producing a particular range of tools or components or small machines or household goods of the very highest quality, (2) the idea of SMEs as *global players* still seems surprising. Why *do* SMEs go international? The main sources of competitive advantage to be gained by internationalisation could be described as follows: (3)

- In order to follow the lead of regular customers who themselves have gone international.
- To achieve greater efficiency, for instance through economies of scale if production can be pushed above a certain level as a consequence of internationalisation. This is the basis of the 'market niche' philosophy, for once you have invested very substantially in research and development on a product of fairly narrow-range appeal, you may then be able to dominate the world market long-term, a secret that was discovered long ago by many well-known German SMEs.

- It may be attractive to reduce production (and especially labour) costs by moving production abroad, so as to be able to take advantage of particular local conditions.
- It may also be possible to take advantage of better technological know-how, in a country where a high degree of experience of working in the area in question has been accumulated.
- Then there are the advantages to be gained (in terms of market expansion) from exploiting a common language, as (for example) between the various English-speaking countries, or between Spain and much of Latin America, or between France and many of its former colonies.
- Finally, in a highly competitive industry, it may be useful to be able to spread the risks, and balance profits and losses, rather than putting all your eggs in the one basket of an uncertain domestic market.

Generally speaking, many SMEs are forced to go international, because the home market for their specialised products is simply too small to allow for much expansion. As Joan Spero pointed out, the time has come, and SMEs must now adjust to the requirements of world trading (just as they must also get used to the idea of aggressive foreign competitors penetrating their domestic market). Intercultural business communication is one of the most important of these requirements, yet its focus so far has tended to be restricted to the problems of large corporations.

With respect to intercultural communication, the question of what advantages SMEs might have over large companies – and which disadvantages – could begin with *structural factors*. In the typical SME, with its comparatively narrow resource base, there is not likely to be anyone with a China or Japan desk, but rather someone who is responsible for a wide range of foreign connections, or even for all of them – and who therefore has less time to devote to the individual country, fewer direct contacts with a specific culture, etc. (4) It might be thought that SMEs are therefore at a clear disadvantage.

However, the larger the company, the more likely it is that the specialist will have restricted functions and powers, and will truly be precisely that – a specialist; whereas the representative of the SME will of necessity have to be an all-rounder, and will have to deal with the foreign partner at all levels, in all departments, and in almost any possible matter. He (5) will more likely interface with the foreign partner as a true representative of his organisation, and not merely as someone to whom limited functions have been delegated. He will be closer to the top of his company. With their limited personnel resources, SMEs genuinely cannot afford to get tied up in the complexities of corporate bureaucracy, labyrinthine decision-making, and finicky division of labour that hamstring many large companies (although it should be said that outsourcing and over-reliance on middlemen or local subsidiaries, all temptations to which SMEs have been known to fall prey, are not the answer either). Generally speaking, a 'hands on', spontaneous approach may prove to be a better way of getting into a new market than an overplanned, over-cautious campaign. It works in the other direction, too – when delegations come from abroad, perhaps returning the visit, they will more quickly establish rapport with people from the host organisation who have real clout, and have not just been assigned to 'look after' the foreign visitors. (6)

It is well-known that international business cooperation tends to fail in the 'soft' zone of intercultural, negotiating and managerial skills rather than in the 'hard' areas of finance, technology or even supply infrastructure. Admittedly, the dangers of things going wrong are far greater when all the responsibility rests on the tired shoulders of, say, Fritz Kleinmeister Junior (of the fictitious German SME Fritz Kleinmeister & Sohn GmbH), but the opportunities are also much greater. Outside Western Europe and the United States, in regions of the world where the cultures are *relationship-oriented* rather than *task-oriented*, many companies prefer to establish their international links on the basis of personal trust. They want to know who they are dealing with, and the most important phase of negotiation will be the 'getting to know you phase'.

The Western visitor will have to find the time to win the trust of his hosts, and this may (depending on the culture) involve, for example, a heavy programme of visits to the opera or to tiresome concerts of local folk culture, enormous meals, sometimes with the obligation to eat things that most Westerners would not even recognise as 'food', or participation in endless drinking sessions. Alternatively, it may require him to make himself humanly ridiculous in a karaoke parlour or in a Japanese geisha or a Korean kisaeng house. As the author of a classic early essay on business negotiation observed in the context of Japan: 'Night entertainment also serves as an avenue for learning about the personality and character – including trustworthiness – of counterparts.' (7) When (and probably only when) his hosts feel that they know young Fritz Kleinmeister, they will do business with him. There will no doubt be written contracts, although these may not always be taken very seriously, and maybe the lawyers will have their say, too, but these factors will be relatively unimportant compared with the groundwork that has been achieved on the human level.

This is potentially a great advantage for smaller companies. When Fred Müller, who represents the giant (and equally fictitious) German company BIG AG in Southeast Asia, goes to Thailand, he will be met at the airport, organised, briefed and featherbedded by the BIG AG office in Bangkok. He may know quite a lot about the local culture, he may know how to behave in social situations, and he will be given full technical back-up by the regional office of his company, but his negotiating partners on the other side of the table are going to be aware that he is only a comparatively small cog in a huge machine: they know that his emotional identification with his employer may be opportunistic and temporary; also that it is harder for him to say, 'yes, I'll stay here for a few days longer' (in fact, every time that he has to confirm details or changes in arrangements with head office he loses a bit of his credibility); and, furthermore, that he is less likely to be able to back any agreement that is eventually reached with the full weight of his own personal dignity and honour, which is a necessary requirement when doing business in many non-Western societies. 'Who is this man?' they will ask, and: 'When he gives his word, what is it worth?'

When major companies from different cultures deal with each other, there are other potential drawbacks:

- Top-level specialists or managers often negotiate with other top-level specialists or managers, who may share many of the same cultural attitudes, who may have acquired their MBAs from the same American institutions, and who may know the same people internationally, and so on; the 'corporate cultures' of the enterprises, at this level, may be strikingly similar. Yet when serious difficulties occur at a lower working level, these may be traced to cultural differences and to intercultural conflicts that could not easily have been predicted from high up there on the top-floor.
- The 'goodwill bonus' usually given to foreigners may be quickly withdrawn once it is realised that the foreigners in question are highly trained specialists, and not all-rounders or 'amateurs': that they are mercenaries rather than members of the company family.
- Or: teams of specialists from cooperating partners may be set up in so-called *fluid constellations* to deal with a particular project. They will fly in to do a certain job, negotiate metacultural ground-rules – a temporary 'third culture' – for the task in hand, try to reach an agreement, and then fly out again. At its most drastic, this is not so much intercultural communication as the suspension of cultural differences for a limited time and a specific purpose. All international undertakings require this, but

neither deep understanding nor long-term trust can be achieved by these means alone, and at its worst this kind of relationship is a little bit like a manipulative cloning process. If trust and understanding are needed, then there must be a willingness to take risks, to make yourself vulnerable, and to let yourself be seen (in cultural terms) as a whole person. As Rosabeth Moss Kanter (1994) of the Harvard Business School has observed, the relationship will be *strategic*, involving continuous contact at a high level; it will be *tactical*, bringing middle management and professionals together to plan joint activities; it will be *operational*, allowing those people who carry out the job access to the other team's personnel, information and resources; it will be *interpersonal*, where the person-to-person contacts enable a degree of communication and cooperation that would be impossible simply within the framework of formal structures; and, finally, it will be *cultural*, necessitating new skills in intercultural communication. Needless to say, not all cultures are equally capable of this. As Moss Kanter notes:

North American companies, more than others in the world, take a narrow, opportunistic view of relationships [...] Preoccupied with the economics of the deal, North American companies frequently neglect the political, cultural, organizational, and human aspects of the partnership. Asian companies are the most comfortable with relationships, and therefore they are the most adept at using and exploiting them. European companies fall somewhere in the middle. (8)

There is a consensus in the literature that the biggest single hurdle to be jumped in the process of internationalisation is the *initial one*. (9) And when SMEs start out on this track, 'the serious question [...] is whether to internationalize alone or in cooperation with other firms'. (10) What kind of internationalisation might this then be? There is a broad spectrum of possibilities, including direct exporting, setting up a manufacturing outpost or subsidiary, licensing arrangements to manufacture or distribute the products, setting up a mutual service consortium, and embarking on a joint venture. The decision for one or the other of these will be based upon how independently the SME feels that it can operate, how much local help or knowledge is needed (and available), and how flexible the SME would in the longer term prefer to remain.

In this situation, the benefits of cooperation between culturally heterogeneous companies are obvious. The encounter with different cultures through long-term *networking* necessarily leads to an improved understanding of their business, political, social and cultural systems. It makes it easier to work in those countries (through more accurately targeted marketing) and to collaborate with their nationals (whether these are clients, business partners, government officials, or employees). 'Networking is at the heart of [the] emerging focus on soft assets, reputation and trust centred on people and communication skills'. (11) It also offers the chance for *synergy*, that working together of separate elements that creates a whole that is greater than the sum of the constituent parts, indeed, which produces possibilities that were not noticeably inherent in them. Too often, it has been the potential drawbacks of international cooperation that have been emphasised, and not the synergistic opportunities that can arise from it. During a panel discussion on 'multicultural human resources development' in Koblenz, one of the participants, Otto Filtzinger, noted

> *dass Multikulturalität zunächst und vor allem unter einer Problemoptik gesehen wird: Was bringt das an Reibungen, wenn jemand die deutsche Sprache nicht versteht, wenn er andere Verhaltens-, Reaktions- und Sichtweisen zeigt, wenn er zur Arbeit, zu Kollegen eine andere Einstellung hat. Weniger gesehen werden die positiven Elemente und Möglichkeiten einer multikulturell geprägten Gruppe: das Revisions-, Innovations- and Kreativitätspotential, das darin steckt, Dinge mit anderen Augen zu sehen, anders an sie heranzugehen, sie anders einzuschätzen. (12)*

And he added:

> *Kreatives Potential entsteht nicht aus der Kultur der Konformität, sondern aus der Kultur der Verschiedenartigkeit. An einer solchen Maxime sind unsere Bildungs- und Ausbildungseinrichtungen noch zu wenig orientiert. (13)*

The synergistic possibilities of cultural diversity have been discussed by a number of writers, perhaps most notably by Nancy J. Adler. (14) She describes the expanding meanings that are thus made available – including multiple perspectives, a greater openness to new ideas, and the possibility of multiple interpretations – and the expanding alternatives that they lead to – such as increasing creativity, flexibility, and problem-solving skills. There are three steps in the synergistic approach: that of *situation description*, i.e. defining the problem as it is seen by all the cultures that are involved in it; *cultural interpretation*, involving analysis of the logic of each culture's particular standpoint; and *cultural creativity*, which entails finding a compromise solution that does not violate the norms of any of the participant cultures.

Cultural diversity is a powerful resource, but to employ it as such it is necessary to recognise the cultural differences, manage the disadvantages that arise out of them and learn to exploit the advantages. The most obvious of these is that

> *multicultural groups invent more options and create more solutions than do single culture groups. Diversity makes it easier for groups to create more and better ideas. It allows them to avoid the trap of 'groupthink'. (15)*

What Adler means here by 'groupthink' is those in-group pressures that lead to a decrease in mental efficiency and power of judgement. As she points out, the synergistic potential of cultural diversity is more useful in *divergent* situations, when a company is expanding, changing itself, investigating new approaches or new markets, innovating, etc., than it is in more routine, *convergent* situations, i.e. the stage of implementation as opposed to those of planning or research and development.

By this logic, the advantages of cultural diversity would make themselves most felt higher up in the corporation rather than lower down – but this need not apply to SMEs. They should and can avoid the trap that well-meaning large concerns tend to fall into, of prescribing or simply assuming different levels of cultural awareness for the different levels of the company hierarchy, e.g. a multinational focus for top and upper middle management, binational cooperation at lower management levels, and a purely local focus for the rest of the workforce. The distances are much shorter in SMEs and there ought to be a greater willingness for flexibility and improvisation. All-rounders are needed. There should be no handing down of clever international agreements from the people on the top floor to a working level that cannot easily implement them – as is unfortunately still a common experience in large companies. As one recent writer with considerable experience of networking, Roger Hayes (1996), has pointed out, a small organization with an enthusiastic but limited staff can quite literally [*sic*] 'punch above its weight' via international partnerships, pulling together groups and organizations to achieve success on a global issue at regional, national and local levels. (16)

As already indicated, it is large companies that have generally been the focus of attention in research into intercultural business communication. For example, discussion and speculation about the differences between cultures were given firmer support by serious empirical work in the late 1960s and early 1970s, when Geert Hofstede conducted an extensive survey of 72 national subsidiaries of IBM, with overall more than 116,000 questionnaires. His objective was to identify significant dimensions of work-related cultural values. Initially he discovered four of these: *power distance*, meaning the way in which different societies handle situations of inequality; *uncertainty avoidance*, referring to matters of stress and the degree to which human experience needs to be given structure; *individualism/collectivism*; and what Hofstede rather unhappily termed *masculinity and femininity*. Later, his attention was drawn by Michael Harris Bond to a further dimension, that of *long/short termism*. (17)

Invaluable as Hofstede's work undoubtedly was, its methodological weaknesses have been pointed out on many occasions. To mention just a few of the points that were made:

- On 'power distance', Hofstede only surveyed the opinions of subordinates, and not those of their superiors, thereby necessarily inviting a distorted picture to be formed. (18)
- On 'uncertainty avoidance', if the employees answer that they disagree with the statement 'company rules should not be broken', it may not indicate an atmosphere of low uncertainty avoidance so much as a situation of numerous and rigid rules and therefore *high* uncertainty avoidance; conversely, agreement with the statement may simply mean not high uncertainty avoidance but rather that there are very few rules and that therefore nobody minds keeping to them, i.e. *low* uncertainty avoidance. (19)
- 'Masculine' and 'feminine' are very awkward terms, in that while the qualities associated with them are clearly derived from old-fashioned, stereotypical European role perceptions, it would be necessary to spell out what it is that defines 'masculine behaviour' or 'feminine behaviour' in a specific culture. Triandis (1982) has suggested that 'egocentrism' and 'allocentrism' might be better terms here. (20)
- IBM used to be well-known for its strong and distinctive *corporate culture*. It seems unwise to draw controversial conclusions about differences in national culture in areas of experience in which corporate culture may exercise a powerful influence on attitudes - especially because that influence may vary in strength from culture to culture, determining the level of identification that employees have with their company, their willingness to risk criticism of their employer, and so on.

This approach to cultural difference has been under attack in some parts of Europe as too static and descriptive; what is needed, its critics say, is more study of the *processes* of intercultural interaction. To some extent, territories are now being marked out in what is a new discipline: linguists, for example, stress the detailed analysis of interaction because it is what they teach and research, unlike the more statically-minded cultural historians or social scientists, with their 'contrastive' rather than 'interactional' approach.

It needs to be said, however, that there remain huge areas of embarrassing and expensive misunderstanding that are the result of simply not knowing some basic fact, e.g. that many large cities in East Asia have hardly any streetnames (and buildings numbered in the order in which they were built), thus requiring a more complex distribution system, operated hierarchically rather than directed from headquarters, with predictable effects on delivery times, different margins for perishable products, and so on. Or: that in some countries certain goods (such as for instance toothbrushes in Greece) may not normally be displayed by shopkeepers, but kept behind the counter and on suitable occasions 'recommended' to interested customers, so that to sell these products effectively, retailers have to be organised and motivated to 'push' the product more aggressively than would be normal practice in that particular culture. (21)

What then can be done to prepare for increased international cooperation, to make the contacts with foreign partners easier, and to sensitise personnel who are required to work internationally to the difficulties of intercultural communication? The following points could be made:

- Broadly speaking, there must be a greater readiness to seek and project an inter- or multinational corporate identity. This will require the employment of both German-speaking foreigners and Germans with foreign language skills. That should be no problem as far as Europe is concerned. Young graduates with the appropriate skills and a willingness to work abroad are being produced in 'foreign language-centred' multidisciplinary degree programmes in countries like Ireland, for example. Although this goes against the grain of German academia, where degree structures are in bad need of reform, there are a growing number of suitable programmes in German universities – for instance, the Hildesheim degrees in International Information Management (MA) and International Technical Communication (*Diplom*) – and in the German *Fachhochschulen* in any case. The point has been understood at last that, just as language training alone is insufficient, so too is language training combined with (but separated from) business studies, science and technology, law, or whatever. The degree course must therefore be enriched with elements like area studies, cultural studies (in the British style) or intercultural communication that both straddle and connect the separate disciplines, and which – wherever possible –

are taught by staff with interests and qualifications in more than just one narrow field (or by means of intelligently organised team-teaching).

- SMEs must try to offset their competitive disadvantage in providing only modest opportunities for career advancement. This can be achieved through dynamic salary plans and interesting career structures, offering greater responsibility at an earlier age.

- SMEs in family ownership must be particularly careful not to allow this to cramp their ability to work effectively with foreign partners. Fröhlich & Pichler (1998) found that managers with a higher degree of family capital or equity at stake were less inclined to take risks. (22) According to Donckels & Aerts (1998), who had been working on SMEs from a wide range of different countries, family businesses attach less importance to most factors in internationalisation, quality of management, technology, market share, or creativity, but *not* reputation and local image – presumably because of the local focus that family-run SMEs often have. (23)

- More must be invested in training and educating personnel to meet the challenges of global business. It should not be forgotten that this means meeting standards that are set on an international and not the domestic level. Taking Germany as an example: it would probably not be difficult for German companies to meet international expectations as far as product quality or delivery deadlines are concerned, but it might be harder to avoid disappointment when it comes to services provided in, say, catering or the retail trade. (24)

- For more than twenty years it has been the policy of major companies in Japan and South Korea to send thousands of their young employees to the United States and Europe every year, not just for technical and managerial training, but also to acquire a feeling for the language and the cultural environment – in other words, to find out how the culture *functions*. In their survey of Dutch SMEs, Prince & van Dijken (1998) rather unsurprisingly found that the discriminating factors between exporting and non-exporting companies included foreign language use, and that among the significant management characteristics were the number of languages spoken and the amount of time that managers spent abroad. (25) Although SMEs are at an obvious disadvantage here, they can compensate at least in part through the staff exchange possibilities that are generated by international networking.

- People who are involved in foreign business contacts should be encouraged to keep a record of their personal experience of multiculturality. This could be from the point of view of intercultural communication, and in the form of, say, a notebook or diary, or it could be from the human resources and diversity management perspective, (26) or it could simply be a subjective but honest personal account of the problems that were encountered and the solutions that were found.

- Appropriate and expert preparation/training is needed before any foreign assignment of considerable length is undertaken, and this should aim to include the person's husband or wife if possible. Intercultural training is best done with the participation of at least one trainer from the 'target culture'. As an alternative (or supplement) to professional courses, networked partners in international cooperation can support each other by providing (inter)cultural backup, information, counselling, and even joint projects in intercultural exploration. By this means, *culture shock* can be anticipated and analysed before the business traveller has even left home. It may not be possible to prevent culture shock altogether, but at least the 'victim' will have been suitably prepared to meet it when it does occur.

- In the rare event (for an SME) of the stay abroad being for a longer period of time, there is a need for clarification of the participant's future career prospects with the company – which should not be harmed by the assignment – and also for an appropriate programme of reintegration after the assignment has been completed.

Although their size can be a disadvantage to them, if they set about it in the right way SMEs can tap into a rich vein of international opportunity, and these areas of economic potential need not remain the preserve of multinational companies.

Notes

(1) Quoted in Paul Browne, Do you have what it takes to go global?, http://www3.smginc.com/bsim2/global.htm

(2) Many of Germany's Mittelstand companies are among the world's best in their particular niche – see Hermann Simon, Hidden Champions: Lessons from 500 of the World's Best Unknown Companies. Boston: Harvard Business School Press, 1996.

(3) This is based on Per V. Jenster & J. Carlos Jarillo, Internationalizing the Medium-sized Firm. Copenhagen: Handelshøjskolens Forlag, 1994, pp.10ff.

(4) This would obviously apply less to an SME focused strongly on, say, only China or the United States or Latin America.

(5) 'He' is not intended to be sexist, but merely to avoid the pedantic repetition of 'he or she', 'his or her', and so on. Yet it reflects what is still the predominant situation in the Western business world – a point made by a recent American cartoon (in The Christian Science Monitor, March 20th-26th, 1998) which showed the doors to a company's 'Executive Restrooms', i.e. toilets, labelled 'Men' and 'Woman'. Many Western companies take the view that it could be problematical to send a female employee to negotiate in a country where women's roles in business are restricted to typing, looking decorative, and serving light refreshments, or where women are not even able to move freely in public. Against all the odds, self-confident women managers have occasionally been spectacularly successful in such situations. Women sometimes have better interpersonal skills than men, which can be an advantage when working in relationship-oriented cultures, but first they have to be given the chance, and not every company is willing to take the risk.... For a brief discussion of the problem by an eloquent advocate of women in international management, Nancy J.Adler, see http://www.tradewinds-tv.com/program10/en1030.html.

(6) See, for instance, the horror story recounted in: Liebe Gäste – Wie fühlen sich ausländische Gäste deutscher Unternehmen? In: Andreas Bittner & Bernhard Reisch, Aspekte interkulturellen Managements, Band 1. Bad Honnef: Institut für Interkulturelles Management, 1993, pp.7-11.

(7) Stephen E. Weiss with William Stripp, Negotiating with foreign business persons: An introduction for Americans with propositions on six cultures (1984). In: Susanne Niemeier, Charles P. Campbell & René

Dirven (eds.), The Cultural Context in Business Communication. Amsterdam/Philadelphia: Benjamins, 1998, p.87.

(8)   Rosabeth Moss Kanter, Collaborative Advantage: The Art of Alliances. In: Harvard Business Review, July/August 1994, pp.96-107.

(9)   See, for example, Yvonne Prince & Koos van Dijken; Export orientation: An econometric analysis. In: Antti Haahti, Graham Hall & Rik Donckels (eds.), The Internationalization of SMEs: The Interstratos project. London & New York: Routledge, 1998, p.129.

(10) Petri Ahokangas, International orientation and external resource dependence of Nordic engineering firms. In: Haahti, Hall & Donckels, p.82.

(11) Roger Hayes, Systematic Networking: A Guide for Personal and Corporate Success. London: Cassell, 1996, p.4. And in Hayes's view:

> Unlike the transaction-driven, short-term, individually-motivated mind-set of the 1980s, [...] the 1990s and the new millennium will truly be the Age of the Network, where 'social capital' – the capacity for members of an economic group to forge trust and recognize their mutual interests – will gain importance as a spur to a greater sense of community and economic growth in the West (p.xiv).

(12) Quoted in Rüdiger H. Jung, Helmut M. Schäfer & Friedrich W. Seibel (eds.), Vielfalt gestalten – Managing Diversity: Kulturenvielfalt als Herausforderung für interkulturelle Humanressourcenentwicklung in Europa. Frankfurt/M.: IKO-Verlag für Interkulturelle Kommunikation, 1994, pp.103-4. It is also put very succinctly in the article by Rosabeth Moss Kanter (1994) already quoted from above, and in the epigraph to this essay:

> [Alliances between companies] must yield benefits for the partners, but they are more than just the deal. They are living systems that evolve progressively in their possibilities. Beyond the immediate reasons they have for entering into a relationship, the connection offers the parties an option on the future, opening new doors and unforeseen opportunities (p.97).

(13) Jung, Schäfer & Seibel, pp.108-9.

(14) Nancy J. Adler, International Dimensions of Organizational Behavior (1986). Second edition. Belmont: Calif.: Wadsworth, 1991.

(15) Adler, p.133.

(16) Hayes, p.27.

(17) Geert Hofstede, Culture's Consequences: International Differences in Work-Related Values. Beverley Hills, Calif.: Sage, 1980; and Cultures and Organizations: Software of the Mind. London: McGraw-Hill,

1991. Other handbooks or taxonomies of cultural difference include Fons Trompenaars, *Riding the Waves of Culture: Understanding Diversity in Global Business.* Chicago etc.: Irwin, 1994; Terence Brake, Danielle Medina Walker & Thomas Walker, *Doing Business Internationally: The Guide to Cross-Cultural Success.* Burr Ridge, Ill.: Irwin, 1995; and Jürgen Beneke, *Kulturdimensionen: Eine Orientierungsmatrix.* Hildesheim: Forschungsstelle für Interkulturelle Kommunikation, University of Hildesheim, latest edition.

(18) Lena Janson, Culture's Influence on Leadership: Hofstede's Four Dimensions Re-Explored. In: Annick Sjögren & Lena Janson (eds.), Culture and Management – In the field of ethnology and business administration. Stockholm: The Swedish Immigration Institute and Museum/Stockholm School of Economics, 1992, p.63.

(19) Janson, p.66.

(20) Harry C. Triandis, Review of Culture's Consequences: International Differences in Work-Related Values. In: Human Organization, 41/1, Spring 1982, p.87.

(21) Both situations are discussed in the 'cases' presented by Jenster & Jarillo (1994).

(22) Erwin A. Fröhlich & J. Hanns Pichler, Entrepreneurial profiles and strategies for the larger market. In: Haahti, Hall & Donckels, pp.63ff.

(23) Rik Donckels & Ria Aerts, Internationalization and ownership: Family versus non-family enterprises. In: Haahti, Hall & Donckels, pp.153ff.

(24) Slogans like 'The customer is always right' or 'The customer is king' should be posted up in German shops and restaurants in letters ten foot high. There is a common unwillingness among Germans to behave in what is held to be a servile or hypocritically amiable manner, and a preference for a bluff, direct, 'honest' way of talking to people ('Im Deutschen lügt man, wenn man höflich ist', Faust, II). It is possible to explain these deep-seated attitudes historically in terms of a German reaction against the elaborate courtliness of French culture, which was once dominant in the 'civilised' parts of Europe (Lessing's drama Minna von Barnhelm is a key text here). Nevertheless, foreign customers do tend to come away with the impression that German service is often rude and unhelpful.

(25) Prince & van Dijken, op.cit.

(26) See, for instance, the very personal account in Boris Voss, Intercultural Management: A Journey towards Cultural Diversity in the Workplace. Frankfurt/M.: IKO-Verlag für Interkulturelle Kommunikation, 1998.

Howard Osborne

From MOTIV to European New Media & Commerce Network
The story of a transnational co-operation project starting from the EC initiative ADAPT

The economic and political context

For many years it has been recognised throughout the EU that the pace and impact of industrial change is growing, and that without intervention guidance and help, market forces alone may not fully address the short term adverse effects upon individual workers and enterprise as a whole. In this latter category, the critical place and importance of Small and Medium Sized Enterprises (SMEs) in both terms of regional, national and EU-wide economies cannot be underestimated.

Change is accelerating and is driven by four main factors - especially true for an increasingly global marketplace in which enterprise enjoys greater opportunities, yet encounters new and challenging threats from emerging sources of competition. Existing larger businesses have the greater challenge of adapting to change as their intrinsic structures, know-how, policies and procedures are no longer inviolable but need constant revision, wider dissemination and effective management and communication skills; to realise this at a relatively fast pace without 'implosion'. Smaller companies and start up enterprises may appear to have an advantage in this respect as their business proposition is forged in the modern context, yet this too must evolve – at an early stage of their development when so much has to be organised and established, with a high dependency upon other stakeholders and players; themselves undergoing change.

The four external factors are well known to business analysts:

Political
Economic
Societal / cultural
Technological
The tools and mechanisms of change feature prominently the crucial role of training and the subsequent embedding of modern skills into the organisation.

In fact, we can see this as a continuum starting from the individual's need to gain employment (and become or remain, economically active) via acquisition and demonstration of skills that are in current demand by employers, through the training of an existing workforce to adapt to change in order to maintain and improve their employability to the needs of the business enterprise itself to adapt to these same pressures on its prospects to survive and thrive.

In the last few years of the '80s, the European Commission recognised this was an area of critical importance and outlined a strategy to launch a major programme – ADAPT.

I do not intend to re-iterate here the detailed elements of the ADAPT programme, except that one additional and fundamental component was the idea of trans-national partnership and co-operation. This was not put in place only to realise outcomes that were already scoped and focused on a wider application throughout the EU, but to encourage better understanding and cooperation between organisations across the member states that could inform the wider application of closer and more effective cross-border trade, supply chain relationships, joint venturing and labour mobility.

The EU can encourage several types of competitive advantage: through building capacity and modern capability of both individuals and enterprises the EU as a whole becomes more competitive as a 'bloc' vis-à-vis the rest of the world in a global marketplace. It also can manifest itself as a more successful economy in its own right, with improved cross border trade and mobility within the EU.

However, the inertia to both adapting to industrial change and the opportunities of transnational working (whether trade, partnering or employment) had to be overcome through speculative projects that had both the support and financial assistance of the Commission. The latter was a key component of all such projects and in this regard, national projects were encouraged to work in transnational project partnerships – primarily to share and disseminate results and findings more widely, and to recognise and adopt best practices discovered from a number of ADAPT projects.

Establishing the partnership

The second round of ADAPT brought several transnational partners together with national project ideas that were intrinsically coherent and complementary. One example discussed here, involved partner organisations initially from Germany, UK and Italy. This was driven unofficially by one of the German partners – Volkshochschule Ortskreis Hannover based in Lehrte whose local project was 'Netzwerk fur Arbeit' which already had a clear outward-focused perspective on prospective transnational working and opportunities. This was similarly reflected in each of the other partner organisations and their ADAPT projects and soon became 'bonded' as a transnational partnership under the name "M.O.T.I.V" which stands for Motivation, Orientation, Trainung, Innovation and Vision.

At the outset, this partnership included 4 members, each with their local project partners and prospective beneficiaries. These were:

1. VHS – a public sector College of Further and Community Education based in Lehrte and serving a substantial part of the local Hannover region in Germany.

2. AEP – a private Higher Education Institute based in Hamburg, Germany concentrating on its primary position as a centre of excellence for vocational training in the New Media

3. Southwark College – a public sector College of Further and Community Education serving several Boroughs in South London

4. Conte srl - a private sector SME based in Lecce, Italy - established in digital publishing and whose expertise extends into provision of technical and Internet-based services

This partnership already reflected both a similarity of outlook, yet comprised both public and private sector organisations. The resultant creative tensions and differing perspectives have been net positive to the strength of the partnership and its project collaborations.

Extending the scope of transnational working

It was evident that from its inception, that although there were several challenges in cooperating effectively on a transnational basis, the collective will was strong to fully engage in the principles of meetings, sharing project experiences and learning from the experience. However, the vision of the partners extended beyond this 'minimum' level of working transnationally, quickly identifying and giving substance to an additional over-arching project which was itself a truly transnational project. This meant that the focus and objectives of regular transnational meetings was wider than mere discussion and dissemination – it was to work collaboratively to a specific programme with transnationality at its core. Each transnational conference represented an opportunity not only for the host partner to deliver a programme reflecting this agenda but to facilitate practical participation by both attending partners and their invited SME beneficiaries. La ter, this was to evolve still further with actual bi-lateral and multilateral joint working in several areas of project development, promotion and dissemination.

There were four major strands to the work plan of this transnational project:

Transnational Social competencies (led by VHS)
Transnational electronic Communication (led by Conte)
Transnational trade - preparing for common currency (led by Southwark)
Transnational electronic training (led by AEP)

Expanding the partnership

The MOTIV partnership had a clear focus on the recognition of the role that New Media must play in serving the individual project objectives as well as the transnational project. This was not only in terms of the technology used to deliver many of the project components (such as online training for bene- ficiaries, electronic communication between partners, etc.) but putting New Media alongside other key skills that were and are still, central to successful adaptation to industrial change. To this end, we subsequent to commencing the ADAPT project, identified two other key names and prospective tran- snational partners active in this sector:

Culmen / DataControl s.a – a private sector group of companies (Grupo Corem) based in Malaga, Spain who were pre-eminent in the training field, mainly for SMEs both locally and nationally, utilising new media as the subject and as the delivery mechanism for such training. Although we read- ily accepted Culmen as a full yet 'unofficial' transnational partner, we also attempted to adopt them officially as part of our ADAPT project. This was unsuccessful, but our collective partnership was strengthened with their participation and we continued to treat them as an (unfunded) but full, MOTIV partner. In all other matters and subsequent initiatives, they are a permanent and valued core member of our ENMCN partnership.

London College of Printing – part of The London Institute – a higher educa- tional institution based in London, UK. Outside of the official MOTIV partnership and ADAPT project funding, we invited LCP to work with us at a transnational level which has proved to be helpful to the collective exper- tise and credentials of the partnership, although their active participation has been irregular. They remain a useful reference point within ENMCN.

The new, wider vision of ENMCN

As mutual confidence in each partner's abilities and contributions grew, and with an increasing sharing of ideals, it became clear that the extended MOTIV partnership had a validity and rationale beyond ADAPT – in both scope and timescale. This idea was discussed at length and it was clearly felt unanimously that the partnership should re-brand itself and affirm its vision for further collaborative working beyond the merely opportunistic or project-driven role. It clearly had a sound track record in project working, both individually and transnationally and would therefore envision externally funded project activities remaining a regular component of its work. The partners all felt, however, that it should announce its vision and aims, utilising and seeking support from all relevant quarters to realise its objectives. Initially the vision was in three parts (subsequently extended to four). From initial promotional materials developed jointly, the following is an excerpt that describes this:

This established project partnership is committed to seek wide political and industry support for its initiatives, to gain financial support from a number of sources including the European Commission, and to demonstrate a model of a successful transnational partnership that works.

There are four related areas to which we are committed strategically:

- *To establish an **electronic Open and Distance Learning Network** across Europe, aimed at the needs of industry and in particular, employees in smaller businesses. Projects will develop a common framework that are aligned with both language and cultures, concentrating on the actual skills needed to both get and stay employed, and for business to improve its competitiveness.*

- *To establish a **supported Electronic Commerce Community** of smaller companies and the wider supply chains to which they belong, to compete more widely and effectively in an increasingly global marketplace.*

- *To establish a proactive **Training Standards Organisation** which will work for its industry and professional members across Europe. It will, through research and value-added support services, facilitate and promote consistent quality, relevance and accessibility, of vocational new media skills training in its widest terms.*

- *To establish sustainable mechanisms for **identifying, training and supporting access to work** for those experiencing discrimination, social exclusion and barriers to learning and work opportunities in the European Union. We intend to forge links between the traditionally separate worlds of training and employment, and bridge the growing skills and labour gap across EU borders.*

As a common thread of the vision was dependent upon New Media in a commercial context, the re-branding of the partnership was '**The European New Media & Commerce Network**' (ENMCN)

New Media is both the platform for realising many of the Network's aims, as well as being one key example of the newer technologies that are rapidly becoming a required 'key skill' in commerce. Skills in utilising the internet, manipulating images and text, and the use of email can be compared to skills in telephone, fax, generic office I.T, etc., in previous decades. It is the 'holy grail' for all employers seeking tomorrow's workforce, and demand is rapidly outstripping both current and future projected supply. Timely and appropriate training for a wider population is one answer, reflected in several of the Network's key aims. Similarly, without a context of 'Commerce' this vision could be socially worthy but academic – it needs to relate to the reality of actual employer needs for skilled workers – in all industries.

Toward each of its three original aims, the partners worked collaboratively in preparing several joint proposals for funded projects under several EU programmes including Leonardo, 5th Framework and others. These were not successful but have reinforced our commitment to continue with joint submissions and active cross-referencing within these of our transnational network as a primary asset.

Changing partners

As the time of completion of ADAPT projects drew near, there were two distinct changes within the partnership. Southwark College was represented by one individual manager who had played a major supporting role in making the partnership work effectively and extending its vision. He left Southwark College at the end of its own ADAPT national project, with outputs and outcomes achieved. The chemistry of a successful partnership is not only dependent upon the appropriate organisations - their credentials and abilities, but the same for key individuals. In this case, for new initiatives beyond ADAPT and MOTIV, the individual (now working for a different but equally appropriate organisation in the private sector but serving the public sector, namely Options Employment Ltd) was preferred over the original organisation, as the College was also sending ambiguous signals to the partners regarding its continued commitment to EU projects. This change has been smooth and positive, with the new organisation looking forward to building its participation in several projects relevant not only to the partnership but its own commercial priorities.

The key individual within the Hannover partner (VHS), his project team and close local partnerships were also to be subject to change toward the end of the ADAPT project (later completion than other partners' member states). Having built very successful political and economic links with the Hannover region, he and selected team members joined HRB - a new body set up to develop regeneration initiatives for this region. Again, the nature of this new organisation, immediately accepted by the network as a full and 'replacement' partner for VHS, is complementary to the aims and ethos of the partnership. It is also an independently funded organisation – more private than public sector, with a clear community development focus.

The role of commercialism

Over the recent period since completion of the ADAPT project, the partnership has re-affirmed its mission and the future scope of its activities to include the establishment of independent stand-alone organisations (such as a standards institute or similar) in which partners may share and/or participate in ownership and/or control. We have also discussed the role of commercial activity, establishing a discrete earnings stream that, in addition to the time value commitment of partners, can match any external financial support.

The intention is not to establish a new jointly owned profit-making enterprise for trading purposes – as each private sector partner can already do this with the help of other partners in a variety of commercial arrangements – but to establish both a real-world focus to its activities (important credentials when seeking industry respect and support) and to demonstrate its ability to match fund speculative projects.

This whole issue demands constant review in order to maintain actively the balance and ethos of the partnership.

The next generation of projects and partners

It is our stated strategy that we seek to expand the scope and scale of the current Network. This will gradually represent a wider constituency of the EU, possibly with suitable project partners identified from new member states as well as other longer-established member states and other key countries not yet represented within our current partners.

There are, in addition, several local and regional partnerships. Some are established, others new, forming complementary links for the wider 'outer ring' of partners to make bilateral and multilateral connections as well as exploiting the ENMCN network as a hub. This also applies to the growing number of project beneficiaries, students and customers associated with each partner organisation. These individuals and enterprises are also the beginnings of EU-wide communities for learning, trade and employment.

Conclusion

This article has mapped the key developmental stages of a transnational partnership. Initially formed as many were, on the basis of a collective and common focus of ADAPT project working, but having worked so effectively – whether due to size, specific 'chemistry' or a clear common focus – has put down roots that are a sound base for future collaboration. Indeed, the ENMCN now 'feels' like one bonded entity – a growing core partnership between several complementary but otherwise disparate national organisations, sharing a common transnational European perspective and four strategic aims in which each partner, with its own specialist expertise, sees its ability to contribute to the collective good.

In addition to all the outcomes of national ADAPT projects, that the original expectations of transnational partner working could have been so well realised - perhaps even exceeded, must represent a significant and worthwhile testament to those who conceived this innovative and successful EC programmes.

Olaf Brandes

Faktor „Q" – Erfolg durch Qualifizierung
Projektbewertung aus der Sicht der Arbeitgebervereinigung

Die Allgemeine Arbeitgebervereinigung Hannover und Umgebung e.V. (AGV) vertritt speziell die Interessen der Arbeitgeber im Großraum Hannover. Industrie, Handel, Gewerbe, freie Berufe und Dienstleistungsbetriebe – alle Branchen und Betriebsgrößen sind in der AGV vertreten. 210 Unternehmen mit etwa 40.000 Beschäftigten sind bei uns zusammengeschlossen.

Darüber hinaus sind mit der AGV weitere sechs Arbeitgeberverbände in eine Bürogemeinschaft integriert. Von diesen Unternehmen sind natürlich auch einige im „Netzwerk für Arbeit" organisiert.

Ich bin nun vom Träger des Projektes zu einer Projektbewertung gebeten worden. Ich gehe davon aus, dass heute Vormittag bereits schon vieles zum erfolgreichen Verlauf dieses Projektes gesagt worden ist. Dass dieses Projekt ein Erfolg ist, steht für mich nicht zur Diskussion und ich vermag es auch nicht im Detail zu beurteilen.

Doch wir wissen alle, dass wir nicht rasten dürfen. Denn wer rastet, der rostet bekanntlich. Die Herausforderungen an die Unternehmen sind bekannt. Wir wissen jetzt vor allem, dass wir uns der Globalisierung nicht entziehen können.

Deshalb ist Deutschlands Wirtschaft derzeit in einer bemerkenswerten Phase der Neuorientierung. Die Unternehmen sind auf die Globalisierung zugegangen, weil Angriff die beste Verteidigung ist. Dabei wissen sie eines ganz bestimmt, nämlich, dass sie das Lohnniveau nicht auf das etwa von Korea bringen können.

Alle anderen unternehmerischen Register müssen um so entschiedener gezogen werden. Innovative Produkte werden entwickelt, die konkurrenzlos sind: Flexibel, qualitativ hochwertig und in immer schnelleren Zyklen kommen attraktive Produkte auf den kostensensiblen internationalen Markt. Und parallel dazu rationalisieren, automatisieren und steigern die deutschen Unternehmen ihre Produktivität.

Innovationskraft, Vitalität und Selbstvertrauen der deutschen Firmen spiegeln sich in der international ungebrochenen Nachfrage nach deutschen Produkten und Dienstleistungen wider.

Globalisierung ist ein Wachstumsprozess und kein Null-Summen-Spiel. Genauso wenig wie die Marktwirtschaft ein Null-Summen-Spiel ist. Es ist gerade die Auslandsnachfrage, die in Deutschland immer wieder die Konjunktur zündet. Der Kuchen wird größer, und jedes Kuchenstück kann mitwachsen.

Doch jedes Unternehmen möchte auch ein wachsendes Kuchenstück abbekommen. Nicht nur die uns allen bekannten großen Unternehmen, die Global Player, die jeden Tag in den Medien sind.
Nein, auch die kleinen und mittelständischen Unternehmen wollen profitieren. Doch diese stehen oft vor gravierenden Problemen, die sie allein nicht immer lösen können. Sie sollen den Wandel in Organisation und Struktur bestehen können. Hier hat das „Netzwerk für Arbeit" erfreulicherweise seine Ansätze gefunden und Lösungen geschaffen. Diese möchte ich aber hier nicht im Detail beurteilen.

Ich möchte vielmehr auf eines der grundlegenden Probleme eingehen, das den weiteren Handlungsbedarf deutlich macht: Das ist die Qualifizierung. Denn eine zentrale Rolle bei der Realisierung von Innovationen spielt der Mensch und seine Qualifikationen. Ohne die Kreativität und den Erfindergeist der bei uns tätigen Mitarbeiter gibt es keine Neuerungen.

Deswegen heißt das Megathema unserer Zeit auch zu recht „Bildung".

In allen internationalen Leistungsvergleichen schneidet Deutschlands Bildungswesen nur noch unterdurchschnittlich ab. Allein im Bereich der beruflichen Bildung, der dualen Ausbildung, sind wir in der Qualität führend. Im internationalen Bildungswettbewerb haben andere kräftig aufgeholt, während wir selbst zurückgefallen sind. Nur wenn der Bildungsstandort Deutschland in Zukunft wieder einen Spitzenplatz einnimmt, werden wir auch als Wirtschaftsstandort einen Spitzenplatz behalten!

Wir müssen jetzt daran denken, dass bereits in ein paar Jahren die Zahl der Schulabgänger aus demographischen Gründen in Deutschland drastisch zurückgeht.

Deshalb sollten auch die in dem „Netzwerk für Arbeit" zusammengeschlossenen Unternehmen daran denken, jetzt durch Ausbildung den Nachwuchsbedarf von morgen zu decken. Begleitend müssen wir jetzt eine Bildungsoffensive gerade im Bereich der Heranbildung des technischen Nachwuchses betreiben.

Die Zukunft unseres Bildungssystems ist ein unverzichtbares Kernthema für die deutsche Wirtschaft. Wir sind existentiell darauf angewiesen, dass Schulen und Hochschulen und auch die Betriebe hochqualifizierten Nachwuchs ausbilden. Wachstum, Wohlstand und Beschäftigung hängen von unserem Know-how und der Ausbildung der jungen Generation ab.

Die Qualität unseres Bildungssystems wird daran gemessen werden, wie weit es die jungen Menschen für die Anforderungen in Wirtschaft und Gesellschaft ausrüstet.

Dazu möchte ich vier Eckpunkte nennen, um deren Berücksichtigung ich auch die im „Netzwerk für Arbeit" organisierten Unternehmen bitte:

1. Wir brauchen Schulen, die jungen Menschen Lesen, Schreiben und Rechnen beibringen. Viele der ausbildenden Betriebe klagen zu Recht darüber, dass viele junge Menschen nicht richtig rechnen, lesen und schreiben können. Die andere Seite ist: Schlechte Ausbildung in diesen Grundlagen beraubt die jungen Menschen ihrer Chancen auf dem Arbeitsmarkt.

2. Deutschland ist nicht nur das Land der Dichter und Denker, Deutschland ist auch das Land der Tüftler und Techniker. Gerade in den ingenieur- und naturwissenschaftlichen Leistungen lag jahrelang ein Wettbewerbsvorteil unseres Landes. Immer mehr zeichnet sich aber ein massiver Verlust an Qualifikation und Kompetenz ab. In den letzten Jahren hat das Interesse an diesen Fächern dramatisch abgenommen. Die Zahl der Studenten, die ein Ingenieurstudium beginnen, hat sich nahezu halbiert.

3. Deshalb haben wir als Arbeitgeberverband vor drei Jahren eine Initiative mit dem Titel „mak*Ing*. future" gestartet. Mit einer großen Palette an Aktivitäten wollen wir wieder Lust auf Technik und auf technische Berufe machen. Das geht nun mit Hilfe von Unternehmen. Wir werden auch auf Sie noch einmal zukommen.

4. In Deutschland dauert die Erstausbildung zu lange und wesentlich länger als bei unseren Wettbewerbern. Die Studenten in Deutschland sind bekannt für ihr weltweit rekordverdächtig hohes Alter, ohne deswegen aber sehr viel besser ausgebildet zu sein. Die Erstausbildung „hält" heute nicht mehr ein Leben lang. Um für lebenslanges Lernen gut vorbereitet zu sein, muss eine moderne, zeitgerechte Ausbildung eine solide Basis vermitteln, auf der die Weiterbildung aufbauen kann.

5. Ökonomische Bildung muss im 21. Jahrhundert selbstverständlicher Teil der Allgemeinbildung sein. Die Einführung eines eigenen Fachs „Wirtschaft" ist für die Zukunft des Wirtschaftsstandorts Deutschland von zentraler Bedeutung und wird inzwischen von einem breiten gesellschaftlichen Konsens getragen.

Wirtschaft ist kein Randphänomen, sondern prägt das Leben unserer
Gesellschaft und jedes Einzelnen fundamental. Es ist sehr merkwürdig,
dass die Kultusminister zwar zugeben, wirtschaftliche Kenntnisse seien
heute notwendiger denn je, diese aber nur am Rande in anderen Unter-
richtsfächern unterbringen wollen. Nur in einem systematisch angelegten und in seinen Schritten aufeinander aufbauendem Unterricht werden wirklich grundlegende Kenntnisse und Kompetenzen erworben.

Gerade das Fach „Wirtschaft" ist geeignet, durch Projektarbeit, Plan-
spiele, Schülerfirmen, aber auch durch Kooperation mit Betrieben,
Schülern einen höchst anschaulichen und motivierenden Unterricht zu
bieten. Und genau darauf kommt es in Zukunft an.

Für die Kooperation mit Betrieben ist aber auch deren Bereitschaft
notwendig. Um diese möchte ich hier insbesondere für die Zukunft
bitten. Das „Netzwerk für Arbeit" hat sich mit diesen Aufgaben weniger beschäftigt. Das ist verständlich und soll kein Vorwurf sein. Dieses
könnte aber für die weitere Zusammenarbeit gelten. Ich bin der festen
Überzeugung, dass sich durch die genannten frühzeitigen Ansätze,
Probleme, die wir jetzt haben, vermeiden oder zumindest abmildern
ließen.

In den weiteren Schritten machen Strukturwandel, technische Innovationen
und steigender Wettbewerbsdruck auf dem internationalen Parkett es erforderlich, das Wissen der Arbeitnehmer ständig aufzufrischen.

Das Wort vom lebenslangen Lernen ist in aller Munde – doch die Praxis
sieht oft anders aus: Mit dem Lernen ist es schon mit 35 Jahren weitgehend
vorbei. Nur noch jeder zehnte Erwerbstätige zwischen 35 und 40 Jahren
nimmt an Aus- und Weiterbildungen teil. Von den Arbeitskräften, die 55
Lenze oder mehr zählen, gehen nur noch 3,7 Prozent auf Fortbildungen.
Für die Unternehmen ist die Weiterbildung der Mitarbeiter natürlich eine
kostspielige Angelegenheit. Um Bedarf, Erfolg und Nutzen einer Weiterbil-
dungsmaßnahme zu kontrollieren, führen mittlerweile immer mehr Betriebe
Effizienz-Prüfungen durch.

Größeren Umfragen zu Folge betreiben gut drei von fünf der größeren Unternehmen ein aufwendiges Bildungscontrolling. Dieses verwundert nicht,
da doch auch 70 Prozent der befragten größeren Unternehmen über eigene
Bildungsabteilungen verfügen. Bei den mittleren Betrieben trifft dies noch
auf jedes vierte Unternehmen zu. In den Kleinbetrieben dagegen kümmert
sich meist ein Einzelkämpfer um die Weiterbildung – der Chef persönlich.

Diese Strukturen sind nicht immer ideal. Daher setzt hier auch die Arbeit des „Netzwerk für Arbeit" an. KMU's können durch Projektpartnerschaften die Bündelung von Kräften erreichen. Die zielorientierte Vernetzung von Unternehmen ermöglicht das gegenseitige Lernen zum gemeinsamen Vorteil. Es wird vermieden, dass das Rad mehr als einmal erfunden werden muss.

Aus diesen Ausführungen und Feststellungen möchte ich zu der Schlussfolgerung kommen, das „unternehmen besser als unterlassen" ist. Diese, von Arbeitgebern immer wieder eingesetzte Formulierung gilt natürlich auch für das „Netzwerk für Arbeit".

Wir beglückwünschen Sie daher zu dem, was bisher erreicht wurde und möchten Sie zu weiteren Aktivitäten ermutigen, damit die Lücken, die selbstverständlich geblieben sind, in Zukunft geschlossen werden.

Viel Erfolg bei weiteren Projekten!

Helga Christensen, Edzard Niemeyer

Betriebsratsarbeit als Co-Management – Projektbewertung aus Sicht der Gewerkschaften

Allen neueren Arbeitsorganisations- und Managementkonzepten gemeinsam ist die Überwindung traditioneller tayloristischer Arbeitsverfahren. Im Rahmen von Reorganisationsprozessen verabschieden sich die Unternehmen von streng hierarchischen Strukturen und funktional ausgerichteten Einheiten. Die Stärkung der Verantwortung und Selbstorganisation der Mitarbeiter und die prozessbezogene Arbeitsorganisation stehen im Mittelpunkt der Organisationsgestaltung und beeinflussen schließlich die Unternehmenskultur weitreichend. Das Management zielt darauf, aus den Mitarbeitern „Unternehmer vor Ort" zu machen, die ihr tägliches Arbeitshandeln selbstständig an den betriebswirtschaftlichen und organisatorischen Erforderlichkeiten orientieren. Das Unternehmen als lernende Organisation ist der Kristallisationspunkt dieses modernen Unternehmensverständnisses.

Für die Arbeitssituation der Arbeitnehmer hat dies tiefgreifende Auswirkungen: Arbeitsgestaltung, Organisations- und vor allem Personalentwicklung werden hier zunehmend miteinander verzahnt und zu zentralen Aufgabenfeldern. (Hoch-) qualifizierte menschliche Arbeit rückt wieder in den Mittelpunkt betrieblicher Ressourcenplanung. Die erfolgreiche Einführung und Implementierung dieser neuen Strukturen der Arbeitsorganisation funktioniert jedoch nur mit Personal, das neben fachlichen Detailkenntnissen über zusätzliche Kompetenzen verfügt. Erst „Schlüsselqualifikationen" (Sozial-, Team-, Kommunikations- und Organisationskompetenz) tragen dazu bei, die tägliche Arbeit unter unternehmerischen Kategorien zu organisieren.

Die Unternehmenskultur(en) selbst sind für die anvisierten weitreichenden Wandlungen völlig unzureichend entwickelt. Nur durch ein auf Konsens orientiertes Vorgehen zwischen Management und betrieblicher Interessenvertretung können die notwendigen Rahmenbedingungen geschaffen und nachhaltig gesichert werden. Unter diesen Bedingungen ändert sich die Arbeit der betrieblichen Interessenvertretungen.

Das Netzwerk für Arbeit hat sich in Kooperation mit der gewerkschaftsnahen tbo-Beratung diesem Thema in einem Pilotprojekt gewidmet. In diesem Beitrag werden die Erfahrungen im „Lernnetzwerk Co-Management" ausgewertet und die Anforderungen an eine zukunftsfähige Betriebspolitik entwickelt.

Neue Rolle der betrieblichen Interessenvertretung: Co-Management

Aufgabe der Betriebsräte ist es, den Prozess der Reorganisation und des organisationalen Lernens aus der betriebspolitischen Sicht der Interessenvertretung konstruktiv für das Unternehmen und die Belegschaft mitzugestalten.

Es reicht aus Sicht der Betriebsräte unter den skizzierten Bedingungen nicht mehr aus, auf traditionelle Weise auf die Umstrukturierungsprozesse mit den Mitteln statischer Rechtssicherung zu reagieren. Vielmehr müssen Betriebsräte schon aufgrund ihrer relativen Nähe zu den Beschäftigten und vor dem Hintergrund ihrer dort verankerten Vertrauensstellung betriebliche Prozesse initiieren und mit steuern.

Andererseits würden – aus Sicht des Managements – die Absichten der Reorganisation und die Implikationen der lernenden Organisation ad absurdum geführt werden, wenn Betriebsräte lediglich als strategische Erfolgsfaktoren verstanden und behandelt würden. In der Vergangenheit war es allzu oft so, dass Betriebsräte entweder nur spärlich mit Informationen versorgt wurden oder aber mit ihnen zugeschüttet wurden, in Steuerungsgremien wurden sie viel zu spät einbezogen und allenfalls geduldet. Ihnen kam in Umstrukturierungsprozessen eine vorwiegend defensive Rolle zu, in dem sie die negativen Unternehmensentscheidungen gegenüber der Belegschaft lediglich verkünden und versuchen konnten, das Schlimmste zu verhindern.

Der Betriebsrat als Alibifunktion hat mit der lernenden Organisation ausgedient. In vielen Unternehmen hat sich mittlerweile die Auffassung durchgesetzt, dass gerade bei der Umsetzung fundamentaler Reorganisationsprozesse das Management auf die aktive Unterstützung der Betriebsräte angewiesen ist, ja entscheidende Organisations- und Personalentwicklungsmaßnahmen überhaupt nur durch und mit ihnen konzipiert und realisiert werden können. Oftmals ist das Management in eigenen Denk- und Entscheidungsstrukturen derartig eingebunden, dass Impulse durch die Interessenvertretung zu einem Wandel der innerbetrieblichen Beziehungen zwischen Geschäftsführung und Belegschaft führen können. Die Arbeit des Betriebsrates wird hier zum *„Transmissionsriemen"* von Veränderungsprozessen. Er hat ein offenes Ohr für die Bedenken und Widerstände der Beschäftigten und kann sie konstruktiv in die strategische Unternehmensführung einbringen.

Ein Management, das das „Gold in den Köpfen" für das Unternehmen nutzbar machen will, ist gut beraten, die Entscheidungsprozesse von Anfang an transparent zu gestalten und einen Kontrakt mit den Beschäftigten auszuhandeln. Deren kollektiver Verhandlungspartner ist der Betriebsrat, dem durch die Ausrichtung und Reichweite der Reorganisationskonzepte und Ansätze der lernenden Organisation eine neue Rolle zuwächst, die wir hier mit Co-Management bezeichnen. Mitarbeiterorientierung und die auf Konsens oder tragfähige Kompromisse orientierte Einbindung des Betriebsrates in die Unternehmenspolitik und die aktive Beteiligung an konkreten Veränderungsvorhaben von Anfang an gehören daher zum Repertoire moderner Unternehmensführung.

Das setzt natürlich voraus, dass die betriebliche Interessenvertretung diese Funktion auch wahrnehmen kann (und will). Betriebsräte, die über das Bewusstsein und die erforderlichen Kenntnisse erfolgreichen Co-Managements verfügen, können so – gerade im Bereich betrieblicher Personal- und Organisationsentwicklung – präventiv zur Sicherung und qualitativen Entwicklung von Arbeitsplätzen und zur „Standortsicherung" beitragen. Dieser Umstand ist besonders entscheidend in Krisensituationen. Durch konstruktives Co-Management auf der Grundlage einer genauen Kenntnis der realen Situation des Unternehmens sind Betriebsräte in der Lage, zur richtigen Zeit die richtigen Fragen zu stellen und Entwicklungen anzustoßen. Das kann sich u.a. auf Alternativen zu arbeitsorganisatorischen Fragen, Produktgestaltung, aber auch auf die Initiierung von Modernisierungskonzepten „von unten" beziehen. Auf die strategische Haltung, die Qualifikation und soziale Kompetenz der Betriebsräte kommt es an, ob sie die Veränderungsprozesse im Unternehmen aktiv und sozial-integrativ mit gestalten können.

Qualifizierung zum Co-Management im Netzwerk für Arbeit

Die Betriebsräte in den meisten Unternehmen sind nicht von vornherein für ein Co-Management sozialisiert und qualifiziert. Dies gilt nicht nur individuell für die einzelnen Mandatsträger, sondern auch für das Betriebsratsgremium und die Betriebspolitik der Interessenvertretung insgesamt. Eine co-gemanagte lernende Organisation muss diesem Umstand Rechnung tragen und sowohl einen Lernprozess auf Seiten des Managements und des Betriebsrates initiieren, als auch entsprechende Personalentwicklungsmaßnahmen ergreifen. Spätestens mit dem Umdenkungsprozess zur lernenden Organisation sind Betriebsräte als Führungskräfte zu begreifen und entsprechend zu qualifizieren und zu behandeln. Die Betriebsräte müssen in die Lage versetzt werden, in betriebliche Veränderungsprozesse gestaltend eingreifen zu können. Sie müssen die Rolle von Promotoren und Moderatoren genauso übernehmen können, wie die Rolle des Wächters über berechtigte und schutzbedürftige Einzel- und Belegschaftsinteressen.

Im Rahmen des Netzwerkes für Arbeit hat die tbo-Beratung als Kooperationspartner das „Lernnetzwerk Co-Management" entwickelt und exemplarisch umgesetzt. Dabei handelt es sich um ein Angebot an Betriebsräte aus KMU, gemeinsam unter Anleitung und Moderation

– die eigene Rolle als Co-Manager zu klären,
– den Qualifizierungsbedarf für ein Co-Management zu ermitteln,
– die Bausteine für ein Qualifizierungsprogramm und die Anforderungen an ein Co-Management zu entwickeln,
– exemplarisch Qualifizierungsmodule im Rahmen eines betrieblichen Projektes zu erproben,
– sich gegenseitig kollegial zu beraten, Handlungsalternativen zu erörtern und Maßnahmen zu planen,
– die Protagonisten der betrieblichen Projekte zu coachen,
– die Erfahrungen zu überprüfen und die Projekte zu optimieren,
– den gesamten Lern- und Entwicklungsprozess zu reflektieren und die Rahmenbedingungen und Strukturen für ein erfolgreiches Co-Management zu definieren.

Die prototypische Seminarreihe umfasste insgesamt 9 Veranstaltungstage (siehe Abbildung) in einem Zeitraum von einem halben Jahr. Sie begann mit einer Bestandsaufnahme der unterschiedlichen Rollen, in denen sich Betriebsräte üblicherweise bewegen. Ziel der ausführlichen Situationsanalyse war es, die Funktionsweise des eigenen Betriebes und der eigenen Rolle besser verstehen zu lernen und dadurch in Zukunft die unterschiedlichen Einflüsse bewusster wahrnehmen und die Arbeit und Politik als Betriebsrat besser planen und gestalten zu können. Die Handlungsspielräume und Erfolgsaussichten der Betriebsratsarbeit hängen erfahrungsgemäß von vielen Faktoren ab: Die Machtverteilung zwischen den einzelnen betrieblichen Akteuren, die Mitbestimmungsrechte, die Unternehmenskultur, die Art der Führung, die Klarheit von Zielen und Rollen, die Kommunikation, Vertrauen/Misstrauen, Konkurrenzen zwischen Personen und Abteilungen, Arbeitsstress und Überlebenskampf im Markt, Allianzen zwischen Gruppen, Uneinigkeit im Betriebsratsgremium, unterschiedliche Mentalitäten und Charaktere usw. Im Rahmen der Situationsanalyse haben sich die Betriebsräte ihr ganzes „System" näher angeschaut und die Funktionsprinzipien analysiert.

Abbildung: Workshop-Module „Lernnetzwerk Co-Management"

Start • Auftaktveranstaltung, Konzept-Diskussion • Unterschiedliche Rollen der Betriebsräte • Begriffliche Annäherung Co-Management	0,5 Tage

Analyse • Individuelle Datensammlung, • Analyse der betrieblichen Ist-Situationen • Präsentation eines „Falles" – Projekt, misslungener Beteiligungsprozess o.ä. – • Diskussion und Hypothesenbildung • Erörterung von Handlungsalternativen	2,0 Tage

Bildung betrieblicher (Lern-)Projekte • Betriebliche Projekte bilden • Maßnahmen planen • Qualifizierungsbedarf Co-Management analysieren	1,0 Tage

Schulung • Modul 1: Betriebswirtschaftliche Kenndaten • Modul 2: Konstruktive Gesprächsführung	3,0 Tage

Coaching • Fallbesprechung betriebliche Projekte • Kollegiale Beratung • Planung von Maßnahmen	2,0 Tage

Abschluss • Abschließende Bewertung • Rahmenbedingungen Co-Management • Weitere Entwicklungsmöglichkeiten	0,5 Tage

Kern des „Lernnetzwerkes Co-Management" war die Bildung von betrieblichen (Lern-)Projekten, die jedem Betriebsrat ermöglichten, einen aktuellen Fall betrieblicher Veränderung aufzugreifen oder zu initiieren, Handlungsalternativen zu erörtern, Maßnahmen zu planen und das Projekt mit den betrieblichen Akteuren vor Ort weiter zu verfolgen und voranzutreiben. In den über mehrere Monate verteilten Treffen wurden die Betriebsräte gecoacht und konnten sich untereinander kollegial beraten und erfahren, wie andere Betriebsräte in ähnlichen Situationen handeln. Flankiert wurden die betrieblichen Projekte mit Schulungsmodulen, in denen die wichtigsten Basisqualifikationen für ein erfolgreiches Co-Management vermittelt wurden.

Bei den betrieblichen (Lern-)Projekten kristallisierten sich drei Schwerpunkte heraus:
In einem Teil der Betriebe war der Bedarf nach einer zusätzlichen Altersvorsorge artikuliert worden. Es wurden untereinander Informationen ausgetauscht, Lösungen entworfen, Maßnahmen geplant und umgesetzt. Mit unterschiedlichem Erfolg: Es zeigte sich, dass Co-Management auf eine beteiligungsorientierte Unternehmenskultur treffen muss, um Lösungen kooperativ umsetzen zu können. In einem Fall fehlte es an der Bereitschaft der Unternehmensleitung, die Diskussion über eine betriebliche Altersvorsorge aufzunehmen. In einem anderen Fall dagegen wurde der Vorschlag des Betriebsrates offen aufgegriffen und umgesetzt. Das Engagement des Betriebsratsvorsitzenden trug darüber hinaus sogar dazu bei, ihn aktiv in das Bildungsmanagement des Unternehmens einzubinden.
Die Arbeitnehmervertreter aus anderen Betrieben mussten zunächst einmal feststellen, dass Co-Management damit beginnt, den Betriebsrat als Team mit klaren Aufgaben und Zielen zu entwickeln und im Unternehmen zu positionieren. In einem Gremium mussten dazu die Aufgaben untereinander neu abgegrenzt und Strategien entwickelt werden, wie man sich gegenüber der Geschäftsführung und auch gegenüber den Mitarbeitern darstellen will. Es gelang sowohl, die „neuen" Betriebsratsmitglieder besser einzubinden, als auch klare Verabredungen mit der Geschäftsführung über die Informationspolitik zu erreichen. Die vielen Fragezeichen, ob man wohl noch die Unterstützung der Belegschaft hat, wich einem frischen Aufbruch, die Ziele zu definieren und selbstbewusst gegenüber Belegschaft und Unternehmensleitung zu vertreten.

Eine besondere Rolle nimmt der Betriebsratsvorsitzende wahr, das zeigte sich auch in der Bearbeitung der betrieblichen Projekte. Der Wandel zum Co-Manager stellt an ihn besonders hohe Anforderungen und zwingt ihn zur

Rollenklärung. Nicht nur der einzelne Betriebsrat muss für seine Arbeit qualifiziert werden, sondern das ganze Gremium muss zu arbeitsfähigen und effizienten Strukturen finden, seine betriebspolitische Position finden und die Interessenvertretung strategisch ausrichten. Dem Vorsitzenden des Gremiums kommt hier eine besondere Bedeutung bei der Ziel- und Teamentwicklung des Betriebsratsgremiums zu. „Herausgefunden habe ich meinen ungefähren Standpunkt als Betriebsratsvorsitzender zwischen den Mitarbeitern und der Geschäftsleitung," resümierte ein Teilnehmer des „Lernnetzwerkes" seinen Lernprozess: „Es ist sehr schwer, es allen Seiten recht zu machen. Man muss sich also positionieren, diesen Standpunkt vertreten können und seinen Forderungen Nachdruck verleihen oder auch Kompromisse eingehen. Ein Fehler wäre es auch, wenn man sich Konflikten nicht stellen würde. Ein Zerreden oder Ausweichen würde das Problem noch stärker werden lassen. Es muss also eine gegenseitige Gesprächsbasis entstehen, so dass eine für alle Seiten akzeptable Lösung das Ergebnis sein wird. Ein Betriebsratsvorsitzender ist ein Manager, der ein Bindeglied zwischen der Geschäftsleitung, den Mitarbeitern und den Betriebsratskollegen ist."

Diese ausgewählten Beispiele zeigen, dass Co-Management vor allem ein Lernprozess ist, nicht zuletzt ist der Betriebsrat ein Teil der „lernenden Organisation". Einerseits die subjektiven Interessen der Kolleginnen und Kollegen vertreten und doch den Blick für die Position „der anderen Seite" haben und eigene Lösungskonzepte vorlegen – das hat mit dem traditionellen Bild des Betriebsrats wenig zu tun. Die alte Haltung, passiv abzuwarten was passiert, ist überholt. Um innovativ, beteiligungsorientiert und aktiv mit gestaltend zu werden, muss der Betriebsrat zum Moderator von Veränderungsprozessen, zum Entwickler eigener Ideen und Vorstellungen werden.

Unternehmensrealitäten - Widerstände

Das „Lernnetzwerk Co-Management" wie auch eine Wiederholung des Qualifizierungs- und Coaching-Programmes durch die tbo-Beratung machten deutlich, dass eigentliches Co-Management in den Unternehmen vielfach (noch) nicht möglich ist oder zumindest auf Probleme in der Umsetzung trifft. Dies hat einmal den Grund, dass viele Geschäftsführungen dem gestalterischen Ansinnen der Betriebsräte skeptisch bis ablehnend gegenüber stehen. Wohingegen es andere Betriebe gibt, in denen das Management den Betriebsrat geradezu dazu auffordert, sich aktiver an der Unternehmensgestaltung zu beteiligen (und damit häufig auf Skepsis bei den Betriebsräten stößt). Für eine moderne Unternehmensführung – zumal in einer lernenden Organisation – ist es wichtig, den Betriebsrat nicht als Gegner, sondern als mitgestaltende Führungskraft zu begreifen, die eine spezifische Mittlerrolle einnimmt. Diese Mittlerrolle kann für alle Beteiligten zuweilen unbequem sein, aber sie ist konstruktiv im Sinne der lernenden Organisation, weil die Widerstände eher sichtbar werden und damit bearbeitet und gelöst werden können.

Ein weiterer Hinderungsgrund für modernes Co-Management liegt darin, dass die Betriebsratsgremien selbst keine angemessenen Arbeitsstrukturen und Zielvorstellungen entwickelt haben, um der neuen Rolle gerecht werden zu können. Überhaupt muss der Betriebsrat – und das gilt besonders für den Betriebsratsvorsitzenden – seine Rolle erst einmal finden und sich entsprechend positionieren. Notwendig sind also ein Team- und ein Strategieentwicklungsprozess im Betriebsratsgremium. In den Interessenvertretungen und Geschäftsführungen (die für die Bereitstellung der Ressourcen verantwortlich sind) muss dazu das Verständnis wachsen, dass solche Prozesse ihren Sinn haben sowie bewusst angegangen und professionell begleitet werden müssen.

Schließlich machen die einzelnen Betriebsratsmitglieder einen erheblichen Qualifizierungsbedarf geltend, um die Position des Co-Managers auch angemessen und effektiv ausfüllen zu können und sich als kompetenter Gesprächspartner zu erweisen. Zur Regelqualifikation gehören u.a. die Vermittlung betriebswirtschaftlicher Kenntnisse und die Weiterbildung in Gesprächs- und Verhandlungsführung sowie weitere Schlüsselqualifikationen. Der Qualifizierungsstand in den Betriebsratsgremien ist höchst unterschiedlich und auch die Bereitschaft zur Fortbildung und zur Verantwortungsübernahme ist bei den einzelnen Mandatsträgern unterschiedlich ausgebildet. Eine langfristig angelegte Personalentwicklungsplanung dürfte in den wenigsten Gremien realisiert sein. Die Sicherstellung des notwendigen Qualifikationsniveaus sollte daher vom Betriebsrat als Aufgabe aktiv verfolgt und von der Geschäftsführung durch Ressourcenbereitstellung unterstützt werden.

Die Risiken der Ungleichzeitigkeitsmanager

Veränderungsprozesse in den anfangs skizzierten Ausmaßen machen viele Beschäftigte eher ängstlich als neugierig. Zu viele neue Verhaltenszumutungen und Unwägbarkeiten sind mit ihnen verbunden und führen allzu leicht dazu, dass sie die Reorganisationsprozesse nicht aktiv unterstützen. Unter den Voraussetzungen der lernenden Organisation, die auf die Mitgestaltung durch die Beschäftigten angewiesen ist, macht sich das als massive Behinderung der Umgestaltung bemerkbar. Wenn sich ein Unternehmen auf den Weg zur lernenden Organisation macht, sind die Menschen darin – Management, Betriebsräte, Beschäftigte – in der Regel sehr unterschiedlich in ihrem individuellen Entwicklungsprozess. Außerdem ist die betriebspolitische Konstellation in den Unternehmen genauso unterschiedlich entwickelt wie der Qualifikationsstand der einzelnen Betriebsräte sich unterscheidet. Die Unternehmenskultur insgesamt ist zumeist von großen Widersprüchen, Vertrauensdefiziten und der Ungleichzeitigkeit der Entwicklungsprozesse gekennzeichnet. Es gibt Promotoren für eine neue Unternehmenskultur, konstruktive Kritiker und Mahner, ängstliche Blockierer, eingefahrene Skeptiker und das Gros der „Zaungucker", die sich (erst mal) passiv das Geschehen ansehen wollen. Das gestaltet den Unternehmenswandel in der Regel sehr schwierig und stellt eine große Herausforderung für das Management und für das Co-Management dar. „Das Beharrungsvermögen, abwartende Skepsis und die Frage nach der Glaubwürdigkeit neuer Konzepte blockieren so manchen positiven Ansatz in der Entwicklung. Solange jedoch die Mitarbeiter den Entwicklungsprozess als etwas anderes empfinden als ihren täglichen Job, greift die Veränderung nicht durch."

Management der Ungleichzeitigkeit heißt für die betriebliche Interessenvertretung, sich auf die Vielfalt der eigenen Rollen zu besinnen und sie so geschickt auszuüben, dass Gewinner-Situationen möglichst bei allen Beteiligten entstehen. Dies ist nicht zuletzt deswegen schwierig, weil die Mitarbeiter ganz unterschiedlich von Umstrukturierungen betroffen sein können. Die verschiedenen Beschäftigtengruppen müssen das Vertrauen haben, dass ihr Anliegen bei ihrem Betriebsrat gut aufgehoben ist. Dann werden sie jedenfalls eher bereit sein, sich auf einen Veränderungsprozess einzulassen.

Kein Widerspruch: Neue und traditionelle Rolle des Betriebsrates

Genauso notwendig wie die Annahme der neuen Rolle des Co-Managers für die Betriebsräte aus den genannten Gründen ist, so erforderlich ist ein Besinnen auf die traditionellen Rollen der Interessenvertretung. Nur dadurch ist garantiert, dass die Belegschaft als Ganzes in eine neue Unternehmenskultur begleitet und die Risiken abgesichert werden können. Aus gewerkschaftlicher Sicht ist also eine Einschränkung zu machen: Co-Management ersetzt nicht alle Formen der traditionellen betrieblichen Interessenvertretung, sondern ergänzt sie. Interessenauseinandersetzungen werden auch in Zukunft nötig sein – hierzu gehört dann auch das Thema Konfliktmanagement.

Die Rollen, in denen sich die Betriebsräte üblicherweise sehen, sind vielfältig. Die Bandbreite reicht vom „Seelentröster" bis zum „Prügelknaben" und vom „Bewahrer" bis zum „Visionär". Als Rechtskenner wird er als „Anwalt" und „Fachberater" in allen personalrechtlichen Fragen gern in Anspruch genommen. Er moderiert, vermittelt und schlichtet in Konflikten zwischen Kollegen, zwischen Mitarbeitern und Vorgesetzten, oft als „Feuerwehr", um Eskalationen einzudämmen. Er ist „Kümmerer" und „Kummerkasten", „Sozialarbeiter" und „soziales Gewissen", „Mutmacher" und „Beschützer". Er wird als „Unterhaltungskünstler" und „Informant" auf Betriebsversammlungen geschätzt, von der Unternehmensleitung oft als „Hemmschuh" und „Gegner" gesehen oder für die „Drecksarbeit" instrumentalisiert. Sich selbst sieht er ständig auf der Suche nach Informationen, als Vermittler und Unterhändler in betriebsverfassungsrechtlichen Fragen, als Betriebspolitiker und „Einpeitscher" für Veränderungsprozesse und allzu oft fühlt er sich „zwischen den Stühlen".

Aber für welchen Weg sich die Interessenvertretung auch entscheiden mag, sie steht vor einem Dilemma:

- manövriert sie sich in die traditionelle Gegenposition zum Management, hat sie kurzfristig Erfolg bei den Mitarbeitern, weil sie ihre Macht dazu benutzen kann, tiefe Einschnitte zu verhindern und den Schaden zu begrenzen. Diese Strategie ist aber sehr defensiv und nutzt die Potenziale von Veränderungsprozessen nicht. Langfristig blockiert diese Politik Innovationen im Unternehmen,
- entwickelt sie sich zum betrieblichen Mitgestalter, besteht langfristig die Gefahr, von der Belegschaft nicht mehr als ihre Interessenvertretung anerkannt und möglicherweise auch nicht wiedergewählt zu werden. Eine Interessenpolitik, die nicht nur Schadensbegrenzung betreibt, sondern aktiv mit gestaltet, geht das Risiko ein, dass die aus der Veränderung erwachsende Stärke evtl. erst mittelfristig zu erkennen ist.

Die Klärung und die Vertretung der eigenen Rolle ist für die Betriebsräte also eine zentrale Herausforderung. Je nach betrieblicher Realität kann dabei die Gewichtung mal zur einen, mal zur anderen Seite ausschlagen, um den unterschiedlichen Interessen der Beschäftigten gerecht zu werden. „Strategische Interessenvertretung beinhaltet deshalb sowohl eine präventiv kompensatorische, wie auch eine partizipativ innovative Handlungsstrategie." Die Positionierung des Betriebsrates im Unternehmen ist dabei immer wieder neu vorzunehmen und das Erfahrene immer wieder neu in einem Lernprozess zu verarbeiten, um zu einer angemessenen und konstruktiven strategischen Interessenvertretung zu gelangen. Konflikte sind angesichts dieser schwierigen Interessenvielfalt und Unterschiedlichkeit der Entwicklungsprozesse nicht auszuschließen. Es kommt darauf an, sie konstruktiv zu bewältigen. Im Unternehmensinteresse liegt es dabei durchaus, den Professionalisierungsprozess der Betriebsräte zu unterstützen, damit diese ihrer Aufgabe sinnvoll nachkommen können und die Unternehmensentwicklung zügig und auf breiter Basis vorangetrieben werden kann. Für die lernende Organisation ist das geradezu unerlässlich. Das Netzwerk für Arbeit hat mit dem „Lernnetzwerk Co-Management" einen wichtigen Schritt zur Unterstützung dieser Entwicklungsarbeit geleistet.

Michael Gericke

Der Europäische Sozialfonds: Von ADAPT zu EQUAL
Ergebnisse, Erfahrungen, Perspektiven in Thesen

A. Schlussfolgerungen aus der Gemeinschaftsinitiative (GI) *ADAPT*

1. *Maßgeschneiderte Angebote* – Weiterbildungsträger in Deutschland stehen vor neuen Herausforderungen: Sie dürfen ihre Angebote nicht länger auf die Bedürfnisse der Arbeitsverwaltung zuschneiden, sondern müssen den Weiterbildungsbedarf der KMU ihrer Region analysieren und maßgeschneiderte Angebote für KMU und deren Beschäftigte entwickeln.

2. *Verzahnung von Weiterbildung und Beratung* – die Verankerung von kontinuierlicher Weiterbildung in KMU bedingt auch Veränderungen in der Betriebs- und Arbeitsorganisation. Weiterbildungsträger müssen sich daher zusätzliche Kompetenzen aneignen, die in der Regel bei Unternehmensberatern zu finden sind; sonst werden sie mittelfristig im Wettbewerb mit diesen unterliegen.

3. *Alle Hierarchiestufen bedienen* – um Weiterbildung als Dienstleistung an diejenigen heranzutragen, die sie am notwendigsten brauchen (Ältere, An- und Ungelernte, ausländische Arbeitnehmer), muss die Führungsebene in KMU überzeugt und in die Maßnahmen einbezogen werden.

4. *Neue Beteiligungskultur* – um Veränderungsprozesse in KMU zu initiieren, bedarf es einer neuen Beratungsethik: Ziel darf nicht mehr die schlanke Struktur („Lean Management") sein; vielmehr sind die Mitarbeiter aktiv zu beteiligen, um die Prozesse so zu gestalten, dass sie Beschäftigung erhalten und ggf. erhöhen.

5. *Unternehmens-Netzwerke bilden* – KMU, die mittel- und langfristig erfolgreich sein wollen, müssen ihre Kompetenzen vernetzen und mit anderen kooperieren. So gelingt der Zugang zu neuen Märkten und der Erhalt der Wettbewerbsfähigkeit unter sich verschärfenden Rahmenbedingungen.

6. *Bildungsnetzwerke aufbauen und nutzen* – Weiterbildungsträger müssen gemeinsam auftreten und ihre Kompetenzen bündeln, um ihren neuen Kunden (KMU) bedarfsgerechte Dienstleistungen anbieten zu können. KMU müssen umgekehrt aktiv an der Bedarfsermittlung mitwirken.

7. *Mittelfristig „Lernende Regionen" entwickeln* – Beispiele zeigen, dass über die Vernetzung von Unternehmen und Weiterbildung hinaus die Regionen erfolgreich sind, die alle am Arbeitsmarktgeschehen beteiligten Akteure vernetzen, um gemeinsam Strategien zu entwickeln, Lernprozesse zu initiieren und Synergien zu nutzen.

8. *Lebensbegleitendes Lernen* – Weiterbildung ist grundsätzlich Sache der Unternehmen und von ihnen Selbst zu finanzieren. Dies ist auch die Position der deutschen Arbeitgeber. *ADAPT* hat jedoch verdeutlicht, dass gerade kleine Unternehmen häufig nicht in der Lage sind, notwendige Qualifizierung – selbst wenn sie am Markt erhältlich wäre – auch zu finanzieren. Eine öffentliche (Teil-)Finanzierung von Qualifizierungsmaßnahmen für diese Unternehmen erscheint daher zumindest dann berechtigt, wenn sie mit Maßnahmen der Integration von Arbeitslosen – wie etwa bei der Jobrotation – gekoppelt wird. Nur so kann das Konzept des „Lebensbegleitenden Lernens" auch in den Betrieben verankert werden.

9. *Lernen am Arbeitsplatz* – Lernprozesse müssen zunehmend in den Arbeitsprozess integriert werden. Der Betrieb gewinnt als Lernort enorm an Bedeutung. Lernen findet nicht mehr „auf Halde" statt, sondern orientiert sich an dem aktuellen Problemlösungsbedarf: „just in time", „on demand" und „just enough".

10. *Lernbegleitung notwendig* – Durch Einsatz der IuK-Technologien können Selbstlernprozesse am Arbeitsplatz, aber auch zu Hause angestoßen werden. Der Lerner darf dabei aber nicht alleine gelassen werden. Er bedarf tutorieller Begleitung, die entweder in persona (etwa durch Paten im Betrieb) oder zumindest virtuell (über direkten Internet-Kontakt) jederzeit verfügbar sein sollte.

11. *Kompetenz statt Fachwissen* – An die Stelle der Vermittlung fachspezifischer Inhalte tritt eine immer stärkere Betonung von sogenannten „extrafunktionalen" Kompetenzen. Nicht was der Mensch als Berufsabschluss nachweisen kann, ist wichtig; vielmehr kommt es darauf an, was er weiß und kann – auch wenn das nicht zertifiziert ist. Wir bewegen uns in Richtung auf eine neue Lernkultur.

12. *Präventiver Ansatz erfolgreich auch zur Wiedereingliederung* – Die GI *ADAPT* hat in ihrer Laufzeit ca. 15.000 KMU und ca. 60.000 Beschäftigte erreicht. Die Evaluierung stellt unter Beweis, dass erfolgreich Arbeitsplätze gesichert und sogar neu geschaffen wurden. Aber auch die Wirkung arbeitsmarktpolitischer Maßnahmen zum Abbau von

Arbeitslosigkeit könnte erheblich gesteigert werden, wenn sie flankiert würden von Maßnahmen, die auf die Sicherung der Wettbewerbsfähigkeit kleiner Unternehmen zielen. Denn nur in wettbewerbsfähigen und erfolgreich agierenden Unternehmen entstehen neue Arbeitsplätze. Der präventive Ansatz hat seine Berechtigung damit nachhaltig unterstrichen und muss auch im Rahmen von **EQUAL** zum Tragen kommen.

13. *Flankierende Unterstützung für Gründer nötig* – Knapp vier Millionen Menschen in Deutschland haben keine Arbeit. Es kann nicht davon ausgegangen werden, dass es möglich sein wird, sie alle wieder auf dem ersten Arbeitsmarkt als abhängig Beschäftigte unterzubringen. Es gilt daher, u.a. auch das vorhandene Potential für selbständige Erwerbstätigkeiten zu identifizieren, zu fördern und im Prozess der Existenzgründung begleitend zu unterstützen. Die Förderung von Unternehmensgründungen kann vor allem durch konsequente Einbettung in regionale Infrastrukturen zur Unterstützung von kleinen Unternehmen erheblich verbessert werden.

14. *Politikfelder verknüpfen* – Wirtschafts- und Arbeitsförderung erweisen sich als zwei Seiten derselben Medaille. Ihre Verknüpfung schafft insbesondere auf kommunaler Ebene Synergien; aber auch die Verknüpfung nationaler Förderprogramme abseits des althergebrachten Ressortdenkens muss angegangen werden.

B. Kernaussagen zu präventiven Inhalten in der GI EQUAL

1. *Berücksichtigung der vier Säulen der Europäischen Beschäftigungsstrategie* – Beide Programme unterstützen alle vier Säulen der Beschäftigungsstrategie: Beschäftigungsfähigkeit, Unternehmergeist, Anpassungsfähigkeit und Chancengleichheit. Während *ADAPT* mit seinen Inhalten deren Zielsetzungen entsprach, macht **EQUAL** sie zu einem Strukturprinzip.

2. *Lernende Regionen als Keimzelle von Entwicklungspartnerschaften* – Die in **EQUAL** geforderte Zusammenführung unterschiedlichster Arbeitsmarktakteure als Partner unter dem Dach einer gemeinsamen Vision und Strategie wurde in *ADAPT* bereits modellhaft ausprobiert. Die Erfahrungen der „Lernenden Regionen" können für den Netzwerkaufbau unter **EQUAL** nutzbar gemacht werden.

3. *EQUAL muss die „Modernisierungsverlierer" erreichen* – In *ADAPT* wurden in hohem Maße Fach- und Führungskräfte qualifiziert. Dies

war notwendig, um überhaupt Weiterbildungsprozesse in KMU dauerhaft zu verankern. Jetzt muss aber die Priorität dahin gehen, diejenigen Beschäftigten in KMU zu erreichen, die am stärksten gefährdet sind: Ältere, Ausländer und Aussiedler, An- und Ungelernte.

4. *Keine Deckungsgleichheit* – Das PGI für **EQUAL** ist relativ offen formuliert; dennoch ist festzustellen, dass nicht alles, was in *ADAPT* förderfähig war, auch unter **EQUAL** getan werden kann.

5. *Weiterentwicklung von ADAPT-Inhalten* – Die oben dargestellten Ergebnisse und Erfahrungen stellen den Ausgangspunkt dar, von dem aus Entwicklungspartnerschaften arbeiten können. Durch ziel-, methoden- oder kontextorientierte Innovationen müssen diese Ergebnisse weiterentwickelt werden zum Wohl der Unternehmen und ihrer Beschäftigten.

6. *Vor der Klammer: Ungleichheiten bekämpfen* – **EQUAL** will Diskriminierung und Ungleichheiten in Bezug auf den Arbeitsmarkt bekämpfen, also sowohl beim Zugang zu ihm, wie auch unter den Beschäftigten. Diese Ausrichtung muss in allen Partnerschaften erster Gesichtspunkt der Strategieentwicklung sein. Deshalb ist die Orientierung auf die Modernisierungsverlierer nicht nur thematisch, sondern auch formal eine Notwendigkeit.

Eberhard Franz

Aktive Arbeitsmarktpolitik für Niedersachsen – Chancen für Innovation und Kontinuität

Der Europäische Sozialfonds (ESF) ist aus der niedersächsischen Arbeitsmarktpolitik nicht mehr wegzudenken. Und dies gilt um so mehr in der heutigen Zeit knapper öffentlicher Mittel, in der Haushalte nicht mehr nur danach aufgestellt werden können, was sinnvoll ist, sondern danach, was finanziell möglich ist.

Der ESF hat vieles möglich gemacht in Niedersachsen und zukünftig wird sogar noch ein bisschen mehr möglich sein.

Diese Entwicklung ist keineswegs selbstverständlich. Denn Arbeitsmarktpolitik ist nach wie vor eine freiwillige Aufgabe der Landespolitik und freiwillige Aufgaben unterliegen, gerade vor dem Hintergrund von Haushaltskonsolidierungen, einem besonderen Legitimationsdruck. Ich freue mich deshalb sehr, dass es uns in den Verhandlungen mit dem Bund und der Kommission gelungen ist, das Mittelvolumen des ESF in Niedersachsen von bisher rund 500 Mio. DM auf nunmehr 612 Mio. DM im Ziel-3 und 100 Mio. DM im Ziel-2 zu steigern. Dazu kommen weitere Mittel aus der Gemeinschaftsinitiative EQUAL; für Niedersachsen steht derzeit eine Summe von rund 80 Mio. DM im Raum. D.h., insgesamt fließen ohne die Mittel der Bundesanstalt für Arbeit aus dem ESF rund 800 Mio. DM nach Niedersachsen. Dies sind rund 60% mehr als in der Förderperiode 1994-1999. Die Aussichten für eine erfolgreiche Zukunft der ESF-Förderung sind also außerordentlich gut.

Aber auch die Ergebnisse der letzten Jahre können sich sehen lassen: In über 2000 Maßnahmen wurden rund 85.000 Personen qualifiziert, weitergebildet oder beschäftigt, darunter mehr als 37.500 Frauen. Der Frauenanteil an den Maßnahmen entspricht mit über 44% fast genau dem Anteil von Frauen an den Arbeitslosen insgesamt. Dies ist keineswegs selbstverständlich.

Um diese hohe Zahl von Teilnehmerinnen und Teilnehmern an den ESF-Maßnahmen zu erreichen, bedurfte es eines Einsatzes von Finanzmitteln, der weit über der Summe der ESF-Mittel lag.

Sie alle wissen, dass aus dem ESF nur maximal 45% der Gesamtkosten eines Projektes bestritten werden können. In den meisten Fällen haben wir diese Obergrenze aber gar nicht ausschöpfen müssen.

So haben wir bei einem ESF-Volumen von 500 Mio. DM Maßnahmen im Gesamtumfang von mehr als 1,9 Milliarden DM bewilligt. Diese Summe zeigt: Aufwendungen für Arbeitsmarktpolitik stellen in Niedersachsen auch einen beträchtlichen Wirtschaftsfaktor dar. Das Land hat davon, trotz aller finanziellen Probleme und Einsparzwänge, fast 200 Mio. DM zur Verfügung gestellt. Ein noch größerer Teil ist jedoch mit über 270 Mio. DM von den niedersächsischen Kommunen aufgebracht worden, die, ebenso wie das Land, unter großen Haushaltsproblemen arbeiten müssen. Aber auch private Träger und Unternehmen haben mit rund 180 Mio. DM großen Anteil an dem Erfolg der niedersächsischen ESF-Förderung. Auf keinen Fall möchte ich aber an dieser Stelle die Bundesanstalt für Arbeit mit ihren 20 Arbeitsämtern in Niedersachsen vergessen, die mit rund 600 Mio. DM fast ein Drittel aller Maßnahmekosten getragen hat.

Dass die auslaufende Förderperiode so ein Erfolg geworden ist, dazu hat auch das „Netzwerk für Arbeit" einen wichtigen Beitrag geleistet. In Ihrem Projekt konnten mit einem Einsatz von 2,7 Mio. DM ESF-Mitteln und rund 900.000 DM Landesmitteln rund 8.000 Personen qualifiziert werden. Das sind die nackten Zahlen, und schon die sind beeindruckend. Noch beeindruckender aber ist die Arbeit, die in Ihrem Projekt geleistet worden ist. Sie haben damit den Paradigmenwechsel in der Arbeitsmarktpolitik entscheidend unterstützt.

Denn es ist noch gar nicht so lange her, dass sich die Arbeitsmarktpolitik in Deutschland und Europa ausschließlich auf die Zielgruppe der Arbeitslosen beschränkte bzw. zu beschränken hatte.

Dies hat sich in den letzten Jahren stark verändert. Hier hat eine Öffnung stattgefunden, die mittlerweile von allen Seiten begrüßt wird. Arbeitsmarktpolitik ist präventiver geworden. Das Ziel, Arbeitslosigkeit zu verhindern, hat an Gewicht gewonnen.

Denn Beschäftigungspolitik für kleinere und mittlere Unternehmen umfasst mehr als nur Steuersenkungen und Wirtschaftsförderung; auch arbeitsmarktpolitische Aspekte gehören dazu, und diese lauten Weiterbildung und Qualifizierung von Beschäftigten.

Dabei geht es nicht darum, mit der Gießkanne jede betriebliche Fortbildung zu fördern, sondern möglichst zielgenau jene Fortbildungen anzubieten, die von den Unternehmen benötigt werden. Nur so können Arbeitsplätze erhalten werden. Hier waren Sie in den zurückliegenden Jahren überaus erfolgreich und ich hoffe, dass dies auch in dem neuen Rahmen der HRB so bleibt oder sogar noch ausgebaut werden kann.

Aber lassen Sie mich auf die ESF-Förderung in Niedersachsen zurückkommen, meine Damen und Herren.

Trotz unserer Erfolge in den letzten Jahren sind noch immer 335.000 Personen in Niedersachsen arbeitslos. Dies entspricht einer Arbeitslosenquote von 9,7 Prozent. Dies sind zwar 22.000 weniger als im vergangenen Jahr, aber noch immer viel zu viele Personen. Wir können uns also noch längst nicht zufrieden zurücklehnen. Eher im Gegenteil, meine Damen und Herren.

Denn eines muss uns allen klar sein:
So positiv dieser Mittelzuwachs aus Brüssel auch ist, es wird ihn kein zweites Mal geben. Wenn die EU-Osterweiterung kommt, werden sich die Maßstäbe dessen, was Fördergebiete sind, nachhaltig verschieben. Man muss deshalb kein Hellseher sein um festzustellen, dass wir die Chancen, die uns die ESF-Mittel bis zum Jahr 2006 bieten werden, nutzen müssen; wir werden sie nicht wieder bekommen.
Wir haben deshalb unsere Förderung weiterentwickelt, ohne uns von bewährten Programmen zu verabschieden.

Drei Kernbereiche waren bei dieser Programmreform von besonderer Bedeutung:

1.) Wir haben unser Programm präventiver ausgerichtet; und zwar in doppelter Hinsicht. Zum einen bekommt der Bereich der präventiven Maßnahmen für Beschäftigte ein größeres Gewicht als bisher. Über 100 Mio. DM stehen zukünftig dafür bereit. Zum anderen haben wir unser Programm „Maßnahmen der beruflichen Qualifizierung für Arbeitslose", das sich bisher ausschließlich an Langzeitarbeitslose richtete, geöffnet, um mit diesen Maßnahmen den Eintritt von Langzeitarbeitslosigkeit zu reduzieren. D.h., künftig sollen verstärkt Personen, die bis zu einem Jahr arbeitslos sind, in diesen Maßnahmen qualifiziert werden.

2.) Schon immer haben wir in großem Umfang Maßnahmen für besondere Problemgruppen des Arbeitsmarktes gefördert. An einer Stelle gab es jedoch bisher eine Lücke in unserer Förderkulisse, die wir nunmehr schließen werden. Dies betrifft besondere Maßnahmen für Behinderte. Wir werden in den kommenden Jahren Behinderten aus den niedersächsischen Behindertenwerkstätten besondere Möglichkeiten zur Qualifizierung anbieten. Das Programm ist seit einigen Wochen angelaufen und verspricht sehr erfolgreich zu werden.

3.) In den vergangenen Jahren spielte der Bereich der Chancengleichheit eher eine Nebenrolle in der EU-Politik. Dies hat sich grundlegend gewandelt und spiegelt sich auch in der künftigen ESF-Förderung wider. Bisher standen lediglich 15 Mio. DM für reine Frauenprojekte zur Verfügung. Künftig werden es mehr als 70 Mio. DM sein. Und zusätzlich soll auch in allen weiteren Programmschwerpunkten ein hoher Frauenanteil erreicht werden. Deshalb sehen alle unsere neuen Richtlinien vor, dass Frauen entsprechend ihrer jeweiligen Betroffenheit in den einzelnen Projekten zu berücksichtigen sind.

Neben diesen Neuerungen wird ein besonderer Schwerpunkt unserer Förderung auch weiterhin im Jugendbereich liegen.

Denn noch immer sind rund 10% der Arbeitslosen jünger als 25 Jahre. Die größte Einzelmaßnahme, die wir mit ESF-Mitteln fördern, wird, wie schon in der Vergangenheit, die finanzielle Unterstützung der Jugendwerkstätten sein.

150,7 Mio. DM sind für diesen Bereich vorgesehen. Damit werden auch zukünftig lernschwächere und sozial benachteiligte Jugendliche in Niedersachsen eine Perspektive auf dem regulären Ausbildungs- und Arbeitsmarkt erhalten.

Aber dies ist nicht alles. Zusätzlich fördern wir auch weiterhin die Arbeit der Regionalen Arbeitsstellen zur beruflichen Eingliederung junger Menschen in Niedersachsen, kurz RAN genannt, mit insgesamt 36,3 Mio. DM. Wie bekannt ist, haben wir unser RABaZ-Programm zur Bekämpfung der Langzeitarbeitslosigkeit unter den jungen Erwachsenen an die RAN-Stellen angedockt und damit bislang sehr erfolgreich die Jugendarbeitslosigkeit bekämpft.

Ferner kommen noch weitere neue Maßnahmen wie die Förderung der überbetrieblichen Ausbildung im Umfang von 17,9 Mio. DM hinzu. Wir erhoffen uns davon einen Ausbau der Ausbildungsplatzzahlen, insbesondere im niedersächsischen Handwerk.

Alles in allem werden in der neuen Förderperiode rund 212 Mio. DM oder knapp 30 % der niedersächsischen ESF-Mittel für die Verbesserung der Situation der Jugendlichen eingesetzt.

Ich habe eben schon erwähnt, dass Programme für besondere Problemgruppen des Arbeitsmarktes für uns traditionell von großer Bedeutung sind. Neben dem schon genannten neuen Programm für Behinderte sind dies die bewährten Maßnahmen für Strafgefangene, Nichtsesshafte und Sozialhilfeempfängerinnen und -empfänger. Diese Programme waren in der Vergangenheit sehr erfolgreich, deshalb werden wir sie fortführen.

Schon bisher waren unsere Richtlinien so formuliert, dass den Projekten und ihren Trägern vielfältige Möglichkeiten zur Ausgestaltung der Inhalte offen standen. Daran wird sich auch in Zukunft nichts ändern. Gerade Projekte wie das „Netzwerk für Arbeit" haben diese Spielräume im positiven Sinne genutzt, um kreative und innovative Dinge auf die Beine zu stellen, die sich sonst nicht hätten realisieren lassen. Ich möchte Sie, die Sie selbst als Träger von ESF-Maßnahmen fungieren oder so etwas planen, deshalb auffordern, die Möglichkeiten und Chancen der Förderung auch weiterhin zu nutzen:

Erproben Sie neue Ansätze in der Qualifizierung, konzipieren Sie Maßnahmen, die an Ihre spezifischen Problemlagen angepasst sind, seien Sie kreativ und innovativ. Die ESF-Förderung in Niedersachsen ermöglicht Ihnen dies alles.

Erfahrungen, gute wie schlechte, die an einem Ort gemacht worden sind, können übertragbar sein. Ob und in wie weit sie es sind, muss vor Ort entschieden werden. Gerade in einem großen Flächenland wie Niedersachsen sind die arbeitsmarktlichen Probleme häufig von Region zu Region sehr unterschiedlich. Es gibt keinen Königsweg in der Qualifizierungspolitik. Aber es gibt gesamtgesellschaftliche Entwicklungen, die auch Art und Inhalt arbeitsmarktpolitischer Maßnahmen bestimmen und verändern: Dienstleistungsgesellschaft, Multimedia, Informationstechnologien und Vernetzung sind nur einige der Stichworte, die in diesem Zusammenhang immer wieder genannt werden.

Wenn wir alle es ernst meinen mit dem Ziel, eine moderne zukunftsgerichtete Arbeitsmarktpolitik zu betreiben, dann müssen wir diese Stichworte aufnehmen und uns in dem Maße, was regional geboten erscheint, daran orientieren. Nur dann werden wir den Strukturwandel erfolgreich bewältigen können.

Anmerkungen zu den Verfassern/innen

Harald Andrae ist Consultant bei der HRB GmbH.
Er ist spezialisiert auf die Beratung von Unternehmen bei Strategieentwicklungsprozessen und bei der Einführung systematischer Projektmanagementmethoden.
Kontakt: andrae@hrb-beratung.de

Dr. Jürgen **Beneke** ist Universitätsprofessor für Angewandte Sprachwissenschaft, speziell Internationale Unternehmenskommunikation, an der Universität Hildesheim. Darüber hinaus ist er als Consultant in Fragen der Interkulturellen Kommunikation und Organisationsberatung / Training tätig. Falls Sie Kommentare oder Rückfragen zu der angesprochenen Thematik haben, schreiben Sie an E-Mail beneke@fuet.uni-hildesheim.de

Dipl.-Ökonom Olaf **Brandes** ist Bildungsreferent bei der Allgemeinen Arbeitgebervereinigung Hannover und Umgebung e.V. (AGV). Diese Aufgabe nimmt er für sechs weitere Arbeitgeberverbände wahr, die mit der AGV in einer Bürogemeinschaft organisiert sind, dazu gehört auch der bekannte Verband der Metallindustriellen Niedersachsens e.V. (VMN). Er befasst sich mit den Fragen zur Berufsbildung, baut Kontakte zwischen Schule und Wirtschaft auf und leitet das Projekt „makIng. future", das bei Schülern die Lust auf Technik und technische Berufe weckt.
Er ist unter der E-Mail brandes@vmn.de zu erreichen.

Helga **Christensen** ist Vorsitzende des DGB-Kreises Hannover.

Eberhard **Franz** ist Referent im Niedersächsischen Ministerium für Frauen, Arbeit und Soziales und dort im Referat 502 „Arbeitsmarktpolitische Förderung mit dem Europäischen Sozialfonds" tätig. Unter der Email-Adresse Eberhard.Franz@mfas.niedersachsen.de steht er für Rückfragen zur Verfügung.

Siegfried **Frohner** ist Verbandsdirektor des Kommunalverbandes Großraum Hannover.

Michael **Gericke** ist Jurist und arbeitet seit 15 Jahren für die Bundesanstalt für Arbeit (BA). Seit 1995 leitet er die Nationale Unterstützungsstelle ADAPT der BA, die im Auftrag des Bundesministeriums für Arbeit und Sozialordnung Verantwortung für die Umsetzung der Gemeinschaftsinitiative ADAPT der Europäischen Kommission in Deutschland trägt. Die Schwerpunkte des Programms liegen auf der Qualifizierung von Beschäftigten zur Anpassung an sich ständig verändernde Bedarfe in den Betrieben, aber auch auf der Unterstützung kleiner und mittlerer Unternehmen (KMU) bei der Bewältigung von Reorganisationsprozessen und zur Erhaltung ihrer Wettbewerbsfähigkeit. Für alle Fragen im Zusammenhang mit ADAPT oder dem Folgeprogramm EQUAL ist er unter der Adresse gericke@adapt.bn.shuttle.de erreichbar.

Dr. Christoph **Hübner** ist Vertretungsprofessor an der Fachhochschule Dortmund für Human Resource Management und Unternehmensentwicklung. Darüber hinaus unterhält er das Büro für Arbeitswissenschaft und Weiterbildung (baw) in Dortmund. Falls Sie Kommentare oder Rückfragen zu der angesprochenen Thematik haben, schreiben Sie an E-Mail huebner@baw-do.de

Dr. Francis **Jarman**, Brite, ist Universitätslektor für Englisch am Institut für Angewandte Sprachwissenschaft der Universität Hildesheim, Bühnenautor und Numismatiker. Forschung zu kulturhistorischen und literaturwissenschaftlichen Aspekten der interkulturellen Kommunikation und Wahrnehmung (The Perception of Asia, 1998). Er ist erreichbar unter jarman@fuet.uni-hildesheim.de

Dr. Dieter **Kleine** ist Abteilungsleiter der Abteilung „Arbeit" im Niedersächsischen Ministerium für Frauen, Arbeit und Soziales, Hannover.

Kurt Lücking - Prokurist bei der Köster&Hapke Spedition - Speditionsleiter.

Dr. Michael **Meilwes** ist Mitarbeiter der Wirtschaftsförderung des Kommunalverbandes Großraum Hannover. Darüber hinaus ist er Lehrbeauftragter im Weiterbildungsstudium Arbeitswissenschaft der Universität Hannover und in der Evangelischen Fachhochschule Hannover. m.meilwes@hannover-region.de

Dr. Peter **v. Mitschke-Collande** ist Universitätsprofessor für Arbeitswissenschaft und geschäftsführender Leiter des Weiterbildungsstudiums Arbeitswissenschaft (WA) der Universität Hannover. Das WA ist eine wissenschaftliche Zentrale Einrichtung, die in Lehre, Forschung und Beratung tätig ist. Die Aktivitäten sind überwiegend auf betriebliche Veränderungsprozesse ausgerichtet und stützen sich auf verschiedene Ansätze der Organisations- und Personalentwicklung; siehe dazu: www.wa.uni-hannover.de

Dr. Edzard **Niemeyer** ist Geschäftsführer der tbo-Beratung für ArbeitnehmerInnen beim DGB-Kreis Hannover. Falls Sie Kommentare oder Rückfragen zu der angesprochenen Thematik haben, schreiben Sie an E-Mail Edzard.Niemeyer@tbo-beratung.de

Bernd **Rauschenberg** ist Personalfachkaufmann und seit 20 Jahren als Personalleiter tätig. Er hat sich darüber hinaus überwiegend berufsbegleitend weitergebildet. Als eine seiner Hauptaufgaben sieht er die ständige Weiterentwicklung der Menschen im Betrieb an. Für Fragen,Anregungen usw. erreichen Sie ihn unter E-Mail: bernd.rauschenberg@flygt.com

Dr. Lothar **Schäffner** ist Universitätsprofessor für Erwachsenenbildung, Schwerpunkt betriebliche Weiterbildung an der Universität Hannover. In der Zeit von 1986 bis 1991 war Lothar Schäffner im Rahmen einer Beurlaubung Leiter des Bildungswesens der Continental AG. Neben seiner Arbeit als Hochschullehrer wirkt er als Berater für Personal- und Organisationsentwicklung in bedeutenden deutschen Unternehmen. E-Mail LoschaeH@aol.com.

Roland **Schaeling** M.A. ist freiberuflicher IT-Consultant und Supervisor. Spezieller Focus seiner Beratungstätigkeit ist die Integration von technischen, sozialen und organisationsstrukturellen Aspekten bei der Entwicklung von Software zur Geschäftsprozessoptimierung. Ferner engagiert er sich zu Fragen der nachhaltigen Entwicklung von Unternehmen. E-Mail: roland.schaeling@visent.de , Website: www.visent.de .

Andrea **Schwarzkopf** ist Geschäftsführerin der JESCO Dosiertechnik GmbH & Co. KG, eines der kooperierenden Unternehmen des Netzwerks für arbeit, und u.a. zuständig für die Bereiche Mitarbeiterqualifizierung und Geschäftsprozessoptimierung. Falls Sie Fragen zu den Ergebnissen der Zusammenarbeit mit dem NfA oder zum Unternehmen haben, schreiben Sie an aschwarzkopf@jesco.de

Sabine **Wesely**, Diplom Pädagogin und Sozialpsychologin M.A., ist wissenschaftliche Mitarbeiterin am Institut für Sozialwissenschaften der Universität Hildesheim und freiberufliche Trainerin und Beraterin in den Bereichen Personalentwicklung in der lernenden Organisation sowie Soft Skills. Bei Anmerkungen und Fragen zu dem obigen Artikel schreiben Sie an E-Mail SabineWesely@aol.com

Dr. Wolfgang **Wesely** ist Geschäftsführer der HRB und leitet das ADAPT-Projekt „Netzwerk für Arbeit". Er ist erreichbar per E-Mail unter wesely@hrb-beratung.de

Rainer Zech, Christiane Ehses
(Hrsg.)

ORGANISATION UND INNOVATION

Es geht bei Innovationen nicht nur um neue Produkte, sondern vor allem auch um die Erneuerung von Denkgewohnheiten, Routinen, Verfahrensweisen, Strukturen, Kommunikations- und Steuerungsformen. Die Beiträge in diesem Buch zielen deshalb auf die Frage, wie sich Organisationen innovationsfähig machen können. Dies wird anhand von Weiterbildungseinrichtungen, Unternehmen, Krankenhäusern und Pflegeeinrichtungen sowie Schulen und Kirchen dargestellt.

Den Anfang bildet der Beitrag von Christiane Ehses und Rainer Zech, der die Erfahrungen eines zweieinhalbjährigen Beratungs- und Forschungsprojekts mit bzw. über Volkshochschulen resümiert und zu Entwicklungsbedarfen von Weiterbildungseinrichtungen verallgemeinert. Der Aufsatz zeigt zum einen anhand zweier Fallbeispiele Grenzen und Möglichkeiten von Organisationsentwicklung auf, zum anderen entfaltet er an Schlüsselthemen zukunftsgerichtete Lösungsvorschläge. Stefan Brée zeigt seine künstlerisch-ästhetische Werkstatt als erwachsenenpädagogische Methode zur kreativen Organisationsentwicklung.

In der Rubrik über Wirtschaftsunternehmen werden in einem Aufsatz von Rainer Zech Kundenorientierung und Innovationsmanagement als Struktur in Organsationen entwickelt. Dies wird anhand einer Branche und eines Unternehmensbeispiels verdeutlicht.

Im Praxisfeld Gesundheitswesen diskutiert Beate Mitzscherlich den Aufbau einer psychiatrischen Abteilung an einem Kreiskrankenhaus. Sie zeigt das System der Ver-rücktheit aus unterschiedlichen Perspektiven, so dass am Ende gar nicht mehr klar ist, wer hier eigentlich verrückt ist. Angelika Hausen stellt ein Projekt eines aktiven Beschwerdemanagementsystems an einem Großklinikum dar. Dabei diskutiert sie insbesondere die widersprüchliche Rolle eines internen Organisationsberaters. Jörg Angermüller und Brigitte Didden-Zopfy stellen Ergebnisse einer Umfrage nach Anstrengungen von Pflegeeinrichtungen zur Implementierung interkultureller Pflege vor.

Zwei Aufsätze widmen sich Innovationsanforderungen im Schulbereich. Rainer Zech vergleicht Wirtschaftsunternehmen und pädagogische Einrichtungen in ihren Funktionslogiken. Er versucht die Frage zu beantworten, wie Lernorganisationen zum Lernen gebracht werden können. Friederike Erhart stellt vor, wie Schulentwicklung durch Evaluation praktisch realisiert werden kann.

Ralf Hoburg behandelt das Thema Freiwilligenengagement und Kirche. Dabei zeigt er, wie Organisationsstrukturen sich ändern müssen, damit innovative Potenziale freiwilligen Engagements ihren Weg in eine traditionelle Institution finden.

In einem Ausblick dreht Ruth Simsa den Spieß um. Sie fragt nicht, welche gesellschaftlichen Veränderungen welche organisationalen Veränderungen nötig machen, sondern umgekehrt, was Organisationen zum Lernen der Gesellschaft beitragen können.

ISBN • 3-929700-17-4 • 36.00 DM • 18.41 EUR

EXPRESSUM Verlag, Ferdinand-Wallbrecht-Str. 17, 30163 Hannover
Tel: 0511 - 90 96 98 30, Fax: 0511 - 90 96 98 55